三砂ちづる［編著］

赤ちゃんにおむつはいらない

失われた育児技法を求めて

勁草書房

まえがき

それは、とても衝撃的な一文だった。存在の根っこをゆさぶられた、という感じがした。ある雑誌に「日本では二週間でおむつをとる、という伝統を持っている家がある」と書いてあったのである。二〇年ちかく前のことではないか、と思う。何の雑誌だったのか、どこで読んだのかも忘れてしまい、さがしてみたが、みつからない。ただ、その文章に与えられたインパクトの大きさだけを今も覚えている。

二週間でおむつを取る。いったいどういうことだろうか。赤ちゃんは、まだ口をきくことができない。自分で歩くこともできない。当然排泄のコントロールなどできないはずだ。だから、みんなずっとおむつを使っている。世界中でそういうふうにやっていたのではないのか？　どうやって二週間でとることができるというのか。いや、できるはずはない、いや、何か方法があるはずだ、そんなふうに思ったのだが、どうやればよいのか、さっぱりわからなかった。そのときには、まったく想像してみることもできなかった。

二〇年前にはわからなかったが、いまなら、こたえることができる。二週間ではおむつを完全に取ることはできないかもしれない、でも、できるだけおむつを使わないで赤ちゃんと暮らしていくことはできる。その赤ちゃんのようすをうかがいながら親として慣れていくのに、まずは二週間、という言い方もよくわかるような気がする。そんな大変な……と思われるかもしれないが、おむつをずっとつけているより、おむつをつかわないでいる方が赤ちゃんもお母さんも実は楽なのである。この本を読み終えていただくころには、「赤ちゃんにおむつはいらない」ということが、現実感を持ってとらえていただけるようになるだろうし、「二週間でおむつをとる伝統」についてずっと具体的なイメージを持っていただけるようになるのではないかと思う。

「おむつなし育児」、すなわち、「おむつを使わない育児」、いや、実際にはそこまでラディカルな話ではない。「なるべくおむつを使わない育児」ということである。この研究[1]を二〇〇六年度から二年間、トヨタ財団の助成で行った。保育士、母子保健・育児関係者、民俗学者などをメンバーとする研究チームをつくり、研究を進めていった。この本は、その研究の成果をできるだけわかりやすい形でまとめたものであり、研究チームメンバーのそれぞれが執筆を担当している。

研究の一年目には、学術書をはじめ、『主婦の友』などの雑誌も含む文献検索から始め、高齢者や保育関係者の聞き取り、おむつはずしの変遷についての探索を行った。保育所の現場の直接観察も行い、おむつを比較的早い時期にとったり、また、おむつをまったくつかわなかったりする保育所の観察もおこなった。急速な近代化の中で、都市と地方の暮らしの差の著しいインドネシアでも、おむつはずしについて直接観察、および面接調査をおこなった。

研究の二年目には、「自然育児友の会」を窓口として、「おむつなし育児」にチャレンジしたいお母さんたちを募り、五か月間毎月、「おむつなし育児」ワークショップをおこない、経験を共有していった。現代のお母さんたちがこの課題に興味を持ってくださるかどうか、研究チームは少し不安だったが、それは杞憂と終わった。おむつなし育児を実践したお母さんたちの生き生きしたようすや、掘り起こされていった言葉や気づきはすばらしく、私たち自身が、この記録を本にしてさらに多くの方に知っていただきたい、と思うようになった。この本で、これらの研究の成果を追っていっていただけると思う。研究の詳細を一章ずつまとめた。興味のあるところから、読んでいっていただければ幸いである。

二〇〇九年六月

三砂ちづる

(1) 二〇〇六年度トヨタ財団研究助成「赤ちゃんにおむつはいらない——失われた身体技法を求めて」主任研究者・三砂ちづる。

目次

目　次

目次

序　章　失われた育児技法
――「弱きもの」に寄り添うコミュニケーションにむけて

1　「おむつなし育児」とは何か

「おむつなし育児」とはなんだろうか。たとえば、こういうことである。

生まれて二か月の赤ちゃんが昼寝をしていて、目が覚める。お母さんが「おしっこだよねー」といいながら、トイレにつれていく。赤ちゃんを「ささげて」あげると、すぐおしっこをする。お母さんが赤ちゃんを「ささげて」おしっこをさせてあげることを「やり手水《ちょうず》」という。いまやほとんど死語となっているこの言葉は、昭和初期までは、ふつうにつかわれており、おむつなし育児では重要な言葉である。トイレに赤ちゃんを連れて行って、やり手水してあげて、親子ともどもすっきりしてもどってきた。その日の朝、赤ちゃんは、おまるでささげられて、うんちしてきたそうである。まだ月齢の低い、おっぱいだけで育っている赤ちゃんでも、朝、お母さんが赤ちゃんの体をおこしてささげてあげると、うんちをいっぱいできることが多い。そうすると一日うんちしないことも多くて、「とても楽です」とお母さんは言う。月齢の低い赤ちゃんのうんちはやわらかく、おむつにすると、べったりとくっついてしまって形はわからないが、おまるでとると、すぅっと長いうんちをするそうである。おそらく、体を起こした姿勢のほうが赤ちゃんも楽なのだろう。わたしたちだって寝たままうんちをするのは大変だ。自分ではまだ起き上がれない赤ちゃんも体を起こしてもらえばきっと楽に排泄できるのだろうと思う。「まだ二か月なのに、うーん、ってきばってうんちするのが、もうかわいくてかわいくて」とお母さんはおっしゃる。

つまり、赤ちゃんが排泄について、言葉ではっきりと言えなくても、お母さんのほうが赤ちゃんが排泄したい、というサインを読み、あるいは、体の動きから察して、タイミングを見てトイレに連れて行ってあげたり、おまるに座らせたり、ささげてあげたりする、ということである。それは、月齢の低いときから、やってみることが可能である、ということで、それをわたしたちは「おむつなし育児」と呼んでいる。大げさなことではない。親や周囲が赤ちゃんに気を配って、できるだけやり手水してあげる、ということである。本当に、わざわざ研究するまでもない、実は当たり前のことである。おそらく年配の方にとっては、当たり前すぎて、気づかないくらいのことかもしれない。しかし、当たり前のことを当たり前、にできなくなっていることは本当に多い。「出産」も数世代前まで、ほとんど誰の手も借りずに産む女性も結果として多かったし（安全を考えるともちろん一人で産むことは推奨されない）、授乳に関しても他のオプションはほとんどないので、多くの母親があたりまえのように子どもをおっぱいで育てていた。もともと当たり前に女性が自分の力でおこなっていたことであるから、おむつなし育児もそういうことと同じなのであろう。

ただ、赤ちゃんの身になってみる、というだけのことのようにも思う。股に分厚い布をあてられるだけでも気持ちがよいはずがない。足をうまく動かせないし、体全体のバランスも悪く、動きにくい。濡れたり汚れたりすると、もう、絶望的な感触で本当にいやになるだろう。「紙おむつ」というのは実は紙ではなく、石油由来の製品であるから、さらっとしているとはいえ、余計気持ちが悪いものだろう。研究の途上で気づいて、いまもよくわからないことの一つだが、紙おむつをつけていると、なぜか子どもの排尿間隔が短くなる。一回にためてたくさんおしっこをするのではなく、ちょろちょろ、だらだら、とおしっこをしてしまう。この本の第3章にも登場する、おむつを使わず、赤ちゃんもおむつなし、ということで運営されている保育園の保育士さんによると、子どもは平日は保育園でおむつなしの育児をしているが、週末は、自宅で家族と過ごすので、紙おむつで過ごしていることが多い。園にいるときは、おしっこの間隔が長く、一度にたくさん、じゃーっとおしっこができるのに、週末の紙おむつ生活から戻ると、月曜日には、ちょろちょろ頻繁に少しずつおしっこをしてしまって、「ためていっぺんにおしっこを出す」ということができなくなっているそうである。もとの長い排尿間隔に戻るのは火曜日の午後くらいだという。なぜだかわからないが、紙おむつにすると、そうなってしまうらしい。わからないことはまだまだ多いのだが、赤ちゃんにとって、いくらさらっとしていようが、排泄したあとの紙おむつはどれほどかに気持ちの悪いものであることは疑いがない。

必要なときには、紙おむつを使用することもあるだろうし、ふだんもおむつをあてているのであっても、それはそれで別にかまわない。「おむつなし育児」は「まったくおむつを使わない」のではなく、「なるべくおむつを使わず、おむつで排泄することをあたりまえとしない」ということ、というほうがわかりやすいかもしれない。タイミングを見て「やり手水」してあげるだけで、おむつは汚れなくなり、赤ちゃんは機嫌がよくなる。時折、失敗することもあるが、それはそれでぜんぜんかまわない。「赤ちゃんもおむつで排泄したいわけではない」、ということに気づくことが大切なのだと思う。赤ちゃんの身になって、できるだけ、こちらが気を配ってあげていると、赤ちゃんもこちらの言うことがわかっているらしい、ということが理解できる。やってみると、ほんとうに難しい話ではなく、母親でなくても誰でもできる。やり手水をし始めたお母さんをまねして、お父さんもおばあちゃんもおじいちゃんもおばさんも、みんなできるようになった、という家もあった。なれてくると、赤ちゃんはおむつが汚れて泣いているのではなくて、おしっこやうんちをしたいから泣くのだ、とわかってくる。ちょっと待っていてよ、というとちゃんと待てる。言葉の通じない赤ちゃんと、きちんとコミュニケーションが取れている、ということがお母さんにもわかり、それが子どもを育てる自信になってゆく。おむつなし育児をやってみたお母さんたちは、「おっぱいをあげて、おしっことうんちをさせてあげていれば、ほかに何もいらない。ベビーマッサージもベビーサインも必要ではない気がします」とおっしゃる。情報にふりまわされず、自分の子どもに自分でむきあって、判断する、赤ちゃんが教えてくれる。こういうあたりまえのことに気がつくと、毎日が楽しくなっていくのだと思う。

二〇〇六年に研究を始めたころは、今の日本の若いお母さんたちが「おむつなし育児」ができるのかどうか、自信がなく、机上の空論になるのではないか、という危惧が研究チームにはあった。しかし、現実にアフリカや東南アジアのお母さんたちの多くは、赤ちゃんにおむつをしていないのである。ソニーの故・井深大会長も引用しておられる有名な話がある。アフリカのお母さんは、赤ちゃんにおむつをせず、腰にぴったりとくっつけて抱っこしており、おしっこ、うんちは体から離してさせてあげている。アメリカの人類学者の女性は「あなたはどうやって赤ちゃんがおしっこするのをわかるの?」と聞いたところ、アフリカのお母さんはとても不思議そうな顔をして「あなたは自分がおしっこしたいのはどうやってわかるの?」といったそうである。アフリカのお母さんにとって、赤ちゃんの身体感覚を自分のものとして受け止めることは、かようにたやすいことなのであった。

アフリカの話だけではなく、戦前の『主婦の友』を繰ってみると、「赤ちゃんにおむつをつけるのは悪い習慣です」、とか「おむつは二か月で取りましょう」とかいう記事をみつけることができる。赤ちゃんは本当はおむつを当てられるのはいやなのだが、おむつを使っていると、赤ちゃんはおむつで排泄することに慣れてしまう。それは「悪い習慣づけである」とためらいもなく書いてある。それぞれの赤ちゃんのパターンを習得するのに二か月くらいかかるとして、そこからはおむつはとれる、と書いてあるのである。戦前や戦後すぐの『主婦の友』に登場するのは、「賢夫人」である。現代ではおそらく、若干ポリティカリーコレクトではない言い方であろうと思う。しかし、「賢夫人」は語る。「我が家には一二人も子どもがおりますが、たくさんのおむつを洗濯したことはありません。それはうちでは早いうちからおむつをとってしまうからです」というふうに。「そんなに早くおむつがとれるとは、お母様もお子様もなんとお楽だったことでしょう」と編集部が書いている。わが国の、ほんの六〇年前の話である。

しかし、昭和も三〇年代をすぎてくると、賢夫人のかわりに、小児科医や心理学者が登場するようになる。母親にアドバイスをするのは賢夫人ではなく、「専門家」になってゆく。このあたりの詳細は第1章にくわしい。専門家の立場からすれば、赤ちゃんの心身の発達を考えれば、二歳より早くおむつが取れる、ということはない。それより早くおむつをとろうとしても、それは子どもにとってはとても負担になることであり、「無理してとろうとすると、子どもの心を傷つける」、と今よく聞くことのある言い方がでてくるようになる。子どもの発達、ということを考えれば、つまり、自分で歩き、自分で話し、自分でトイレに行くようになるのを待つとすれば二歳より早い、ということはないだろう。しかし、「賢夫人」は、子どもの発達を待っていたのではない。母親のほうが心をよせ、しっかり赤ちゃんを観察して、排泄させてあげていたのだ。「専門家」の意見が重要視されるようになると、なにより、「科学的知識」が大切である、ということになり、世代を超えて受け継がれてきた知恵、というものは、ずっと遅れたもの、とみなされるようになる。昭和四〇年代になると、専門家はいつも登場するようになるが、それは紙おむつの普及とほぼ時期を同じくしている。

戦後、五年、一〇年単位で日本の赤ちゃんのおむつはずしの時期は遅れてゆく。昭和三〇年代には、一歳の夏までにはおむつをとる、といわれていたが、紙おむつの普及とともに、それが二歳になり、今では、三歳になるまでにとれればよい、とか幼稚園に入るまでにとれればよい、などといわれている。保育士たちは「三歳児のクラスでもおむつがいるようになったので大変」と語る。四歳児むけの大きなおむつも発売されるようになった。世の中では「おむつを早く取ろうとすると赤ちゃんの心が傷つく」という言説が、もっとも広く知られている。どの母親も、自らの赤ちゃんの心を故意に傷つけることは本意ではない。だから、誰も早くおむつをとろうとしなくなった。

二〇〇八年四月時に小さな赤ちゃんがおられたり、夏ごろまでに出産を控えているお母さんたちで興味のある人たちに集まってもらって一月に一度、おむつなし育児について経験を共有したり、意見を交換したりする場をつくった。研究チームとしては、今の若いお母さんがすぐにこういうことに興味を持ってやってもらえるとも、本当におむつなし育児をできるようになるとも、正直言って思っていなかった。しかし、集まってくださったお母さんたちはいともやすやすと、やり手水をマスターし、家族や周囲を巻き込み始めた。赤ちゃんは、ほんとうは、何でもよくわかっているんだ、と気づき始めた。「まったくおむつなし」ではないけれど「できるだけおむつをつかわない育児」というのは可能で、それは文字通り「楽」、つまり楽しいことなのだ、ということがわかってきた。

四月に最初に集まってもらったときと九月に最後のミーティングをしたときでは、お母さんたちの表情がまったくちがう。やさしくおだやかになっており、子どもたちもまた、とてもおだやかだ。排泄ということにまっすぐむきあっているだけで、なんだかこんなにおだやかで楽しくなれるのだ、ということはわたしたち自身にとってもとても励まされることだった。今は、おむつなし育児を経験したお母さんたちは、おっぱいをあげながら、兵児帯で高おんぶをし、ホーローおまるに赤ちゃんをやり手水させてあげている。気持ちがよいから、周囲の人にどんどんすすめている。難しいことでも、たいしたことでもない。昔の人なら誰でもやっていた当たり前のことだ。わたしたちは少しの間忘れていたに過ぎない。思い出せば、消費産業社会が提示する快楽とは別の、人生のほんとうの豊かさ、というものが広がっているようにも見える。

2　「科学的根拠」と権威的な知識について

「おむつなし育児について調べている」というと、すぐに、「それには科学的根拠があるのですか」といわれる。専門の学会でも研究会でもないところでこういうことを聞かれるときに、聞く側の方の多くが考えておられるのは、「おむつをつけないでいて何か悪い影響はないのか」、とか逆に「おむつなしだとなにかいいことがあるのか」、ということがなんらかの科学的と呼ばれる調査で

「検証」されているのか、ということだと思う。

どうしてそういうことを聞くのだろう。おむつは、かさだかいし、動きにくいし、気持ちが悪いことだろうから、つけないほうが本人にはいいに決まっている。赤ちゃんはみんな、おむつをつけられないですっぽんぽんで自由にしているのが本来の姿だ、などということは当たり前のことであり議論の余地はない。おむつというのは、どう考えても、大人の側の都合で、つけているのである。きちんと衣服をつけている文化的な大人の衣服を汚されると困るから、ちゃんとそうじをしてある家をいつもおしっこやうんちで汚してほしくないから、かわいらしい赤ちゃんの服を汚してほしくないから、などという大人の側の都合でおむつをつけてもらっているのである。決して、赤ちゃん本人の要求や、大人が子どもをまもるためのやむなき理由でつけているわけではない。もともと大人側の勝手でつけているものを「ちょっとはずしてみよう」ということに、いったい何の科学的根拠が必要なのだろうか。

また、「おむつなし育児に科学的根拠はあるのですか」という質問のほかに「おむつなし育児をすると子どもの成長が早くなりますか」という質問も、多い。つまり、「おむつなし育児をすると、どういう利点がありますか」という質問である。おむつをつけないほうが気持ちがよいだろうから、やることなのに、将来何らかのよいことがあるかどうか、という考え方はなんだか、聞いていて恥ずかしいような気がする。

現代はこういう「科学的根拠があるのか」とか「これが原因でこうなる」とか、「これをやればこのようにいいことがある」といった因果関係をもとにした考え方をだれもがするようになっている。合理的な科学教育の成果なのだろうとも思うが、科学的根拠やリスクや因果関係という「硬い」言葉ですべてを語りつくすことはできない。わたしたちの生きている世界では、科学や医療という学校で教えられたり、病院で使われたりする権威的な知識 Authoritative Knowledge は大変重要であるが、この権威的知識だけでおだやかで健やかな日々の暮らしを担保することは大変むずかしい。むしろ、日々の暮らしの中では、権威的な知識と反対にあるもの、すなわち、権威的ではない知恵、Non authoritative wisdom とでもいうべきものが科学的根拠と同じくらい重要になってくることも多いのである。たとえば、科学的な事象には、再現性が求められるが、実際の暮らしでは、やってみてよかったけれども、再現できないことはいくらでもあるし、因果関係や、あきらかな「効果」など示されていなくても、やったほうがよいことはたくさんあるのである。日々の暮らしのつみかさねに、科学的根拠、という言葉はそぐわない。

たとえば、家庭で料理をするときには、すべての調味料や材料を量って実験のように料理を作っているわけではない。ほとんどの場合、作る人の文化背景を含む経験知によって、適当な分量を使って、勘をはたらかせてつくる。また、それぞれに食べてくれる人のことを考えながら作っている。機械的に不特定多数の人のために料理を作っているわけではないので、結果は必ずしも同じではない。ほかの人が同じように作っても、まったく同じ結果にはならない。つまり再現性はない。料理とはそういうものだ。

また、女性が「冷える」とさまざまな不定愁訴のもとになる、といわれているが、「冷え」というのは必ずしも科学的に感知できるものではない。しかし、「冷えないように」腹巻をしたり、靴下をたくさんはいたり、湯たんぽをつかったりすると、確実にからだの状況はよくなり、楽になる。「腹巻」にそれでは科学的根拠はあるのか、といわれれば、ない。そのような調査をしてはいないし、状態がよくなるのであるから、根拠など必要はない。知恵、というのはそういうものである。

この本で語る「おむつなし育児」もそのような、権威的ではない知恵、に属するものであると思う。だからこそ、「おむつなし育児に科学的根拠があるのか」という言い方は、ふさわしいとは思えない。とはいえ、権威的ではない知恵であって、科学的根拠を必要としないと思う、というためには、科学的根拠とは何か、もう少しよく理解する必要もあるだろう。

科学的根拠とはそもそも何だろうか。医療保健の分野の科学的根拠というものを出す学問体系が、わたし自身がもともと専門とする「疫学」である。疫学というのはどういう分野か、ということから説明してみよう。字だけ見ていると、「疫病＝感染症研究」のイメージが強いと思うが、今では必ずしもそういうこととも限らない。

疫学は公衆衛生の一分野である。公衆衛生というのは、基礎医学の一分野なのだが、臨床の医学と大きく違うところがある。外科や内科、耳鼻科、といったように専門に分化している臨床医学は一人の患者を相手にするが、公衆衛生では一人の患者ではなく、相手にするのは集団である。グループとしての人間が、公衆衛生の対象である。一人の患者を相手にする臨床医学では、医師はいろいろな方法で「ひとり」の「患者」を診断する。ゆっくり問診したり、触診したり、あるいは検査を使ってみたり、さまざまツールを使って「診断」をしていく。公衆衛生の分野では、「ひとり」ではなく、「集団」を相手にするのだから、「集団」を「診断」する方法がやはり必要となる。臨床医にとっての問診だったり、触診だったりするような診断ツール、とでもいうべきものが、やはり集団の健康事象を扱う公衆衛生にも必要となる。

疫学は、その診断ツールの一つ、である。つまり、集団の健康を診断するための道具の一つであり、また、現在のところ、もっとも信頼されている診断ツールでもある。「東京都に住んでいる人の糖尿病の割合は?」とか、「埼玉県の高校生で麻疹抗体を持っている人の割合」とか、「ある大学の女子大生のどのくらいが貧血か」とか、そういう集団の健康事象について診断する。また、「たばこと肺がんは関係あるのか」とか、「緑茶摂取と胃がんは関係があるのか」といった〝原因〟と〝疾病〟の関係の研究も疫学の仕事である。こういった、集団の健康状態を知るために、集団を相手に、質問票を使った調査をしたり、統計学を使った分析をしたりするのが疫学の仕事である。つまり、「量的」な調査を専門とする。何百人、何千人、あるいは何万人という人を対象に、質問票調査を行い、結果を分析していく。そういう分野である。

疫学の方法は、文字通り「疫病」つまり感染症の研究から始まった。近代疫学の祖、といわれている一九世紀の医師、ジョン・スノウはロンドン市内のコレラの流行から、疫学の方法を確立していった。だから「疫学」という名前になった。英語でEpidemiologyという。疫病、からはじまった疫学ではあるが、戦後、この感染症研究に使われた方法論が他の疾病にも応用されるようになった。たとえば、慢性疾患や母子保健や、栄養や事故、精神疾患、といった分野でも疫学の方法が使われるようになる。今では、「疫学」をやっている人は、誰でも自分の専門を持っている。「わたしはHIV/AIDSの疫学をやっています」とか、「がんの疫学が専門です」とか「母子保健の疫学者です」とか、そういうことになる。

医学領域では、調査というものは、きちんと疫学調査のお作法にのっとったものが一番価値がある。なぜなら、それは実証的な科学研究、というのがそういうものだからだ。お作法にのっとっていないと、説得力に欠ける。「医療の世界に提言し、ある程度医療サービスが変わるような提言をしたいのならば、きちんとした疫学調査による量的調査の結果を示さなければならない」ということもいえる。医療の世界を変えようと思えば、そこで通りのよい言葉を使わなければならない。疫学の方法は医療科学の中から生まれてきた方法であるから、もちろん、そこでは通りがよい。昨今「根拠に根ざした医療」という考え方が大切にされるようになってきたが、その「根拠」とは「疫学調査による根拠」なのである。システムを変えたいのなら、作法にのっとったものを提示するのが一番よい、というか、そうでなければ、その体系内でのシステムの変化、というのは受け入れられないのである。

現実にはどういう形で現れるか、というと、「きちんとしたデザインで、評価の定まった雑誌に掲載された疫学的な調査であれば、一考の余地があるが、数人の聞き取り調査の結果には何の客観性もないので、受け入れる必要はない」ということになる。実際には、きちんとした疫学調査の結果でさえも、「現場の慣習とあわない」ということで受け入れられないことも多く、「科学的根拠」ではないものに根ざしている医療、というものが実際には多い、というのが「科学的根拠に根ざした医療」の普及に近年のりだすことになった原因でもある。

ＥＢＭ（科学的根拠に基づいた医療）の理論的基礎には、ＥＢＭの父の一人と呼ばれる疫学者、アーチー・コクラン氏（Archie Cochrane, 1909–88）の発想が大きく影響している。コクラン（以下敬称略）は、ヘルスサービスリサーチの草分け、といわれるイギリス人であり、彼のメッセージはとてもシンプルで「限られた資源の有効利用のためには、すべてのヘルスケアサービスの内容は、よくデザインされた方法によって評価され、有効であるとされたものでなければならない」ということであった。コクランは基本的には、「医療が何もしなくても人間は治る力がある」という信念をもっていた。彼は軍医であったときのことを思い起こし、「治療薬がなかったからといって全員死んだわけではないのだ」と強調し、医療が万能であるという発想に歯止めをかけようと、「何もしなくても、人間には回復の能力があるのだから、何か手を出すときには、十分な証拠がなければならない」とした。この発想が、ＥＢＭの根底にある。

すなわち、「科学的根拠」というものは、「医療介入」に対して「本当に効果があるのかどうか」ということを示すために調査を通じて探索していくものである。つまり、人間がもともと持っている力を生かすためには、効果のない医療介入は無益どころか、有害である。なぜなら不要な医療介入をすることにより、人間がもともと持っていた力を出せなくなるからである。だからすべての医療介入は疫学調査によって精査され、本当に効果があるものだけが使われなければならない。

長い説明になってしまったが、そもそも「科学的根拠」というものは、このように、本来人間が持っている力を生かすために、「不要な医療介入」をけん制するために使われるものであり、「昔から人間が慣習的にやってきたこと」の効果があるかどうかをいちいち検証するために使うものではない。「慣習的にやってきたこと」でも、なにか浸襲的（invasive）なもので、直接の害を身体に及ぼすことが明確なものには、この論理が使われる可能性があるが、もともとおだやかに使われてきた生活の知恵に、いちいち「根拠があるのか」、「どのような効果があるのか」と問うのは、本来の「科学的根拠」の使い方とは関係がない、といわねばならない。

「できるだけおむつを使わないで子どもを育てる」ことは、長く培われてきた人間の知恵に属することであり、浸襲的な医療介入ではない。冷えないように腹巻をしたり、おっぱいがはれたときに、さといもで湿布したり、疲れた人に肩をもんであげたり、そういった生活の知恵に属することである。科学的根拠を問うたり、これをやったから、どういった利点がある、といった議論にはなじまないものである。おむつのことだけではない。生活の場に、むやみに科学的根拠やリスク、といった硬い言葉を持ち込むことによってわたしたちの生活の本当に豊かで潤いのある部分は失われていくものもある、ということに意識的でいたい。もちろん、科学的根拠のない因習によって苦しんだ人たちがたくさんあり、その反動としての科学への尊敬は十分に理解したうえで。

人間とは、そもそも生き生きとしたもので、いのちの力にあふれたもので、それは科学的な言葉だけではあらわせない。むしろ科学や権威の言葉であらわせないところにこそ、本当の豊かさがある。ていねいで、関係性を大切にした日々の生活の積み重ねからこそ科学や権威の言葉にむやみにまきこまれない本来の豊かな力がたちあがるのではないだろうか。「おむつなし育児」がそのような方向への気づきのきっかけになりうるのではないか、と今は考えている。

3　子どもには好きなように、母親には負担のないように？

「おむつなし育児に科学的根拠はあるのか」ということと同じくらい、「子どもに好きなようにさせた方がよい」、あるいは「母親の負担になることはよくない」という言い方をよく聞く。いのちのエネルギーのかたまりのような子どもはそれぞれにその方向性を持っているのであって、好きなようにさせてあげるのがよい、と思うし、それでなくてもやることがたくさんありすぎる忙しい母親の負担を少しでも減らしたほうがよいとも思う。しかし、今、よく言われている「子どもに好きなように」というのは、「親の都合の範囲で手がかからないように勝手にさせる」というふうに理解されていることが多いし、「母親の負担にならないように」も、本来の意味で母親が母親として心豊かにからだもゆったり暮らせるように、という方向ではなく、「母親が子どもがいるからといっても好きなことをできるように」とか「母親が子どもに煩わされずに楽しめるように」と思われていることが多いように感じる。

「おむつなし育児」の観点から言えば、「子どもに好きなようにさせる」とは、おむつもなにもつけないで、赤ちゃんがほぼ裸でいる、ということをイメージするのであるが、現在、たとえばおむつに関して「子どもに好きなようにさせる」ということは、そういうことではないらしく、「無理しておむつはとらない」ということと結びついて語られることが多い。つまり、「せっかく遊んでいるんだから、トイレにさそったりせず、好きなように遊ばせたほうがいいからおむつにしている」、「無理してトイレのトレーニングをすると子どもに負担なので、自然にとれるまで好きなようにさせている」といったように。これはちょっと聞くと、子どもを尊重しているように聞こえるが、ほんとうにそうだろうか。子どもを尊重するような言い方をしながら、実はきちんと世話をするべき母親がただ単に、手を抜いている、といっては言いすぎだろうか。子どもはもともと親の都合でおむつをつけられ、おむつに排泄することを習慣とするようになっているのであり、さらに、その習慣を変えるのは、子どもに負担だから無理せずほおっておく、といわれるのはあまりに親側の勝手な都合のおしつけのように感じられてしまう。

たとえば、二〇〇九年三月三日付の産経新聞には、「ベビー用品対象年齢上昇中　2歳→4歳賛否分かれる」という記事が載っている。おむつ会社が従来の一番大きなおむつのサイズより五キロ対応体重の大きい、二五キロ用のおむつを売り出す、という報道である。二五キロというのは小学校二年生の平均体重である。この会社の担当者は「ひと昔前は、三歳くらいまでにおむつがはずれるようトレーニングが欠かせなかった。だが、今は『半ば強制して子どもにストレスをかけてまで、はずそうとするのは良くない』といった意見が多く、おむつがはずれる時期がまちまちなので、対象の幅を広げた」と説明している。

第2章でくわしく紹介するが、わたしたちの研究では「ひと昔前」には「二歳でおむつをはずれるようにしていた」というふうに言ってきた。今ではおむつはずしが三歳くらいになっているが、一昔前は二歳で取れていた、と思っていた。しかし、研究を始めてから三年目である二〇〇九年春の時点ではすでに「ひと昔前」には「三歳でおむつをはずす」と新聞で報道されている。つまり、あっという間に「ひと昔前は二歳でおむつはずし」だったのが、「ひと昔前は三歳でおむつはずし」になっている。今は三歳をすぎてもおむつをしていることがふつうになっている、ということである。このこと自体にすでに驚くが、ここで問題にしたいのは「子どもにストレスをかけて」おむつを無理にはずす、という新聞に出ている言い方である。これはこの記事だけではなく、よく聞くことなのであるが、こういう場合に「ストレス」という言葉を使うのは正しいのだろうか？

そもそも「ストレス」とは、保健医療の分野では、「なんらかの刺激がからだに加えられた結果、体が示したゆがみや変調」のことをいう。つまり、からだが望む方向ではない何らかの刺激がからだに加わったので、からだにゆがみが生じる、ということがストレスである。出産や育児がストレス、という言い方にもずいぶん慣れてしまっているが、もともと生きる、というのは生まれて子孫を残して死ぬ、ということであることは生物である限り変わらない。つまり、「子どもを産んで、育てる」というのはどうみても、「からだにゆがみや変調をきたすようなからだへの刺激」ではなく、むしろ、「子どもを産まないことにした」、「何らかの理由で産めない」、「育てられない」という状況が外から押しつけられたとき、それらこそが「ストレス」となって、「からだにゆがみや変調」が起こりやすい、というふうに議論されるべきではないだろうか。

子どもにとっても、もともと「おむつなどしないで、排泄をする」ことがからだが望む方向であるわけで、「おむつ」ということ自体が「体にくわえられた刺激」であり、「ストレス」であるというべきで、「おむつをはずす努力」が、子どもにとってのストレス、という表現はむしろ逆なのではないだろうか。「子どもに好きなようにさせる」ということが、おむつをつけっぱなしで、遊び続けたり、勝手なことをしたりさせ続ける、ということだとすれば、それは大人が自分の都合で子どもを扱いやすくしている、というだけのように思う。

「子どもにとってストレス」、「育児をすることは母親にとってストレス」という言い方の裏には、大人が自分の都合で快適な生活を追及してよい、という姿勢がほのみえる。そのような大人中心の子どもの育て方が、長い時間のうちに、子どもたちに何らかの影響を及ぼしていく、と考えることは難しいことではない。わたしたちは本心では大人が楽をしたいから、きちんと論理的に説明できない子どもたちをいかにも代弁しているように「子どもに好きなように」といっているだけではないか。

「母親の負担になる」という言い方もよく聞く。たしかに多くの母親は育児を大変だと思っているのだろうが、それでは自分が子どもに手をかけないでいることが楽、なのだろうか。子どもから大人になる、とはいったいどういうことだろう。おそらく、大人になる、ということは物事には限りがあるということを知ることではないか。今やっていることはいつか終わりがくる、ということを知ることだ。自分の命はいつか終わってしまう、限りあるものだ、ということを知ることだ。過ぎていく時間への悲哀。変わっていくものへのいとおしさ。そういったものを身につけたとき、人は大人になる、と思う。そういうことを早く身につける人は早熟だし、いつまでも、すべてのいのちの有限性に気づくことがない、あるいは気づかぬふりをしていられるうちは、ある意味、子どもでいられる、あるいはその人が子どものままでいられる条件を環境が用意している、ということだろう。

子育てが際限のないつらい苦役である、母親にとって子育てが大変な負担である、という考え方は、それが永遠に続く、という考え方に担保されている。ずっと続くのだから、どうやってのがれようか、という発想になる。しかし、続かないのである。現実には続かず、また取り返しもつかない。そのことは悲しく、切ないことである。子どもを育てる、ということは、人生八〇年と呼ばれるようになり、子どもの数も少なくなった今、一人の大人の人生のほんのわずかな時間にゆるされた貴重な機会である。もちろん子どもを育てる年齢の母親は大変に忙しい時期なのではあるが、子どもとのかかわりから多くを学ぶことができるこの時期に、すべてを「負担」という言葉でくくることはとてもできない。

ある年配の方が新聞に投書しておられた。まったく知らない土地にきて、三人の子どもを育てているある夕方、二人の子どもの手をひき、ひとりをおぶって川添いの道をとぼとぼとあるいていると、むこうからやってきた作業着姿のおじさんが「母ちゃん、大変だな、もうちょっとだからがんばれよ、もうちょっとで楽になるからな」といってくださった。知らない土地でこの言葉を支えにそれから生きてきた、という文章であった。ひとことの持つ力、という意味で、わたしはこの話が好きで、よく引用する。そして、読んでくださったり聞いてくださったりした方は、このひとことに、胸にこみ上げるものがある、といってくださることが多い。今考えると、その作業服姿の男性の言葉の優しさに打たれるだけではない。その言葉のあまりの正しさに、打たれるからだ、と思う。そうだ、これはもう長く続かないのだ、この幼い人との時間というものが有限であることを知ることへのさびしさが直感的に感じられるから、この言葉が胸に迫る、ということがあると思う。つらい負担の日々も、終わる、と思えば、一日一日がいとおしい幼い人との日々なのである。

赤ちゃんのおむつをとってみよう、というのは、この限りある時間をできるだけ豊かに、という発想にほかならない。いまこれをやっておけば後に楽になる、という因果関係の発想ではない、というのは先に書いたとおりである。

4　〝弱きものに寄り添う〟、というコミュニケーション

「赤ちゃんは泣くのが仕事だから」とか、「赤ちゃんは泣いて当たり前だから」という言葉に疑問を覚え始めたのは、出産の現場のことをよく聞くようになってからである。出産時、すべての赤ちゃんは大声で泣く、と聞いてきたし、泣かなければ命があぶないので、泣くように刺激しなければいけない、といわれているのも知っていたし、教科書にも、第一諦泣で肺胞がふくらむ、と書いてある。「おぎゃあ」、「生まれました！　おめでとうございます」というのも、何度もテレビや映画などで見ていた。産声、というのは泣くことだ。それが当たり前のことだった。

しかし、助産婦さん（当時）とお付き合いさせていただいて、助産院の自然なお産に立ち会ったり、話を伺ったりしているうちに、どうやらこのことは違うらしいということがわかってきた。

日本の助産院、というところは世界にも珍しい医療介入のないお産を、自分の家のような環境で安全に行うお産の場所である。世界にも珍しい、と言ったことには理由がある。日本の助産師は、医師のいないところでもお産を取り扱うことができる開業権がある。嘱託医や、なにかあったときの搬送先の病院の確保などは必要となるが、基本的に助産師だけで開業して自然なお産を取り扱うことができる。北欧など、助産師が大変活躍している国でも、開業権はないことが多く、そうなると助産師は病院で医師のいるところでしかお産を取り扱うことができない。医療的なリスクを最低

限にしようとする産科医療を基にした医師主導の出産と、女性の産む力、赤ちゃんの生まれる力を最大限に生かそうとする助産師主導のお産は、おのずとちがってくる。助産師がお産に立ち会っていたとしても、医師の管理下にある病院の出産と、助産院のお産は同じではありえない。また、日本の助産師は、切開したり、縫ったり、投薬をしたり、といった医療介入ができない。海外の助産師ではこういった医療介入はしてもよい、となっている国がほとんどである。人間というものはやってもよい、といわれるとやるようになってしまうもので、医療介入ができる助産師はミニドクターのように、医療行為をあたりまえにやってしまう人も多くなる。日本では、医療介入ができないからこそ、女性が自分の産む力をどのようにすれば生かせるか、どうすれば赤ちゃんの生まれてくる力を生かせるか、ということに創意工夫をかさねてきた。近年、日本の助産師も世界の助産師並みに、医療介入をできる方向へとシフトしてきているが、自然なお産を手つかずで残している世界にも珍しい助産院という施設が、このシフトによってゆくゆくは大きな変化を経験していくことになるのではないか、と危惧せずにはいられない。

ともあれ、現在の日本の助産院の多くでは、より自然な形のお産が行われている。多くの助産院は畳の上など、ふつうの家のような環境でお産ができるようになっていて、お産のときもなにか特別なことがない限り、やや薄暗い、産婦さんが安心できるような環境になっている。そのように、静かでうすぐらいところに自然に生まれてきた赤ちゃんは、わあわあ泣かないのである。ふぎゃっ、ほぎゃっというくらいで、あまり泣かない。静かで薄暗いところで、お母さんも落ち着いていて、特に医療介入も必要ではない形で生まれてくると、赤ちゃんは生まれてすぐ、へその緒もついたままで、お母さんの胸にだきとめられる。お母さんに抱かれて、とても落ち着いている。呼吸も自然に始まるのだという。こういう話をみたり聞いたりしているうちに、「生まれた赤ちゃんは激しく泣く」のではなくて、「泣かせている」のではないか、と思い始めた。病院の分娩室の、煌々と光る目を射るライトで、赤ちゃんが知らない人がゴム手袋をはめた手で手荒にふれることで、科学的にはすべての赤ちゃんに必要なわけではない鼻や口を吸引されることで、あるいはそのほかなんらかの、赤ちゃんにとってショックなできごとで……。

わたしたちは、赤ちゃんが泣くに足るような、なにかひどいことをしているのではないか、そう思うようになった。「人間は生まれたとき泣く、つまり生きるとは泣くことで始まるようなことなのだ」という、やや哲学的な言い方さえ聞いたが、これは違う、と自然なお産の場に関わるようになってから思い始めた。わたしたちは赤ちゃんを泣かせているのではないのか。だいたい、生まれたばかりの柔らかな湯気の立つような赤ちゃんが、ぎゃあぎゃあと泣かねば生き延びられないのなら、それは人間の生存戦略にとって有利とは思えない。わたしたちの先祖は、森で、あるいはサバンナで、ほかの動物たちとともに生き延びていた。生まれたばかりの赤ちゃんが大声で泣き続けることは、そのまま赤ちゃんの身の危険に直結していたはずである。おそらくは、わたしたちは、近代に向かうどこかの時点で、生まれたばかりの赤ちゃんを泣かせるようになったのである。意図的に、あるいはろくに意識もすることもなく。

そう思えば、人間は、理由なしには、おそらく泣かないのだ。赤ちゃんのことでなくてもよい。わたしたち自身のことを考えてみよう。わたしたちはなぜ泣くのだろうか。言葉にならないから、うまく説明できないから、思いをあらわせなくて悔しいから、感情でいっぱいになっているから、どうしようもなく悲しいから。泣く、というよりほかの方法で、自分の悲しく、悔しい思い、あふれるような感情を表せないから、泣く。

泣いている幼い子どもに、泣いていないで、ちゃんと話してごらん、と大人は言うが、ちゃんと話せないし、なんと説明したらよいかわからないから泣くのである。子どもだってそうだ。わたしたちだってそうだ。赤ちゃんだって同じではないだろうか。言葉がまだ習得されておらず、しゃべれないから、自分の気持ちをうまく説明することができず、つまり言語によるコミュニケーションがとれないので、相手がよくわかってくれないから、泣く。ほかに方法がないので泣いているのだ。それはわたしたちも、幼い子どもも、赤ちゃんも、おそらく同じなのだ。

しかし、たとえ言語によるコミュニケーションがとれなくても、自らの思うところを相手につたえられたらどうだろうか。赤ちゃんが、自分の体の動きや表情やしぐさ、ちょっと声を出したことで、誰かが気づいてくれれば、つまり非言語的なコミュニケーションがとれた、と赤ちゃんが感じられれば、赤ちゃんは泣く必要がない。赤ちゃんの意図が、周囲の誰かに通じていれば泣かなくてよい。それはとりもなおさず、赤ちゃんの言いたいことをこちらが察することができた、ということである。

「おむつなし育児」で育てられてきた赤ちゃんは、一様に、静かで機嫌がよい。にこにことしていて、あまり泣かない。それは私たち研究チームにとっても、おそらくはお母さんたち自身にとっても、あまり予想していなかったごほうびのようなものだった。

「この子は本当に泣くことがありません。先日、参加するあるセミナーで〝ベビーシッターはいりますか〟と聞かれたのですが、いらないのです。だって泣きませんから。わたしがそばにいたり、抱いたりしているのなら、泣くことはないのです。この子が機嫌が悪くなるのはおしっこのタイミングをこちらが間違えてささげてしまったときくらいですね。〝ちょっと今じゃないのよ、ちがうじゃない〟って抗議されている感じです。別にずっと寝ているわけではなくて、目は覚めているのですが、ご機嫌がよいのです」

ご機嫌がよい人とは一緒にいても気持ちがよい。赤ちゃんといえど、機嫌のよい赤ちゃんと一緒にいると気分がよい。

明治開国後、日本にやってきた西洋人たちが、日本の赤ちゃんがほとんど泣くことがなく、とても機嫌がよいこと、子どもたちもほがらかでききわけがよいこと、に驚いているさまが記録されている[1]。おそらくそのころの日本の赤ちゃんは、あたりまえのようにおっぱいをもらい、周りの人にやり手水されていたのだろう。西洋人たちは、おそらくは、その近代化の途上で、赤ちゃんを自分の都合に合わせてほおっておく子育てをすでにはじめていて、おとなしい日本の赤ちゃんに驚いたのであろう。

4 “弱きものに寄り添う”、というコミュニケーション

コミュニケーション、という言い方が、言語によって自らの主張を明確にすること、とか、ディベートの能力をあげること、とか、論理的にうまく表現して相手を納得させられること、といったことのように語られてきて久しい。言葉による明確なコミュニケーションは、強いほう、つまり強者にあわせることになるし、自らにも強く、より強くあることを課す。なんでも明確に説明できる人が優秀な人になるし、てきぱきと目の前のことをこなす人が望まれるし、会議での発言は多ければ多いほどどいいし、賢そうなことをいえるほどよい。そういう言葉ばかりを愛でるようになると、できない人には冷ややかなまなざしがむけられるようになる。一度で理解できない人には、はあっという軽蔑をこめたため息とともに、自分の時間を無駄にしないでほしい、という思いをこめて、強い調子の言葉で再び説明がされる。私たちの社会はそのような方向に動いてきたし、今でも仕事というものはそういうものだ、と多くの人が思っている。

このようなやり方では、もちろん、ついていけない人のほうが多い。言葉をうまく繰れない人、

(1) 渡辺京二『逝きし世の面影』平凡社ライブラリー、二〇〇五年。

からだがうまく動かない人、いわゆる〝知的〟な作業が苦手な人、病を抱えた人、老いた人、幼い人。みんなついていけない。言葉と説得と押しの強さを愛でるコミュニケーションのありようを肯定するところでは、このような〝弱きもの〟の居場所はない。〝弱きもの〟たちは、強くて、こういうコミュニケーションが得意な人たちの〝善意〟と社会安定化の意図によって構成されていく福祉のシステムに組み込まれていくしかない。

それでよかったのかどうかは、実際にこのようなやり方で「強くなった人」、「勝ち組になった人」たちの少なからぬ人数が、自らの弱さを認められないつらさをかかえて苦悩していることをみれば、明らかなのではないだろうか。駆り立てられすぎて体をこわしたり、眠れなくなったり、心を病んだり、家庭を崩壊させてしまったり、そういうことをわたしたちはたくさん経験してしまったし、周囲に経験する人もあまりに多い。これは、つらいやり方なのである。このような明確なコミュニケーションについていけない人にとってつらいだけではなく、しっかりついていけている人、そういうやり方で優秀な人となっていった人にとっても、つらいのである。

人間は誰も強いところと弱いところを抱えて生きている。強い方向にだけ合わせる形で関係性ができあがっていくと、それは誰にとっても生きにくい社会をつくりあげてしまう。強く生きねばならないことについていけず、何らかの物質や行動に依存してしまうことも多い。アルコール依存症、薬物依存症、摂食障害、その他の精神的なつらさを抱えるひとたちが集まってつくる自助グループ、とよばれる活動で、何より参加する人がほっとするのは、そういう場所が「弱いところ」を、自ら認めて、その場にいる人とその弱さを共有できるからである。わたしたちはみな、強いところだけを出して生きてはいけない。弱さを認めて、それを共有できる場が必要である。

そう考えると、「弱さ」に共感したり、みずからが「弱さ」を出してもよい、と考えること、「弱さ」を通じてつながっていくこと、ということがわたしたちが生きていくうえで何より大切なのではないか、ということに気づき始める。この国では、戦後、家族、とか、家庭、が家父長制による抑圧の温床であり、個人の自由と成長を妨げるものである、と議論してきたが、もともと、家族はその成員の誰もがみずからの一番弱いところを出すことができ、その弱さを共有し、さらに弱い人に共感しながら生きていくための最小単位でもあったのではないか。人の助けがなければ生きていけない人に周囲が共感し、そうすることによって、助けている側の弱さをも認めることができる、そういう場のことだったのではないか。そういう場であるからこそ、幼い人が育ち、病んだ人が安らぎ、老いた人が安心して死んでいけるのである。コミュニケーションの力、とは強い人が強い言葉で自己主張をする力、ということではなく、言葉にならない思いを共感し、「弱さ」を共有できる、ということではないだろうか。

言葉も発せられない弱い人に合わせること。その人に共感していくこと。それができるようになると、弱い人に合わせていた人自身が自らの弱さをも出すことをいとわなくなる。弱い人に合わせる、ということは、また、自らの弱さも認め、弱さによってつながっていくということだからだ。言葉ばかりを使ったり、上から下へ、という態度で接することによっては弱い人にあわせることはできないからである。「おむつなし育児」で学ばれるのはそういうことかもしれない、と考える。生まれたばかりの赤ちゃんは、言葉も話すことができず、身体的にも多くの助けを必要としている「弱い」存在である。生命力にあふれ、赤ちゃんは強いのだ、というのとは違う次元の弱さ、すなわち他の助けがないと生きていけない、という意味での「弱い」存在である。その家族で一番弱い人が、自分の思いを伝えられなくて、泣き続けることがないように、周囲が共感能力を高めていく。幼い人の排泄にむきあう、ということは、そのための一つの大きなきっかけなのである。

おむつなし育児を通じて、家庭内の弱い人を助け、共感する、という役割を女性ばかりに押し付けるのか、という意見もまた、あるだろう。しかし、それはちがう。わたしたちがここで書いていきたいのは、「家庭内の、弱い人を助け、共感する」ということを、母親のみでなく、家族のそれぞれが経験してほしいし、そうすることによって、すべての家庭の成員が、自ら自身の弱いところを出すことができるようになる、ということである。そしてそのように家庭内で共感能力の涵養に努める機会を得た人は、かならず、家庭にとどまらず、地域や社会でその力を求められるようになる。

共感能力の高い人は、仕事の上でも、仕事のパートナーや相手の気持ちを察することができるから、一緒にいて気持ちがよくて、しかも結果としてよい仕事をすることになる。そういう人とは誰もが一緒に仕事をしたい。だから、次の仕事も来る。わたしたちは社会的な名声や評価ばかり求めてきて、「家事」や「子育て」はそれを妨げるものだと思ってきたものだが、実はちがうと思う。

赤ちゃんをおむつなしで育てられるような人は、他のどのような場に行っても、うまくやっていくことができる。自らの言葉ばかりを主張することなく、他の人を生かすことができるような人になる。共感能力を上げることは、自らを客観的にみることができることにつながっている。他の人を生かすことができる人の仕事の質は、結果として高い。

もちろん、「そういういいことがあるからそのために」おむつなし育児をするのではない、ということはすでに書いた。おむつなし育児は、こうすればこのようによいことがある、という科学的因果関係を求めるものではない。以前は誰もがやっていた、人間の知恵、である。赤ちゃんをご機嫌よくすこやかに育て、関わる人間の共感能力をも上げる知恵であった。そこで育ってくる人がまた、本来の意味でのコミュニケーションの能力、すなわち共感能力の高い人になっていくことはおそらく疑いのないことであろう。そういう人たちが今よりすこし増えてくる社会は、おそらく、今より住み心地がよいのではないか、と考えている。

（三砂ちづる）

第1章　おむつは育児の必需品？——おむつと育児法の変遷

1　高齢者が語るおむつはずしの経験

ここ数世代で、育児方法が大きく変わってきたことは誰もが感じているだろう。では、おむつに関しては実際にどのように変わったのだろうか。七〇歳以上の女性たちは、どのような子育て、おむつはずしをしていたのか。現在の七〇歳以上の方たちは、戦争と戦後の生活という大きな変化を短期間に体験した世代でもあり、七〇代、八〇代、九〇代の経験は異なるかもしれない。よってこの三世代それぞれの女性たちから聞き取りを行ってみることとした[(1)]。

三世代の女性たちは、中部地方において、子育てを経験した方々である。研究チームのメンバー

(1)　調査手法としては、主な質問をあらかじめ準備しておき、それにそって聞き取りをする方法（半構造化直接面接）を用いた。そして、話されたことをメモにとり、聞き取り終了後、すぐに内容をWord文書としてデータ化し、要約的内容分析を行った。

表1-1　高齢者聞き取り調査対象者内訳

年　代	仮　名	年　齢	子供の数	孫の数	ひ孫の数
90代女性	朝日つるさん	92歳	5人	13人	3人
	細川よねさん	90歳	4人	9人	10人
80代女性	田崎あやさん	87歳	3人	8人	1人
	後藤田みせさん	86歳	1人	2人	0人
70代女性	津山章代さん	73歳	2人	4人	0人
	南川泰子さん	71歳	2人	2人	0人
	長田玲子さん	72歳	4人	9人	0人

の親族であり、彼女たちの経験が日本の同世代の経験を代表しているとはいえないが、ある程度の状況をうかがい知ることができると考えた。お話を伺った方々の内訳は、表1-1のとおりである。

聞き取りを承諾してくださった方々に、赤ちゃんの排泄の世話に関する実態、赤ちゃんに対するおむつはずしの実態、赤ちゃんの排泄が自立する時期、赤ちゃんが使用するおむつ、下着など、昔と現在を比較しながら語ってもらった(1)。

1-1　八〇・九〇代女性の経験

子育て経験のある八〇・九〇代女性たち、朝日さん九二歳、細川さん九〇歳の九〇代二名、田崎さん八七歳、後藤田さん八六歳の八〇代二名、合計四名から話をきいた。彼女たち全員が、岐阜県の飛驒地方で生まれ育ち、県内に嫁ぎ、子育てを経験し、現在も同県に住んでいる。彼女たちが、自分自身の子どものおむつの世話を経験した時期は、細川さんと後藤田さんが太平洋戦争前から戦争中の昭和一〇年代（一九三五～四四）のみ、朝日さんは、昭和一〇年代と二〇年代（一九四五～五四）の両方にまたがっており、田崎さんは戦後の昭和二〇年代のみである。「日本がまだ貧しい時代で、お父さんたちは仕事が忙しくて子育てなんてかまっているひまはない。だから、子育ては女の仕事。途中からは、男衆はみんな戦争に行ってしまったから、女は家事だけでなく、家の商売や農業など仕事をしながら、何人もの子どもの世話をしていた時代」という朝日さんの言葉通り、全員が家の商売や農業を手伝いながら、子育てをしていた。彼女たちの人生の中で、とても忙しい時期だったそうだ。高齢にもかかわらず、当時の記憶も話しぶりもしっかりしていた。

（1）おむつの使用実態

おむつとおむつカバー

彼女たちは、おむつのことを「おむつ」ないしは「おしめ」と呼んでいた。同じ人でも、インタビュー内で両方使っており、特に差異はないという。ここでは、便宜上「おむつ」で統一をして紹介する。

全員、手縫いの布おむつを使用していた。六〇～七〇年経った現在の日本の布おむつと同様に、輪になった形状である。布は、古い浴衣をといたり、布団の切れ端や使用されやわらかくなった木

（1）二〇〇七年三月二八～四月二日、四月九～一〇日に実施。

綿の布を再利用し、ぬいあわせて一枚のおむつをつくりあげていた。周りで干してあるおむつを見ても、当時はそのような継ぎのあるおむつが多かったという。四人中、朝日さんだけが、新しいさらし布を使ったという。「当時はね、今から六〇年以上も前だし、戦争中だったから、（古い浴衣をほどいて作った孫のおむつをさわりながら）こんなにいい布でおむつを作っているところは少なかったね。農家は、古い浴衣ではなく使い古した布団の生地だった。どこの家にも、つぎはぎのおむつが干してあるのをよく見たよ。私のところは料理屋の商売をしていてね、食材を仕入れていたから、かしわ（とり肉）屋さんが盆と暮れに、さらしの反物を二反くれたの。それを毎年、毎年とっておいて、そのさらしでおむつを作ったよ。」と話している。

それは珍しいことだったらしく、細川さんは、朝日さんが使っていたおむつについて「朝日さんは商売をしていたから、新しいさらしの布だったけれど、当時は、なかなかそういうものが手に入らなかったよ。嫁がうちの孫を育てた時代にはみんなさらしだったけどね」と記憶していた。材料となる布は違うにせよ、四人全員が赤ちゃん一人につき二〇〜三〇枚を、自分で手縫いをして準備した。年子で産んだ場合は、六〇枚以上のおむつを一度に使っていたそうだ。

当時は、すでに、おむつカバーがお店で売っていた。ただし、現在の薄く通気性のよい毛や綿ではなく、赤ちゃんの肌にあたる部分は綿で外側がゴムでできていた。それをつけているとおしっこがもれなかったそうだ。

「自分で作った布おむつを、二枚重ねで使ったよ。三角にたたんだおむつを赤ちゃんのおしりの下に、縦長くたたんだおむつをおまたの下にいれてね、おむつカバーをした。今のものと違い、厚ぼったくて中が綿で外がゴムのもので、それをひもで結んだねえ。」（後藤田）

他の三名も同様に、布おむつを二枚重ねで使い、その上におむつカバーをしていた。ちなみに、彼女たちの妹や弟のお守りをした子ども時代（現在から八〇年ほど前）は、おむつカバーは売っておらず、つぎはぎのおむつを二枚重ねで赤ちゃんの股のところを覆い、その上から、カッパと呼ばれるゴム製のシートでくるんでいたそうだ。

伝統的なおむつ用品

夫の両親と祖父母夫婦が同居している農家に嫁ぎ、その土地の伝統的な子育てをしたという細川さんは、赤ちゃんの尿を吸収するために「小布団」と呼ばれるものを使っていた。「小布団はね、四〇～五〇センチ程度の大きさの布の中に綿をしいて、布団みたいに端を縫ってつくるの。赤ちゃんのおまたとおしりを、まず二枚重ねしたおむつで覆って、それを小布団で包んで、最後におむつカバーをして、ひもで結んでいたねえ。このあたりは冬が寒いから、赤ちゃんを冷やさないために、小布団をつかったね。小布団があると、おしっこがしみなくていいの。私が子どもの時、妹や弟の子守をした時には、おむつの上にこの小布団をあてていたねえ。でも、私が子育てをした時代には、もう小布団を使わない家もあったみたいだね。うちは昔の家だったから使っていたけれど」と語った。

また、その地域で伝統的な道具として「つぐら」の話が出た。これは、東北地方や九州地方でも利用された記録があり、地域によって「えじこ」といわれたものとほぼ同様のものである。そのつぐらを使った時のことを以下のように話している。

「このあたりでは、つぐらといってね。おひつのような形の桶やかごに、わらのくずをしいて、その上にお布団をしき、そこに赤ちゃんを寝かしておいたの。その時はぬくとうなっているから、小布団なしでおむつとカバーだけでね。赤ちゃんが動かないように布団などで固定すると、まあおとなしくいい子にしていたわ。」（細川さん）

「あれはよくできたものでね。私はわざわざ実家まで借りにいったさ。着物がぬれないように着物のすそをあげてね、おしっこしてもおむつとわらだけが濡れるようにするの。着物をあげても、つぐらの中に入っているし布団をかけているから寒くなくて、赤ちゃんも気持ちよさそうだったよ。」（田崎さん）

他二名も小布団もつぐらも知っており、自分たちは使わなかったが、当時は農家など一部の家で使っていたと記憶していた。なお、彼女たちの嫁や娘たちが子育てをする時代には、小布団もつぐらもまったく見なくなったという。

おむつ替えの間隔

「おむつは汚れたままにしてはいけない」という思いがあり、まめにおむつを替えたそうだ。しかし、おむつだけに注意を払っておむつ交換したり、時間や間隔を決めておむつを替えるようなことはしていなかった。赤ちゃんにお乳をあげる時や、赤ちゃんが寝る前や起きた時、または自分の仕事の合間などのタイミングにあわせておむつを替えていた。結果的にだいたい「三〜四時間」の間隔で、おむつを替えていたことになる。細田さんは、おむつにそれほど神経をはっていたわけではなく、「いい意味で適当、何かのついで」におむつを替えていたが、「不思議とおしっこがしみていることはあまりなかったし、おむつかぶれもしなかった」と記憶している。

「おむつをかえる間隔は、三時間くらいだったなあ。眠そうにしていたら、『ほうか、寝る前におむつを替えておくか』と替えてあげて、起きたら『おむつ替えようか』と替えていたな。あとは乳をあげる前にね。」（後藤田さん）

「とても忙しかったから、おむつだけを気にして替える、みたいなのはあまりしなかったねえ。もちろんおしりに手をあてて濡れていた時は替えたけどね。当時は、おなかをすかせていないかどうかはこまめに気にしていて、お乳をあげたりする時に、ついでにおむつを替えていたよ。お乳をあげる間隔が三〜四時間くらいだったから、そのときにおむつを替えていれば、だいたい大丈夫だったねえ。」（田崎さん）

「おしっこでべたべたのおむつをあてているとだらしない、とか、汚いおむつをつけたままにすると、子どもがおしっこを教えるのが遅くなるのでよくない、こまめに替えてきれいにしてあげろとよく言われたからねえ。こまめに仕事の合間にちょこちょこ様子を見て替えていたよ。乳をあげにいく時も、ついでに替えたおぼえがあるよ。三〜四時間ごとくらいだね。」（朝日さん）

彼女たちが子どもの頃、弟や妹をおんぶして子守をしていた時は、「おむつはお母さんがお乳をあげる時に替えていて、子守の間おしっこの世話は特にしなかった。でもおぶっている間に赤ちゃんのおしっこがしみてきたことはほとんどなかった」そうだ。一方で、「嫁（娘）が子育てをしていた時は、あまりにも、ちょこちょこ替えていた」と娘や嫁の時代のおむつ交換の間隔が、自分たちの子育て時のそれと比べて、とても頻繁であった印象を持っている。自分の妹弟の子守りや、子育ての時のおむつ替えについて、「間隔が長い」ということは「おむつが濡れていても交換しない」というわけではなく、「だいたいそのくらいの間隔で替えていれば大丈夫だった」と語っている。時代が進むについて、赤ちゃんの排尿間隔が短くなっているかもしれない。これは今後の考察の必要があると考えた。

おむつの洗濯

おむつは、自分たちで手洗いをしていた。この地域では、おむつを洗う場所が決まっていて、全員がそこで洗った経験があるという。

「おむつはね、汚れたらバケツに入れておいてね、朝に洗いに行くの。昔はね、ここらあたりではおむつを洗う場所が決まっていて、小川にみんな集まってそこの流れ水であらったの。そこは清水で水がきれいで、流れの勢いもあったから、おむつの汚れがよくおちたねえ。夏はいいのだけど、冬はしんどかったねえ。このあたりは寒いし、雪も多く、朝早くのしばれるような寒さの中、洗い場に行くのにおむつのバケツを持っていってね、それも流れ水だから冷たくて冷たくて、手がかじかんで……。それで洗ったおむつを持って帰って、竿いっぱいに干したものさ。」(田崎さん)

この地域は冬が寒く、日照時間が短く、おむつが乾きづらかったため、「なべの底に炭をしいて、その炭をおこし、その上に竹かごをかぶせて、そこにおむつをかけて干した」そうだ。当時、そのかごは売っており、赤ちゃんのいる家は大抵持っていたという。おむつの世話自体はあまり大変でなかったが、おむつを洗濯して乾かすのが大変だった、というのが全員に共通していた。

彼女たちが使っていたという伝統的な「小布団」も「つぐら」も「おむつを乾かす竹かご」も、娘や嫁が子育てをする時代にはまったく使われなくなり、今は残っていない。

（2）　おむつはずしの実態と感想

おむつをはずした年齢

最初「トイレ・トレーニング」という言葉を質問で使った時に、彼女たちはあまりピンとこなかったらしい。「トレーニングなんてしていないよ」という答えが返ってきた。赤ちゃんが、おむつではなくトイレでおしっこできるようになることを、彼女たちは「おむつがはずれる」「おむつがとれる」と表現した。そこで、彼女たちに「おむつがはずれた、とれた」のはいつごろだったのか、それはどのように行ったのかについて話を聞いた。

四名の女性が育てた子どもは合計で一三名である。そのうち、おむつがはずれたのが最も早いのは田崎さんの三男で「まだものは全然言えない時期で、つたい歩きを始めたころ、生後九か月か一〇か月ごろに」おむつをはずしたそうだ。「ちょうどその頃、壁をつかまりながら立って、おまたのところを押さえて、しっこしっこというしぐさをしたの。それでトイレに連れて行くと、ちゃんとおしっこをしてね。それでおむつをはずしてパンツにした。それでもう大丈夫だった」と話した。

次に早いのが、後藤田さんの長男で、満一歳になったころである。「おむつがはずれたのは、ちょうど一歳の誕生日くらいだった。あの子は夏生まれで、夏の暑くなったころ、『しっこ』って教えるようになったから、トイレに連れて行くようにしたら、できるようになったなあ。着物だから、ぬぐのも楽ちんだった」という。

他の子どもたちも、だいたい二歳までに完全におむつがはずれたそうだ。ただし、それぞれの子どもの詳細な月齢は記憶されていない。五〇～六〇年以上も前のことであるということもあるが、それよりも、当時は、母親たちがおむつをはずすことに関して、力を入れておらず赤ちゃんの様子を察知して、トイレ等でおしっこをさせるようにしていたら、いつのまにか自然に排泄の自立に至っていた、ということのようだ。

「当時は、戦中戦後の食料難の時期だったから、おむつのことよりも、ちゃんとごはんを食べさせられるかが一番の関心ごとだったね。生後九か月くらいではずれた三男のことは明確におぼえているけれど、他の二人は一歳のお誕生日にはまだで、二歳には、もうおむつをしていなかったということしかおぼえていないねえ。」（田崎さん）

「子どもたちのおむつがいつとれたか、思い出そうとしたのだけど、あんまり細かい記憶がない。次々四人も生まれたし、大家族の世話や、畑の手伝いも忙しかったからかなあ。でもね、誕生（一歳）すぐではなかった気がするし、冬は寒くてはずすのによくないと思っていたから、だいたい二歳になる前か二歳の夏にははずしていたのじゃないかなあ。上の二人が年子で、次から二～三年ずつあいて二人生まれたけど、その時に二人分を洗った記憶がないから、それまでにおむつなしでトイレでできていたと思う。」（細川さん）

おむつをはずすタイミングとその後のプロセス

「当時は何歳までにおむつがはずれていないといけないとか、何歳までにはずした方がいいとか、言われた記憶はない」という朝日さんの言葉のように、四人全員、自分の母親や姑や周囲からおむつをはずすべき年齢についてなにも言われたことはないという。また『主婦の友』のような女性誌や育児書も、忙しくてあまり読んでいなかった。そのため、現在の母親が時折口にする「何歳までにおむつをはずさなければならない」というプレッシャーも感じることはなかったようだ。

ただ、おむつをはずす時期としては、冬がとても寒い地域のため、夏にはずすのがいいというのは全員に共通した認識であり、実際に、暖かい時期におむつをはずしたという話が多かった。

おむつをはずすタイミングの決定に重要なのは、その赤ちゃん自身の状況であるという。つまり、赤ちゃんがなんらかのしぐさや声でおしっこを知らせるようになっているかどうかである。そのように、おしっこを知らせるようになったら、おむつをはずして、こまめにトイレやトイレに準ずる場所に連れて行くようにしたという点は全員に共通していた。

朝日さんは、ほぼ年子の三人の男の子が、自分ひとりでおしっこができるようになるプロセスを以下のように語っている。

「子どもがおしっこを少し知らせるようになったら、できるだけトイレに連れて行って、そこでさせるようにした。でも、おむつを完全にはずしてしまうのは、暖かくなってから。暖かい時期に、子どもに服の上だけ着せて、下はおむつもはずしてパンツもとって、すっぽんぽんにするの。それで家の外の子どもがひとりでも行きやすい場所を決めて、『しっこしたくなったら、ここでするのだよ』と教えたよ。今ならトイレでさせるのがいいのだけど、昔のトイレは汲み取り式で危なくて子どもだけで行けないから、代わりの場所も作ってね。最初の二〜三日は、私がしっかりついて、こまめに『しっこないか、しっこないか』といって、トイレかそこでおしっこさせるの。いつもは仕事が忙しくてそんなこまめに見てられないけれど、この二日間はこちらを優先してね。その間、絶対におむつをあてないのが大事。この二〜三日は大変だけど、ここをしっかりしておくと楽なんさ。『ここでしっこしなさい』と何回も教えていると、兄ちゃんたちや近所の子どもたちがしっこする姿を見て、親が何もしなくても自分でできるようになったなあ。普通の下着で大丈夫。一週間もかからなかったと思うよ。」

いずれの場合も「赤ちゃんのおむつをはずした時期」と「トイレでおしっこできるようになった時期」は同時と認識されていた。親がトイレに連れていっておしっこができる時期と、赤ちゃんがひとりでトイレにいっておしっこができる時期のズレは認識されていない。また、尿と大便、昼と夜の排泄の自立時期のズレも認識されていなかった。おむつをはずした後、トイレないしはトイレに準ずる場所に連れて行くという話はあったが、おまるやトレーニングパンツを使った話はなかった。

以上のように、八〇代・九〇代の女性は、赤ちゃんが自分でトイレで排泄できるように「訓練」「トレーニング」した、とまったく思っていない。彼女たちは、おむつはずしにあまり「関心がなく」、「がんばらず」、「自然に自由に」おむつはずしを行った。大切なのは、赤ちゃんがおしっこのサインを出しているかどうかに気づいてトイレに連れて行くこと、できるだけ暖かい時期におむつをはずすこと、これら二点が全員に共通していた。結果として、どの赤ちゃんも生後九～一〇か月から二歳までの間におむつがはずれた。

（3）おむつ事情の今昔

インタビューした女性たちは、みな妹や弟の子守の経験があり、また娘や嫁だけでなく、孫の子育てまで、約八〇年間、四世代にわたる赤ちゃんのおむつとその世話の変化を見てきた。

その中で、彼女たちが昔と現在の違いをもっとも感じているのは、「おむつ」そのものである。彼女の妹弟が赤ちゃんの時や、彼女たち自身が子育てをする時に使ったのは、前述の通り、布おむつであった。そして、彼女たちの娘や嫁たちが子育てをした時代（主に昭和四〇～五〇年代）も、みな布おむつだった。新品のさらしを買って自分で縫った布おむつが多かったが、お店で既製の布おむつが売られており、それを使ったものもいる。おむつカバーも、以前のものより通気性がよく便利なものが売っていた。娘や嫁たちが子育てをした時代には、「小布団」や「つぐら」は使われていない。

孫の子育て（平成）は、布おむつも多少はいるが、多くが紙おむつを利用していた。ひ孫が一〇名いる細川さんは以下のように語っている。

「だんだん周囲でも布おむつを干している家が減ってきて、孫たちはひ孫に紙おむつを使っている。年が上の子たちは、布おむつを併用していたみたいだが、最近生まれた子はみな最初から紙おむつだねえ。つい最近も孫が出産したので、布おむつを縫ってあげようと思ったら、『今は紙おむつもそれほど高くないし、便利だし……布おむつはいらない』といわれた。」

朝日さんは、孫が出産する時に「仕事が忙しくて自分で縫えないから、おばあちゃん縫って」と頼まれて、自分の古い浴衣をほどいて、ひ孫のおむつを作ってあげたそうだ。「布おむつでも、昔と違って、洗濯機も乾燥機もあるから楽なものさ。布おむつを使えばいいと思うけど、今はみんな紙おむつみたいだねえ」と憂いていた。

朝日さんは自分自身が病気の時に紙おむつをつけた経験から、赤ちゃんに紙おむつを使うことに、賛成できないという。

「生まれたての赤ちゃんに、紙おむつのような工業製品をつけたら、よくないと思うよ。デイサービスでも、お年寄りはみんな紙おむつをはいていて、それもよくないと思う。私も病院に入院した時にそれをつけられた時は気持ち悪くてね。すぐにおなかの調子が悪くなった。それで紙おむつをやめてもらって、家から普通の布のパンツをもってきてもらったよ。あんな気持ち悪いものを、生まれたての赤ちゃんにつけるなんて、かわいそうだなあ。赤ちゃんのうちくらい、手をかけてあげればいいのになあ。たっぷり愛情かけてあげればいいのに。大きくなってからじゃあ、遅いんさ。」

「紙おむつは長い期間使うから、結構な額になる。昔と比べて、今の子育てにはお金がかかって大変だ」という声もあった。

また、赤ちゃんの服装も大きく変わった。昔は、赤ちゃんは着物や、洋服でも下はぶかぶかのズボンだったため、「小さな子でもすぐにパンツを脱げて、遊んでいてもおしっこに間に合った」そうだ。「今の小さな子は大人みたいなしっかりした服をきるようになったねえ。かわいいかもしれないけれど、それがむしろ、自分でおしっこをしづらくしているのではないか」との声があった。

彼女たちは、ひ孫や最近の小さな子を見ていると、三歳すぎてもおむつをしている子がいることを心配していた。「いつかはとれるのだろうけど、二歳すぎても、おむつにおしっこをするのがあたりまえだと思っているのはおかしい」と感じていた。

朝日さんは、どうしても若い人たちに伝えたいと、以下のことを語った。

「おしっこはトイレですることがいいこと、いつまでもおむつをしているのは悪いこと、とちゃんと教えなくてはいけない。無理やりにおむつをとるのがかわいそうだから、といって甘やかすというか、子ども任せにするから、悪いことも良いこともゴチャゴチャになってしまうんさ。親が手をかけて、しっかり教えてあげると、子どももよくわかって、おむつじゃなくてトイレでできるようになる。昔と今は時代は違うけれど、子育ての基本は変わらないと思う。赤ちゃんであっても、お母さんが言うことはきちんとわかっている。小さいうちに手をかけないで、大きくなってからどんなにがんばっても、もう遅い。生まれた時から三歳までにしっかり手をかけなきゃ。おむつは、そのひとつだよ。これを、これから赤ちゃんを育てる人にわかってほしい。」

1―2　七〇代女性の経験

この世代のインタビューの対象となったのは、子育て経験がある七〇代の女性たち、津山さん、南川さん、長田さんの合計三名である。全員、戦前（昭和八～一〇年）に愛知県内で生まれ、昭和三〇～四〇年代にかけて子育てをされた。現在も県内都市部に在住している。南川さんは体操教師として長年ご活躍され、津山さんは薬局、長田さんはお寺と保育園を営んでこられた。全員、お孫さんがいらっしゃる。

（1）　おむつの使用実態

おむつとおむつカバー

津山さんと南川さんは、病院の産婦人科で出産し、病院で貸与されたさらしのおむつを使用した。長田さんは、第一子は病院産婦人科で出産したが、第二～四子は、開業助産師の介助により自宅出産した。長田さんによると、当時は施設分娩が奨励され始めた頃で、「病院で産む方が安全」と言われていたが、長田さんが経験した「病院でのお産」は、つらいことも多く、快適とはほど遠いものであったという。お産のケアやおっぱいのケアに関しても、満足いくサービスを提供してもらえなかったそうだ。一方、自宅での出産にはとても満足したという。

退院後は、全員、さらしの布おむつを二枚重ねにしたものを、防水タイプになっているおむつカバーと共に使用した。布おむつは、実母や、姑、知り合いなどから、出産準備品やお祝いとしてもらった。おむつは「ミシン縫いであると目が固くて赤ちゃんの肌によくない」という理由から、手縫いのものが多かった。また、「よく使い込んだ浴衣が柔らかくて赤ちゃんの肌に良い」と言われ、浴衣の古着をほどいておむつにしたものをもらったこともあるそうだ。

おむつ替えの間隔

おむつを替えた間隔については、三人とも、「頻繁に替えていた」という記憶を持っている。漏らせばびちょびちょになって気持ち悪いし、おむつかぶれにもなってしまうから……と、赤ちゃんにいつも注意を払っていた様子が伺える。

「子供たちにはおむつかぶれはほとんどなかったね。布おむつだから、こまめに替えていたせいだと思うよ。」（津山さん）

「布おむつはびちゃびちゃになるから、頻繁に交換しないといけなくて、必然的に子供に手をかけるようになるよね。」（長田さん）

おむつの洗濯

津山さん、南川さん、長田さんの三人が子育てをしていた頃には、すでに洗濯機が出回っており、基本的には洗濯機でおむつを洗った。しかし、長田さんだけは、家がお寺で、夫の僧衣を洗濯機で洗っていたため、おむつと僧衣を同じ洗濯機で洗うのはよくないと思い、おむつは基本的には、たらいで手洗いしていた。三人とも、おむつ洗濯の話になると、四〇～五〇年前の記憶を蘇らせて、生き生きと、嬉しそうに、懐かしそうに話して下さった。おむつ洗濯は、「それなりに大変だったが、充実感もあり、今では良い思い出」になっている印象を受けた。

「その頃には、手回し洗濯機があって、いつもそれでおむつを洗っていたね。物干しサオが、二サオ分が一杯になるくらい、毎日毎日おむつを洗っていたよ。」（津山さん）

「ずっとフルタイムで体操教師として働いていたから、朝おむつを洗って干して出かけるのが日課でしたね。仕事から戻っておむつが乾いていると、なんだか妙に嬉しかった記憶があります。うんちの時はしばらくバケツにつけておいてから洗いましたね。大変だったけど、それが当たり前だったからね」（南川さん）

「四人子供がいたから、八年間くらい毎日おむつを洗い続けたね。寒い時には干していたおむつが凍っちゃって、ストーブで暖めたりしてね。家には洗濯機もあったけど、おむつは全部手で洗ったね。家がお寺なので、僧侶の衣を洗濯機で洗うから、同じ洗濯機でおむつを洗うのはよくないと思ってね。まあ、どうしても体調の悪いときには、『(仏様に) ごめんなさい』と謝って洗濯機でおむつを洗ったこともあるけどね……忙しくて子供にはあまり手をかけてあげられなかったけど、せめておむつはちゃんときれいに洗ってあげようってね。洗って乾いたおむつをたたんでいる時間は、なんだか好きだったね。忙しい毎日の中で、座ってゆっくりたたむという作業をしながら、その日の反省をしたり、子供や家族のこと考えたり、静かな自分の良い時間だったね。」(長田さん)

(2)　おむつはずしの実態と感想

津山さん、南川さん、長田さんの三人とも、子ども達は一歳半〜二歳までにはおむつがはずれていたという。長田さんの四人の子のうちの一人だけは、腸が弱かったため下痢便が多く、そのためにおむつがはずれるのが二歳少し過ぎたそうだ。おむつがはずれる前までの世話としては、「トレーニングのようなことをしていた」と認識している。方法としては、三者三様であるが、共通しているのは夏の間におむつをはずそうとしたことである。「夏の間におむつをはずせずに、冬までつけていると、体が大きくなっておしっこの量も増えるし、お漏らしした時の洗濯物の量が増えて大変だから」と回想する。ただ、おむつはずしが大変だったという印象はないそうだ。津山さん、南川さん、長田さんのお子さんたちの中には、特にトレーニングもしないで、一歳前後でおむつがはずれた子もいるという。ただし、家族の中で病人が出たりしてリズムが狂うと、子供に十分な注意を向けてやれないことで子供が不安定になったためか、順調にいっていたおむつはずしが頓挫した時期もあったという。

「二人の娘達は、だいたい生後一年ちょっとくらいでおむつがはずれたと思うよ。二歳前には絶対はずれていたね。家の中ではおまるにさせていたけど、それほど外が寒くない時には、抱えていって、庭で『シーシー』ってさせていたね。『シーシー』っていうと、子供も『シーシー』って一緒に言って、『あー、でたでたー』というかんじで、『よかったねー』って、話しながら、まあトレーニングのようなことをやってたかね。ある程度歩けるようになってからは、頃あいみて、トイレやおまるにつれて行ったね。うんちがしたい時は自然にイキむから、おしっこかうんちかは表情でわかるものね。私も一緒にイキむと、自然と子供もイキんで、というかんじでね。おむつはずしは自然にできていたと思うよ。」（津山さん）

「自分の子供は、一歳の誕生日過ぎくらいからおむつをやめて、子供用のパンツをたくさん買ってはかせていたね。おしっこを失敗すると、『ジャー』と股の間から漏れて足もびちょびちょになって、子供も『でちゃったー』と気持ち悪そうに立ち尽くしていたよね。おしっこで濡れた足が『かゆいかゆい』と言っていたね。ああいう経験が大事だと思うよ。夏だとおしっこをもらした後は、風呂場で洗ってやっていたね。気持ちよくなると、子供はそのまますっぽんぽんで走りまわっていたね。あの『きれいにしてもらって、きもちいい！』っていう感覚も大事だと思うね。当時の家は、ほとんど木の床だったので、もらされても拭けばいいだけだから、気楽だったね。畳やカーペットだと、もう少し大変だと思うよ。二人の子供とも、二歳までにはおむつはとれた。時々は『トイレに行こうか？』と誘ったりしたこともあるけど、それほど一生懸命にトイレ・トレーニングはしなかった記憶だよ。おむつはずしが大変だったという記憶はないね。パンツ濡らされて、替えてやって、その直後にまた濡らされると、多少、頭にきたこともあるけどね……。」（南川さん）

「子供に対して『おしっこ出る？』『お便所行こうか？』という言葉がけはよくしたよ。でも、ある時、子供の一人が『出ない！　そんなことといつも聞かないで！』って怒ったことがあって『ああ、親の都合であんまり聞いちゃいけないな』と反省した記憶があるね。でも、やっぱり外出する前は『みんな、お便所行ってらっしゃーい！』と号令かけていたね。子供四人も連れて集団行動するからには、おしっこはまとまってしておいてもらわないと、後で大変なことになるからね。」（長田さん）

（3）　おむつ事情の今昔

おむつ事情の今昔について、津山さん、南川さん、長田さんの三人とも、自分が子育てした時代と、孫育ての時代では、大きく変わってきた印象をもっている。その最たるものは、紙おむつの普及である。三人とも、ご自身の娘さんの出産に際しては、さらしのおむつを渡している。しかし、一〇〇％さらしのおむつを使った娘さんはいない。紙おむつを使用した程度は、娘さんによって、「普段は布おむつで、外出時だけ紙おむつを使用」から「一〇〇％紙おむつ」まで、様々である。

そのような紙おむつに対し、津山さん、南川さん、長田さんの三人とも、「紙おむつに頼ると、赤ちゃんに手をかけなくなってしまう」と、否定的な印象を持っている。

　以前、薬局を営んでいた津山さんは、「紙おむつが出はじめた頃は、若い人達だけが買いにきたけど、最近は、おじいちゃんやおばあちゃんでも買いにくるようになったね。今の親は紙おむつに頼りすぎて、手をかけなさ過ぎているように見えるよ。娘の子（孫）が生まれた時には、二〇〇枚くらいのさらしのおむつを縫って、娘の嫁ぎ先へ送ってやってね、で、長女は、私が縫ったさらしおむつを使ってくれたよ。ただ、外出する時は紙おむつを使っていたみたいだけど。でも、次女の方は、同居していた舅と姑が『布おむつは時代遅れ。紙おむつを使えばいい』と言ったので、私が送ってやったさらしのおむつは全然使わなくて、紙おむつを使ってたね。舅は潔癖症で赤ちゃんのおむつを居間で替えることすら『汚い』と嫌がったそうだよ。」と淋しそうに語った。

　体育教師の南川さんも、「今の親は紙おむつに頼りすぎて、手をかけなさ過ぎているように見えるね。赤ちゃんという人生最初の大切な時期に、色々な神経が発達しはじめる大事な時に、便利さに負けて紙おむつに頼りすぎて、人間がもっている『おしっこもらすと気持ち悪いから嫌だ』と感じてもらさなくなる神経が発達するのが遅れてきていると思うよ。動物は、多少不便な思いをした方が、強く賢くなれるのにね。神経は必要に迫られて発達するからね。孫が生まれた時には、長女にさらしのおむつを渡してね、で、最初はさらしおむつを使っていたけど、生後一年もたたないうちに、だんだん紙おむつになって、最後は紙おむつだけになっちゃったね。私が主催している体操教室に赤ちゃん連れで来る親の中には、紙おむつの中に何回分かのおしっこをしていて、重くて子供がガニ股で歩いているのに、平気でいる親が少なくないよね。私が『そろそろおむつ替えてあげないと、ガニ股の子になるよ！』と注意すると、あわてて交換しているの。」という。

また、南川さんは、おむつとの関連で、ご自身の月経血コントロールの話もされた。南川さんが昔、現役の体操選手であった頃、試合が生理と重なると大変困ったそうだ。今と異なり、性能の良い生理ナプキンは存在せず、生理ショーツの機能もよくなかったためである。このような状態でレオタードを着て試合に臨むのは、大変気が重かったと語る。そこで南川さんは、試合中の月経血が漏れたりしないよう、試合の前後に、トイレでまとめて月経血をだすということを実践していたそうだ。南川さんは、ご自身の月経血コントロールの経験と赤ちゃんのおむつを比較して、「赤ちゃんのおむつも同じだと思う。紙おむつだと漏れないから、親も子供に神経を使わなくなるし、子供も自分自身の体の神経を使わない。これは人間として何か基本的に間違っている気がするよ。長い時間、ずっと同じ紙おむつをさせられて、その中でおしっこをし続ける……というような赤ちゃんが増えている。紙おむつ会社の『こんなに性能が良くて肌触りがよくて』とか『おしっこ何回分まで大丈夫』なんかの宣伝を見ると、いやな気持ちになるよ。」と語った。

保育園を経営する長田さんは、最近のおむつ事情について、「今の保育園の子供達はほとんど紙おむつだね。たまに布の子もいるけど。親も『うちは一日四枚しか紙おむつを使わない』と決めている家庭もあったりして、おしっこをする度に交換すると、保育園に『使いすぎ』と苦情を言ってくるの……。紙おむつは便利でいいけど、母親として子供に対する愛情が淡白になっちゃうんじゃないかな……って気がするね。あと、保育園の手伝いをしていると、週明けの月曜日になると、おちんちんのところが真っ赤にかぶれて登園してくる赤ちゃんが時々いるんだよね。土曜日、日曜日と家にいたとき、あまり紙おむつを替えてもらえなかったんじゃないかな……と疑いたくなるね。紙おむつも安くないから、なるべく長い時間使いたいという親の気持ちもわかるけど ね……。男の子のおちんちんは、普通にきれいにしていれば、そう簡単にかぶれないはずなのに、かぶれている赤ちゃんが保育園の園児の中にいるからね。紙おむつは私の時代にはなかったから使わなかったけど、でも、やっぱり便利なものだから、もしあったら、私もとても忙しかったから使っていたかもしれないなあ……って思うね。でも、便利なものができて得るものがあると、何かを失うんだろうね。」と語った。

1-3　考　察

これまで、同じ中部地方で子育てを経験した、七〇代から九〇代の女性たち七名への調査結果を紹介した。これらの結果からは、彼女たちが子育てをした昭和一〇～四〇年代の約四〇年間を中心に、彼女たちの子ども時代から、現在、孫の子育て期まで、約九〇年間のおむつとその世話、そして「おむつはずし」の変遷を知ることができる。

使用したおむつとその世話について

　七〇～九〇代の高齢者全員が、手縫いの布おむつを使って子育てをしていた（昭和一〇～四〇年代）。布おむつの洗濯は、八〇・九〇代の女性たちの子育て時代は洗濯機がなく、他の洗濯ものと混じらないために指定された小川での洗濯であり、七〇代の女性のうち二名は洗濯機を使用したが、あと一名は手洗いであり、それなりに重労働であった。洗濯や乾燥に手間がかかったと感じていても、おむつの世話そのものに関しては「大変だった」という声はなく、むしろとても懐かしく、愛おしく、満たされた、そんな経験だったようだ。

　おむつの交換に関しては、八〇・九〇代の女性が、それほどおむつに注意を払わず、三～四時間の間隔で、お乳をあげる時や仕事の合間などのついでにおむつを替えていたのに対して、七〇代の女性たちは、いつも赤ちゃんのおむつに注意を払っており「頻繁にかえていた」という記憶を持つ。七〇代の女性たちの「頻繁」というのが、具体的に何時間ごとだったのかがわからないため、八〇・九〇代の女性たちのおむつの交換の間隔との「長短」は見極めることができないが、「八〇・九〇代の女性が自分たちの娘・嫁（五〇・六〇代）は、自分たちと比較しておむつ交換をしょっちゅうしていた」という発言を考慮すると、八〇・九〇代の女性たちよりも七〇代の女性の方が、おむつと赤ちゃんの排泄に対しての関心が高く、短い間隔でおむつを替えていたと推測できる。

おむつはずし

インタビュー対象となった女性七名が育てた子どもは、合計二一名である。そのうち早い子で生後九～一〇か月に、最も遅い子は腸が弱いという特殊な事情があって二歳少しすぎていたが、あとの一九名はみな一～二歳までに、おむつがはずれていたという。現代の子どもたちのおむつはずれの時期が三歳、そしてさらに遅くなろうとしている傾向があるのに対して、早い時期におむつがはずれ、排泄の自立が確立しているといえる。

一方、「一歳半～二歳までにおむつがはずれる」というのは、第2章で紹介するインドネシアの伝統的子育ての場合とほぼ同時期である。

彼女たちが、おむつをはずすのは「一歳半～二歳まで」という基準をかならずしも持っていたわけではない。特に八〇・九〇代の女性たちは、親や周囲から「何歳までにおむつをはずすように」と指導された経験はなく、特にプレッシャーもなく、ただ赤ちゃん自身がおしっこを知らせるサインを出し始める時期から、トイレに連れて行くようにした結果、「自然に」おむつはずしに成功している。彼女たちには、「おむつはずし」に対して、「トレーニング」「赤ちゃんを訓練する」といった感覚は持っていなかった。一方、七〇代の女性たちは、第2章で紹介する現代の母親たちのように、おむつは早くはずさなくてはならないという「プレッシャー」やはずす時期の基準に関する発言はなかったものの、全員が一歳すぎたころから、赤ちゃんをトイレへ誘導することを始めており、「トレーニングのようなことをしていた」という認識をしている。八〇・九〇代と比較して七〇代の女性たちの「おむつはずし」に対する意識に、少し変化が見られる。ただし、第2章で紹介する現代の母親たちのように排泄の自立に至るまでのトイレ・トレーニングをストレスと感じることはなく、大変な思いをした経験がない。七〇代から九〇代の女性たちにとって、おむつはずし、赤ちゃんの排泄の自立は、子育ての中のひとつ通過点にすぎなかったようだ。

なお、おむつをはずす時期に関しては、七〇から、九〇代まで、「夏がよい」というのはみな共通していた。

一番の変化は紙おむつ

自身が子育てをした時代から現代までの変化として、七〇代も八〇・九〇代も、みな「紙おむつの使用」をあげた。

八〇・九〇代の女性の娘や嫁もみな、布おむつを使っていた（昭和四〇〜五〇年代）。日本では、一九六三（昭和三八）年に不織布と防水紙を使い、今日のものと同等の構造と機能を持った紙おむつが発売されている。その形は布おむつに似て長方形でおむつカバーを併用するタイプだったが、それを使用したという話は、今回は出てこなかった。七〇代の女性たちの娘、すなわち二〇〇九年現在三〇代後半から五〇代くらいの女性の世代になると、出産時に布おむつを渡されているが、一〇〇％布おむつを使った者は皆無であった。「外出時のみ」から「一〇〇％紙おむつ」までレベルの差はあるものの、全員が紙おむつを使用した経験がある。彼女たちが子育てしたこの時期、一九七七（昭和五二）年に、立体裁断されたおむつカバーとおむつ両方の機能を兼ね備えた紙おむつが発売、一九九〇（平成二）年にパンツ型紙おむつが登場した。七〇代の女性たちの娘・嫁世代が子育てをしたのは、まさに紙おむつが急激に進化かつ普及し始めた時期にあたる。九〇年代後半になってから子育てをした世代には、布おむつを使ったものは少数派で、祖母たちがおむつを準備しようとしても「布おむつはいらない」というほど、紙おむつの使用率が高い。

七〇〜九〇代の女性はみな、紙おむつの使用に対して否定的な印象を持っていた。自身も紙おむつをつけた経験をもつ朝日さん（九〇代）は、工業製品を生まれたての赤ちゃんにあてることに嫌悪感をもつ。高齢者たちはみな、孫たちにも「布おむつの使用」を勧めている。その孫世代にあたる、第2章で紹介する現代の母親たちは、紙おむつの使用に罪悪感をもっている人も少なくないが、彼女たちの罪悪感は、環境や子どもへの配慮に根ざしており、この七〇〜九〇代の女性たちが「紙おむつを使用する母親の態度」に否定的だからではないようである。七〇〜九〇代の女性は下の世代の紙おむつ使用を一方的に強く批判しているわけではないが、心配はしている。おしっこをしても漏れず、さらりとした肌触りの紙おむつを使い続けた結果、赤ちゃん自身が自分の排泄に無自覚になりやすいこと、そして何よりも親や世話をする大人が紙おむつの機能性に依存し、赤ちゃんの排泄を察知してこまめに世話することを止めてしまうことを彼女達は心配している。つまり、紙おむつの継続的使用が、親や世話をする大人が従来持っていた子どもに対する関心と子どもの体の状態に対する察知能力を低下させる危険性があること、すでにその傾向が見られることから、紙おむつの使用に対して危機感を抱いている。

（和田知代、吉朝加奈）

2　おむつはずし記事の変遷――一九二〇年代から現代まで

第1節で見てきたように、高齢者の話や過去の研究によると、従来こどもたちはもっと早い時期におむつをはずし、排泄の自立に至っていたことがうかがわれる。

現代の母親たちからは、自分の子が三歳になっておむつをしていても、幼稚園入園前であれば[1]、「早くとらなければ」というあせりよりも、「無理をして早くとるとトラウマになるから、子どもの発達を待つべき」といった声が多く聞かれる。複数のベテラン保育士からも、「おむつは、いそいで無理やりにはずさないほうがいい。赤ちゃんの大脳と排泄に関する機能の発達を待たないと、心理的な影響がでる」という発言があった。

日本において、おむつはずしや排泄の自立の時期、その具体的方法はどのように変化したのだろうか。また、おむつはずし、排泄のしつけについての捉え方が変わったのはいつなのか。本節では、母親たちの育児の指南書となってきたと思われる雑誌や書籍のなかから、「おむつを使わない方法」「おむつはずし」「トイレ・トレーニング」についての記述をひろい、おむつをはずす時期について、その具体的な方法や根拠の移り変わりを探る。

一九一七（大正六）年に創刊され、日本の「中流」の生活実情に対応し、家庭生活に密着し読んですぐに役立つという徹底した実用主義から、中流の婦人の多くに読まれた[2]という『主婦の友』を中心に、「主婦の友社」から出版された雑誌が[3]、赤ちゃんのおむつはずしの時期や方法についてどのように紹介してきたかの変遷を追った。まず、『主婦の友』に、昭和初期から戦後、昭和にかけてのおむつの記事をひろった。その後については、一九七三（昭和四八）年に創刊された『私の赤ちゃん』、現代については、広く読まれている育児書のなかにおむつはずしの記事の変遷を追う。

（1）早い段階でのおむつはずしが勧められた戦前

汚れたままのおむつは子どもの成長にとってよくない

一九二九（昭和四）年三月号の『主婦の友』付録『お産と育児の月々の心得』のなかに、生後三か月の排泄について「大小便は、抱いてさせる癖をつけ始めるがよい。抛っておくと平氣でたれ流して、後年の寝小便の因となる」という記述がある。

この時代は、「汚れたおしめをさせて放っておくと、きっと病気になる、虚弱な人間になる、おまけに低能児《ママ》になる」（『主婦の友』一九三二（昭和九）年四月号。以下、特に誌名のないものはすべて『主婦の友』というように、汚れたままのおしめは衛生的にも、また子どもの成長にもよくないという

（1）幼稚園入園時に、おむつがはずれていることを条件とすることが多い。
（2）小山静子『家庭の生成と女性の国民化』勁草書房、一九九九年。
（3）創刊より一九五三（昭和二八）年まで『主婦之友』、一九五四（昭和二九）年新年号より『主婦の友』と表記変更する。同時に社名も「主婦の友社」となるが、ここでは便宜上、年代に関わらず「主婦の友社」『主婦の友』で表記統一する。

小児科医の見解が取り上げられている。

育児に成功した母親の特集では、「お襁褓《むつ》の要らぬ赤ちゃんの育て方」として、五か月でおむつが不要になった一二人の子どもをもつ母親の体験談を紹介している。おむつがぬれたらそのままにせず替える習慣をつけると、赤ん坊自身が気持ち悪さでむずかるようになる。母親が無神経に取り替えないでいると、赤ん坊もそれが習慣になってぬれても平気になってしまうという（特集「育児に成功したお母様の赤坊の上手な育て方」一九三二（昭和七）年八月号）。

「生後一か月から、大小便を、便器へさせる習慣をつけよ。いつもさばさばしたお襁褓に包まれてゐる赤ちゃんは、朗かです。」（『医学博士廣瀬興先生指導　生まれてから誕生までの育児法』一九三四（昭和九）年四月号付録）。

「お乳の時間が定まっていれば、おしっこも大抵定まります。氣をつけておまるにさせるような習慣を、生後一か月ごろからつけると、六七か月ごろには殆どおむつを汚さずに済みます。」（「赤ちゃんを機嫌よく育てる上手な扱ひ方」一九三五（昭和一〇）年八月号）。

この時代には、生後一か月から便器を使って便や尿をとり、おむつをぬれたり汚れたりしたままにしない、五、六か月ほどでおむつをしないですむようになるという方法がすすめられていたことがわかる。ここでいう便器とは、取手のついた壺のような形のおまるのことであり、乳児の足下から差し込むようにして使っている挿絵がある（これは現在も使われているふたと取っ手のついたホーローおまるのようである）。

おむつを早くとることは、早くによい習慣を身につけることであり、そのほうが赤ちゃんも機嫌よく過ごせるというのが、早くとるための理由としてあげられている。

方法は、赤ちゃんの首がすわらないうちは、お母さんが時間をみはからって便器にさせるようにする、首がすわったあとは、便器のうえにささげて「やり手水」をする、そうしたことを続けていると、排泄したいときは赤ちゃん自らむずかるようになり、大小便を知らせるようになるというものである。

早いおむつはずしは、よい習慣

一九三七（昭和一二）年二月号の付録『妊娠と安産の育児法』のなかの「おむつを用ひないで済む赤ちゃんの育て方」という記事には、母親の体験とともに当時のおむつを使わない方法が紹介されている。その詳細を見てみよう。この記事では、「おむつはずし」「トイレ・トレーニング」という言葉は使われておらず、おむつはずしは新生児を育てるひとつの過程ととらえているような文脈が興味深い。

赤ちゃんが生まれるときにはまずはおむつの準備から始めるほど、赤ちゃんにはおむつはなくてはならないものだから、全然おむつなしで育てることはできない、としながら、母親が細心の注意をすれば、ほとんど汚さない程度には育てられるという。

また、赤ちゃんが自分で教えるようになるまで待っていたのでは、わざわざ悪い習慣を強いているようなもの、汚れたおむつを赤ちゃんはそれでよいものと思いこんでしまう。そうならないためには、早くから便器にかけること、億劫がらずにその習慣をつけるようにすれば、決して難しいことではない、としている。

大抵の赤ちゃんは授乳二〇分くらいあとや寝起きなど、かならず便意がある。そのときに「手まめに便器にかけて」やるようにすると、赤ちゃん自身がおむつを汚したときの不快がわかるようになる。また赤ちゃん自身の便意とあわなくても、日頃の習慣から、便器にかけられればするもの、と思って出す。「思ったよりわけなくおむつの必要がなくなり、四五ケ月も經つと、おむつはほんの用心のためにする程度になりますから、お母さんも赤ちゃんも、どんなに樂か知れますまい」とある。

この時期の記事の特徴として、「おしめも早くとれて母の手がそれだけ樂に」（昭和一七（一九四六）年）「おむつは一〇組で十分」など、母親が楽になるという表現が使われているものの、全体としては、よい習慣をつける、成長のため、衛生のためということを眼目にしていたことがうかがわれる。

「早くにおむつをとりましょう」という流れはしばらくつづく。

昭和一五年の付録のなかでは、生後三か月で「ぼつぼついい習慣をつけてゆきませう」として、

「寝て起きたときや、授乳して二三十分したら、手まめに便器にかけてやると不思議にするものです。やり手水にするとおむつの濡れてゐる不快さが判つて、自然によいくせがつき、便意のあるとき表情で教へるやうになります。めつたにおむつを濡らさぬ赤ちやんは、おねしよも大抵しないもの。大きくなつてからもおねしよをする子は、赤ちやん時代濡れたおむつのまゝ放つておかれたからだといふことです」。さらに、「赤ちゃんに良い習慣のつくつかないは母の努力一つです」と、母親の努力が大切であることを強調している（『新式安産育児全書』一九四〇（昭和一五）年六月号付録）。

いまではほとんど使われなくなった「やり手水」という言葉だが、赤ちゃんを便器のうえにささげておしっこをさせることで、「寝て起きたとき」「授乳したあと」に「声かけをしながら」「手まめに」「やり手水を」というのが早くおむつをとるための当時の方法であったことがわかる。

一歳二〜三か月の項目のなかには、「すっかりおむつを除けてしまへるように習慣づけたい」とあり、まったく使わなくなるまでの月齢には、三か月から一歳三か月までと幅がある。

昭和初期までの記事では、生後すぐから、便器やおまるでおしっこをさせおむつをぬらす経験をさせないことを薦めている。おむつを早くはずすことや規則的な授乳は、「よい習慣」という言葉で語られている。

（2）戦後から、紙おむつ誕生以前まで

おむつをはずす時期がしだいに遅くなる

時代が進むにつれ、しつけの時期の幅が広がっていく。

一九四九（昭和二四）年の付録『育児十二か月の月々の心得』のなかには、生後三か月までの育児法として、「おむつが濡れたらすぐにとりかえて、赤ちゃんが、濡れた時にすぐに教えてくれるようにしつけてゆく、これは清潔のしつけの第一歩です」という記述があり、四か月で大便の時間が定まるので、決まった時間に、決まった人が声をかけるようにとある。しかし、ほんとうに便のしつけができるのは九か月か一〇か月、尿のほうはまだ、とある（医学博士斉藤文雄著『育児十二か月の月々の心得』一九四九（昭和二四）年二月号付録）。同年の本誌記事「便と尿のしつけ」では、「生後二ヵ月になったら、まず便のしつけから始めます」とある。およその時間を見計らって赤ちゃんのお尻に便器をあて、「うんうん」とかけ声をかけ、五分待って出なければやめる、次の日も同じようにして、毎日決まった時間に便器の感触をお尻に感じてかけ声を聞くことで、自然に排便するようになるとある。失敗しても怒ってはいけない、うまくいったら喜びを示すようにと注意をうながし、三か月すぎて首がすわったら、お母さんの膝の上におき、赤ちゃんを便器の上にかけさせるとしている。尿は回数が多く時間が定まらないが、生後三か月、一日二、三回便器にかけることから始め、遅くとも生後満二年までには、便も尿もおむつを卒業させるとある（『赤ちゃん百科宝典』

一九四九（昭和二四）年八月号付録）。

このころには、おむつの卒業まで「生後二年」となっており、戦前の生後三か月から始めて一年三か月で卒業という頃からは、おむつはずしの時期が遅くなっていることがわかる。

発達の観点から排泄について論じられるように

昭和二〇年代後半になると、おむつをはずす時期が遅くなったことに加えて、「早くによい習慣をつけさせよ」という風潮にも変化が見え始める。

「便のしつけをなるべく早くした方がよいと聞いたが、もう始めてよいか」という質問に対しての医師の答えとして、本当の意味での便のしつけは、赤ちゃんの神経や筋肉が発達してからがよく、生後八〜一〇か月からがよい、しかし、しつけというむずかしい意味ではなく、生後二〜三か月からおむつの洗濯の手をはぶくという軽い意味で便をさせる練習をすることをすすめている。「おむつがとれるのはいつ」という質問に対しては、遅くとも二歳までに昼間のおむつをとるが、三歳まではは少々無理、赤ちゃんがおしっこを教えるようになるのは、早い子で一歳を過ぎたころ、本当に教えるようになるのは二歳近くになってからと答えている（『赤ちゃん百科』一九五三（昭和二八）年八月号付録）。

このあたりから、「神経や筋肉の発達からすると」というように、科学的な見方が示されるようになり、発達段階からすると、どのあたりから排泄機能が整うかという方向に論点が向いてくる。

方法としては、かけ声をかけながら、同じ時間に、同じ人が毎日繰り返すという方法が主流である。ここまでたびたび出てくるが、はじめのうちは差し込み式の便器を使い、その後に腰掛けて便器を使う、とある。

(3)　おむつをはずす時期が遅くなる一九六〇年代以降

排尿便のしつけを急ぐべきではないという傾向が強まる

一九六三(昭和三八)年に日本でも紙おむつが登場すると、外出時のアドバイスとして、紙おむつが便利という記述がでてくる。

「おむつは紙おむつ(十枚一〇〇円ほど)が便利ですが、わりあい高いので、布のおむつと併用すれば経済的」(『私の赤ちゃんブック』一九六〇(昭和三五)年八月号付録)。

同時に、ぬれたおむつはなるべく早く取り替えるのがよいが、便器にかけての大小便のしつけは、おすわりのできる八、九か月からでよい、およそ二歳、遅くとも三歳までにおむつをとるとある。便器を使う時期が、おむつをはずす時期とともにかなり遅くなってきたことがわかる。

さらにこのころになると、子どもの発達により個人差があるので、排尿便のしつけを急ぐ必要はないとの記述がしばしば登場するようになる。

「しつけというのは、日常の母と子の生活の中で、自然に、それもゆっくりできあがるべきもの」として、モーレッに子をしつける母親を批判している。「これらのママ族は、赤ちゃんが生後五か月ごろになると、もう排尿便のしつけにとりかかります。しかし、そのころの赤ちゃんの知恵のつきぐあい、膀胱や肛門を開閉する筋の発達状態から判断しても、どだい無理なのです」「五か月ごろに（おしっこを）教えたのは、偶然についた生活上の習慣」と、それまでに登場していた論調は一蹴され、「赤ちゃんの発育状態に逆らっても早くおむつをとるのは、子どものためではなくおむつ洗濯からの解放や外出時の不便など母親側の理由でしかない」、「おむつは三才までにとれればよい」と、戦前の「一歳まで」からおむつはずしの基準がだいぶ遅くなっている。「お誕生を過ぎたころから、成功したり失敗したりしながら、一才半〜二才ごろに昼間のおむつがとれ、二才半〜三才ごろに夜のおむつがとれる」ことが平均とされていたようである（「猛烈ママと排尿便のしつけ」一九六〇（昭和三五）年九月号）。

一歳半から二歳でしつけを始めるのがよい

一九六四（昭和三九）年六月号の母親からの質問に専門家が答える欄では、愛育研究所の松島富之助医学博士が以下のように指導している。

生後間もない赤ちゃんへのおしっこのしつけに関して、「赤ちゃんは、まだ中枢自律神経系統が充分発達していないので、排泄をうまく調整することができません」、生後六、七か月までは、おしっこが膀胱にたまると、その刺激が骨盤の中にある命令の下部中枢に伝わり、自動的に出す、つまり赤ちゃんはおしっこを反射的にしているのであって、まだ大脳の支配をうけているわけではない、早くからおしっこのしつけができたかのようにみえる赤ちゃんも、一歳前後に失敗するだろう、それを考慮したうえで、五、六か月から軽い気持ちで便器をあてるのはかまわない、「排尿便のしつけの原則は、同じ人が、同じ時間に、同じ場所で、同じ姿勢で行うこと」としている。

本格的な排尿便のしつけにとりかかるのは大脳がうまく働くようになる七、八か月以降にすべきで、「オシッコのしつけができ上がるのは一才半から二才」。自分からおしっこを言葉で伝えられるようになるのは、二〜二歳半ごろ。ただし、これは昼間だけで、夜間のおしっこの自立は二歳半から四歳の間と幅がある（「今月の育児コーナー　ウンチとオシッコ」一九六四（昭和三九）年六月号）。

このように一九六〇年代は、医師の意見をひきながら、赤ちゃんの発達段階からすると、早くにおしっこを教えるのは無理、一歳半から二歳でしつけるのがよいという見解が中心的に示されている。

早すぎるトイレ・トレーニングへの警鐘

一九七〇年代になると、早すぎるトイレ・トレーニングを戒める風潮が主流になってくる。米国で広く読まれた心理学者ダドソンの育児書では、二歳にならないうちにトイレの訓練を始めるべきではないとし、早すぎるトイレ・トレーニングは、子どもに悪影響を与えると説いた。

雑誌『私の赤ちゃん』が一九七三（昭和四八）年に創刊されて以降（以下、特に誌名のないものはすべて『私の赤ちゃん』より引用）は、紙おむつが中心の記事となり、同時に早すぎるトイレ・トレーニングに警鐘を鳴らしている。

同誌一九七五（昭和五〇）年二月号では、一歳くらいになると、「ウン」が大便で、「シー」というのがおしっこであることがだいたいわかる、しかし、ほとんどの子が出てしまってから教える、一歳半くらいになると、出る前に教えてくれるようになると紹介している。しかし、早くからじょうずに教えれば必ず順調にいくとは限らない。赤ちゃん返りなど心理的な影響も考えられるので無理強いは厳禁と注意している。

その後も、一歳半から二歳に排泄のしつけを開始するお母さんが多いことがわかる（「ボクも、私もおむつはずしに挑戦中」一九八〇（昭和五五）年六月号）。記事内の読者アンケートでは、早い子で一歳半、遅い子で三歳くらいであった。同記事では「一歳未満の子に排泄のしつけをするのはナンセンス」「赤ちゃんの発達段階を無視した、学問的には何の意味もないこと」「早期派には賛成できない」というコメントがみられる（泌尿器科の矢島医師のコメント「おむつにサヨナラ！　排泄のしつけ（トイレットトレーニング）あなたは早期派？　のんびり派？」一九八二（昭和五七）年五月号）。

この傾向はしだいに、「早い子で一才数か月、だいたい普通は一才半から一才八か月くらいが目安」、「おむつはずしは二才が目安」、「一才の誕生前後から一才半すぎで一つの目安。おむつ離れが完成するのは、二才半から三才代です」など、おむつはずしの時期が遅くなってきたことがわかる

（「おむつはずしレッスンABC」一九八四（昭和五九）年五月号、同月号付録『きっとうまくいく　おむつはずし新聞』）。

（4）　現代の育児書

松田道雄、ニキーチン夫妻、井深大

ここでは近年広く読まれてきた育児書のなかに、おむつはずしについての記述を追う。

一九六七（昭和四二）年に初版が刊行されて以降、ロングセラーであった松田道雄『育児の百科』（改訂版、岩波書店、一九九九年）では、赤ちゃんが排泄を教えるようになるのは、ふつう一年半から二年すぎ、おしっこの時をみはからって便器にかけても、赤ちゃんが早くおしっこを教えるものではないとしている。

一九七九（昭和五三）年にソ連で出版され、一九八五（昭和六〇）年に日本で翻訳出版された『ニキーチン夫妻と七人の子ども』（L・A・ニキーチナ、B・P・ニキーチン著、匹田軍次、匹田紀子訳、暮しの手帖社）には、興味深い内容が記されている。

ニキーチン家の一か月半の息子が目を覚ました時、おむつがぬれていないことがあったという。そこでニキーチン夫人は、「おむつがぬれるまで待っている必要があるかしら」と思い、息子を膝の上に寝かせ、その膝を手でもってみると、思った通りおしっこをした。それなら下に金ダライを置いてみようと思い立ち、赤ちゃんが目を覚ましたときやお乳を飲ませたあとなどに金ダライの上でかかえてみた。そのうちにだんだん赤ちゃんの排泄のタイミングがつかめるようになったという。

このニキーチン夫妻の育児に感銘をうけた井深大が「ソニー教育財団」を設立、赤ちゃんの能力に注目して『胎児から』（徳間書店、一九九二年）を書くなど、おむつを早いうちにはずす育児への関心は世間からまったく消え去ったわけではないが、やはり主流は、「早くからおむつをはずす必要はない」という考えにあり、おむつはずしの時期もだんだん延びていった。

遅いトイレ・トレーニングをすすめる現代

二〇〇〇年に刊行されたシアーズの育児書では、「早い時期にトイレトレーニングを始めなくては」というプレッシャーはもう必要ない、「トイレトレーニングがよい母親の証拠、という時代はもう終わったのです」と述べている。かつてはトイレのしつけができる時期が早いほどいいお母さんと言われたけれど、おむつが使いやすくなったいまでは「おむつは以前のような大仕事」ではない。さらに、「排便や排尿をつかさどる神経や筋肉は一八〜二四カ月になるまで未熟である。遅い時期にトレーニングを始めた子のほうが、排泄のコントロールを短い時間で身につける」として、遅いトイレ・トレーニングをすすめている。

トイレ・トレーニングの方法としては、まずは「子どもが尿意や便意を感じているときにどんなサインを出すかを観察する」として、「しゃがむ、おむつをつかむなどのサインが現われたなら、子どもは体の中で起ころうとしていることを認識できる能力があり、十分に発達している」。暖かい時期であれば、庭があればおむつをはずしてお尻を出したままにしておく、家の中でトレーニングする場合は、床に何も敷かない、と方法を説明している。「特に排泄機能については、怒りの感情があると正しく機能しない」として、子どもに厳しく接しすぎることで、子どもが親に排泄の領域で抵抗を示す可能性があると示唆している（W・シアーズ著、岩井満理訳、榊原洋一監修『シアーズ博士夫妻のベビーブック』主婦の友社、二〇〇〇年）。

現代日本では二歳すぎからのトイレ・トレーニングが主流

国内で書かれた育児書をみると、現代では二歳すぎからトイレ・トレーニングを開始するという見解が主流である。

①『はじめて出会う育児の百科』――二歳代後半

小児科医、言語聴覚士、教育学者と、専門家三人が書いた『はじめて出会う育児の百科』では、トイレ・トレーニングをしやすくなる時期は、平均して二歳六か月くらい、しかし「機が熟す時期はひとりひとり違うもの。あせらずにその時が来るのを待ちましょう」と記されている。まずは「大脳皮質の発達が第一条件である」、その目安は、立って、歩けることと、大人の言っていることがわかるようになること、さらに膀胱が発達しておしっこの間隔が二時間くらいになってきたら、おむつはずしを開始するとしている。

方法としては、早めにふつうのパンツに替えて、ぬれる感覚を教えるやり方もあるが、家の畳やカーペットが汚れると大変なので、トレーニングパンツを使ってもよいとしている。さらに、「地球上で見ても、トイレという決められた場所で、自発的に排泄をしている動物は、ヒトだけです」として、排泄の文化的、社会的背景にも触れながら、二歳代後半には、子どもに恥や誇りといった感情が芽生えてきて、トイレ・トレーニングの成功率があがる、心身ともに準備ができてくると述べている（汐見稔幸、榊原洋一、中川信子監修『はじめて出会う育児の百科』小学館、二〇〇三年）。

②『育育児典』――たいていは一歳半から二歳すぎ

新しい育児書のなかでは、二〇〇七年に出版された『育育児典』が興味深い。「暮らし」編と「病気」編に分け、二人の医師が子どもの生活全般にわたってていねいに記している。長く子どもをみてきた経験から、その内容はきめ細かく、やさしい語り口で、通常の事典にはない特徴をもった本である。排泄についても、月齢を追いながらやはりきめ細かく解説されている。

「暮らし」編のなかで著者である毛利は、三か月から六か月では、「まだ、おしっこやうんちが出たかどうかは、ほとんどわかりません」、六か月から九か月で、「うんちとおしっこをする時刻と回数が、たいてい決まってきます。親も経験で見当がつくので、おむつ替えは要領がよくなっていることでしょう」と述べている。

九か月から一歳半の項目では、「おむつは、親ならだれでも早くとりたいのが人情」としながら、「おむつがとれるのは、早くても一歳三〜四カ月、たいていは一歳半から二歳すぎ、遅い子だと三〜四歳にもなることさえあるのです。ですから、『排泄のしつけ』とか『トイレットトレーニング』

とかは、まだ始めないほうがいい」とある。

一歳半から三歳のころの項目ではじめて、「おむつがとれるためには、おしっこやうんちがたまったことを感知でき、排泄をコントロールする神経や筋肉が成熟し、トイレを理解し、親に便意を告げる能力も発達していることが不可欠」とし、「そうなるのは、早い子でも一歳半くらい、大半の子は二歳半から三歳のころ、遅い子だと四歳を過ぎることもあります」と述べている。

具体的な「おむつはずし」（トイレットトレーニング）の方法については、「おしっこか、うんちらしいしぐさを見せたときに、素早くおむつをはずして、トイレに連れて行く。便座に座らせるか背後から抱きかかえて、『シーシー』とか『ウンウン』とか、かけ声をかける。眠りから目ざめておむつが濡れていないときにも、同様にしてみるのです」とある。うまくできたらほめ、子どもが嫌がったらすぐにやめること、強いるとトイレ嫌いになる恐れがあるとしている。トイレ自体をこわがるようなら「おまる」を使うのもよい。さらに、「そもそも、排泄をトイレでするのは近代社会がもたらした文化の様式、生物としての人間にとっては不自然なこと」「とにかく、動物の調教のようにさえしなければ、子どもは親の期待を察し、反発は試みながらも心の底では応じたい気持ちにかたむいていき、やがては自分の意志で文化に同化するようになってくるはずです」と、近代化のプロセスにもふれながら述べている（毛利子来、山田真『育育児典』岩波書店、二〇〇七年）。

こうして戦前から戦後、現代までの「おむつはずし」について、雑誌や書籍の記述をみてくると、

「おむつはできるだけ使わないほうがよい」という見解から「早くにトイレ・トレーニングを始めるべきではない」という見解まで、おむつはずしの方法と時期は時代とともに移り変わってきたことがわかる。その過程には、生活様式の変化、女性の社会進出、紙おむつの登場など、子育てをめぐる環境の変化が大きく関わっていたと思われる。次節では、この環境の変化との関係のなかで、「おむつはずし」をめぐる変化の背景を考察してみたい。

（吉朝加奈）

3　紙おむつの登場と「科学的」育児法——一九七〇年代という分水嶺

前述のように、おむつはずしの方法と時期は時代とともに変遷してきた。その背景には何があったのだろうか。本節では前節でとりあげた記事の変化を社会環境との関わりの中でとらえるとともに、記事の「語り手」に着目して、その背景に迫りたい。

3–1　おむつはずし記事の傾向

具体的には以下の雑誌を、分析対象とした。

『主婦の友』は、昭和元年から昭和五〇年（一九二六〜一九七五年）まで、本誌内で特集として扱われていた出産・育児をテーマとした記事を、昭和五〇年以降は〇〜二歳の赤ちゃんを持つ母親の子育て応援雑誌として主婦の友社から創刊された『私の赤ちゃん』昭和四八（一九七三）年一一月の創刊号から平成一四（二〇〇二）年六月号まで、『私の赤ちゃん』の後継誌である『Baby-mo』を、平成一四（二〇〇二）年一一月の創刊号から平成一八（二〇〇六）年末まで検索した。これらの雑誌の本誌記事・付録より、「おむつ」「排泄の世話・しつけ」をキーワードにリストアップし、特に排泄のしつけやおむつはずしの時期と具体的方法についてとりあげている記事の中から、四二本を分析対象とした。

（1）記事の発行時期

『主婦の友』には、子育てだけでなく、結婚生活、料理、そうじ、家計の切り盛り、嫁姑や親戚とのつきあい方など、家庭生活をめぐる様々な分野の特集記事が掲載されている。一方、乳幼児の子育てに特化した雑誌である『私の赤ちゃん』や『Baby-mo』にも、赤ちゃんの世話やしつけについてだけでなく、母親の健康管理、次の子の出産についてなど、様々な記事が特集されている。そのような多様な特集の中で、戦時中で『主婦の友』自体のページ数がごくわずかとなった数年を除き、昭和の間は、毎年定期的に、排泄のしつけやおむつはずし、トイレ・トレーニングについての特集が組まれていた。

特集が組まれる号の発行時期は冬から春先が多く、記事では「春、ないしは初夏からのおむつはずし」を推奨している。具体的な数字を見ると、二月号（一月発売）が最多（二九・九％）で、次は五月（四月発売）であり、九月〜一月号にはそうした記事はほとんどない。年の初めに「今年の夏こそおむつはずしを」と決意すること、春になって「いよいよおむつはずしにいい季節になった」と準備を始めること、などを促しているタイミングといえよう。特集記事の発行時期を見ると、おむつはずしやトイレ・トレーニングの主な季節が「春から夏」というのは、昭和初期から現代にいたるまで変化をしていないことがわかる。

平成に入ると、おむつはずしに関する特集は次第に減少していく。一方、紙おむつの特集記事が増加する。この背景には、排泄のしつけやおむつはずしをテーマにした内容が、読者対象である〇〜二歳児の母親のニーズとずれてきたことが考えられる。つまり、平成以降の一般的な母親たちは、子供が〇〜二歳の段階では、排泄のしつけやおむつはずしをしなくなってきているといえるのではないだろうか。

(2)　排泄のしつけの開始とおむつはずし完了の年齢

戦前から戦中、昭和初期〜一九四五年以前の記事では、赤ちゃんには生後一〜三か月の段階から、大小便は便器でさせるように勧めている。具体的には、母親が排泄のタイミングを見計らって赤ちゃんのおしりにおまる（手で持っておしりにあてられるような形状のもの）をあてる、または赤ちゃんを抱えておまるに座らせて大小便をさせる、毎回同じ人が同じ場所で「しーしー」等の同じかけ声をかけるとよい、としている。この時代には、「しつけ」という言葉はほとんど見られず、あくまでも母親が赤ちゃんに対して「くせ」「よい習慣」をつけてあげるといった表現になっている。おむつはずし完了の時期は生後六か月〜一歳までと、分析した記事全体の中で最も早い。

戦後、一九五〇〜六〇年代（昭和二〇年代後半から四〇年代前半）の記事では、排泄のしつけを「おまるの練習」「しつけ」との二段階にわけて指導している。第一段階の「おまるの練習」は、生後二〜五か月からしてもよいが、小さいうちからおまるでさせることは、大小便を便器ですることを「ならす」、また洗濯するおむつの数が減り「母親が楽」といった利点があるものの、あくまでも「練習」であって「しつけ」ではないと区別する。戦前〜戦中の、生後六か月などの早い時期に便器で大小便ができるようになった成功事例は、あくまで赤ちゃんの「反射反応」として否定している。第二段階の「しつけ」は生後八〜九か月、お座りができるようになった頃から開始することを勧めている。タイミングを見計らって、赤ちゃんをおまるないしはトイレに連れてきて、大小便をさせる。「おまるの練習」の段階と同様に、同じ人が同じかけ声で行うことを推奨している。おむつはずしの完了時期は、一歳半〜二歳とされている。

一九七〇年代（昭和四〇年代後半）、いわゆる第二次ベビーブーム時代以降、昭和の終わりまで、排泄のしつけの開始時期は一歳半〜二歳と、それまでに比べて大幅に遅くなる。また、しつけの開始時期も年齢で考えるのではなく、赤ちゃん個々人の発達次第とされるようになる。具体的には、大脳、括約筋、膀胱等の排泄に関する機能がそろい、赤ちゃん側の準備ができたころから、定期的に、排泄のタイミングあわせて赤ちゃんにおまるかトイレで大小便をさせるのがよいと指導してい

図 1-1 『主婦の友』の記事による排泄のしつけ開始の年齢

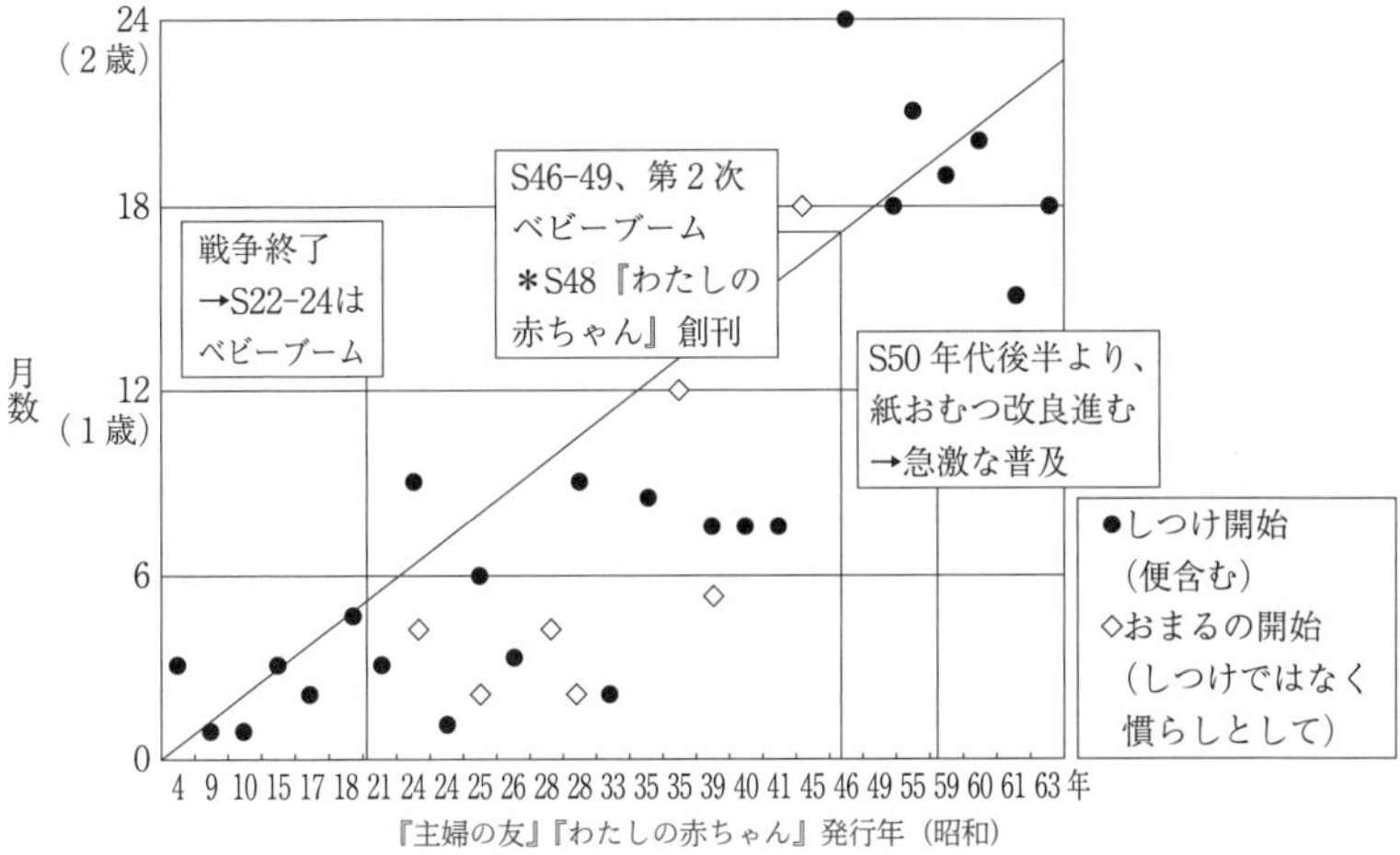

図 1-2 『主婦の友』の記事によるおむつはずし完了の年齢

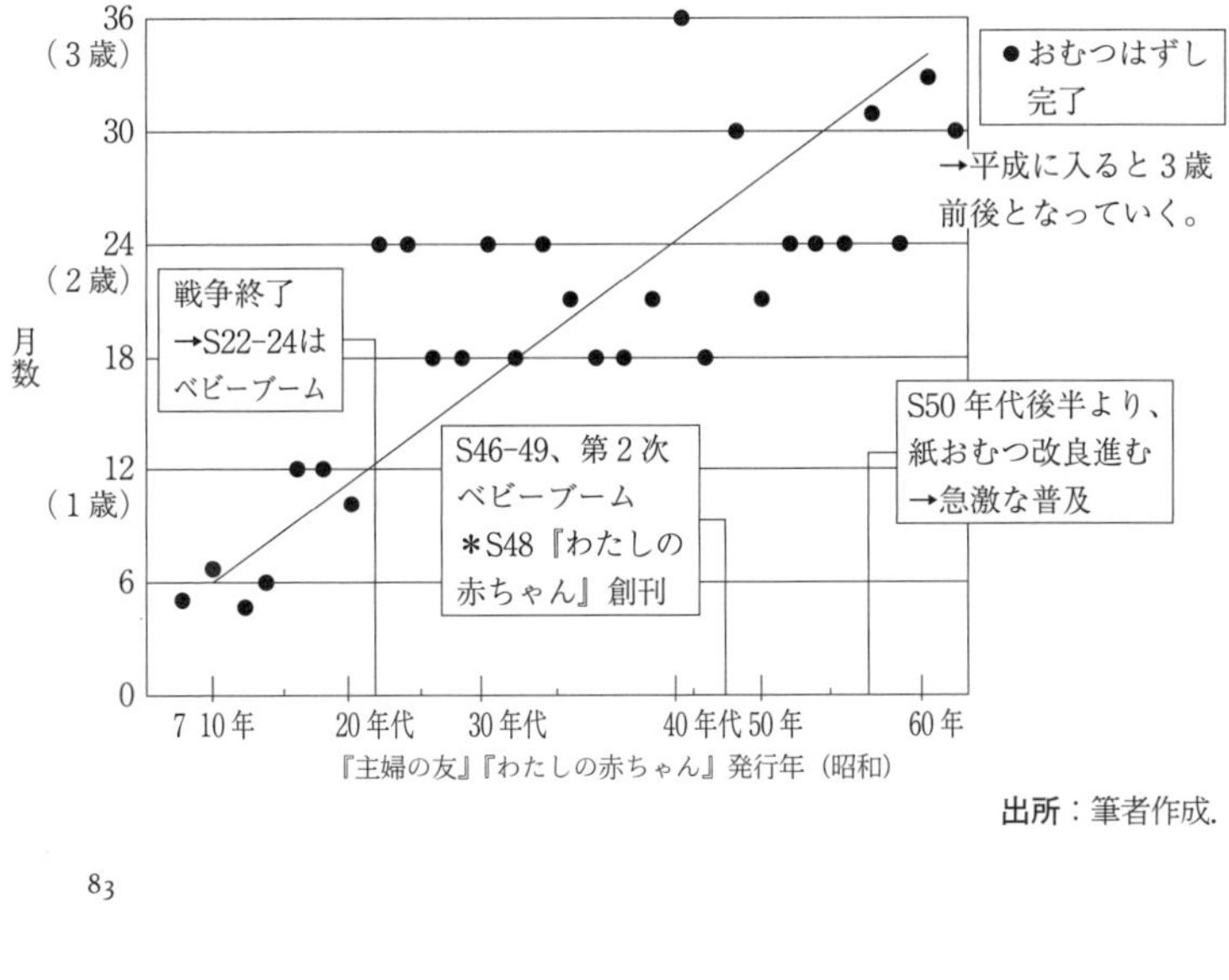

出所：筆者作成.

る。機能がそろったかどうかを母親が見極める三条件として、①歩ける②おしっこの間隔が二時間程度になる③意味のある言葉を話す、を紹介している。赤ちゃん側の機能がそろってから排泄のしつけを開始しているため、すぐにおむつはずしが完了するかといえば、そうではない。おむつはずしの完了時期は、二歳半〜三歳と、戦前に比べて非常に遅くなってくる。

平成に入ると『私の赤ちゃん』や『Baby-mo』では、これらが〇〜二歳を育児中の母親向けの雑誌であるためか、排泄のしつけの開始時期に関する記事がなくなる。このことから、おむつはずし完了時期はさらに遅く、三歳前後〜以降になったものと推測する。

3-2　語り手の変遷

(1)　昭和初期——母親の体験談

昭和初期から戦前は、おむつをはずした時期やその世話について、母親の体験談を中心に記事が構成されている。例えば、『主婦の友』一九三二（昭和七）年八月号「育児に成功したお母様の赤坊の上手な育て方」特集では、「お襁褓の要らぬ赤ちゃんの育て方」として、すべての子ども生後五か月迄におむつをはずした代議士夫人の体験談を紹介。同年二月号では、「おむつを用ひないで済む赤ちゃんの育て方」という特集において、「早くから便器にかけること……四〜五か月もたつとおむつはほんの用心のためにする程度に」といった文章で、生まれたばかりの赤ちゃんのおむつの世話をどのようにするべきかを提示している。それに続き、生後一〇日から習慣づけをし六〜七か月には完全におむつはずしに成功した「A夫人」や、夜の六時から朝の六、七時頃までの長い間一度もおむつを汚したことのない「B夫人」の体験談をよい例として紹介し「以上の二夫人の方法を併せて行ふなら、赤ちゃんでもおむつなしで育てられるわけでありませう」と書いている。また、一九三九（昭和一四）年には、発育優良児の表彰をうけた子を持つ母親たちの座談会を「安産と育児の祕訣發表會」というタイトルの記事にまとめている。そこでは、母親たちの「私のところでは六人の子供とも、おむつは六か月くらゐで殆どとれました」とか、「お婆さんがお宮詣り頃からおしっこをさせつけてくれましたので、とても早くおむつがとれました」等の言葉を、読者のお手本となる育児方法として紹介している。

『生まれてから誕生までの育児法』『安産育児全書』のような、赤ちゃんの月々の発達とそれにあわせた世話の方法を示す育児全体に関する付録にも、医学博士がでてくることは稀で、医学博士の名前がある回も、あくまでも赤ちゃんの体や知能の発達のことを述べているのにすぎず、おむつに関してはふれていない。

このように、昭和初期には、おむつの世話やおむつはずしの方法を成功した「賢い母親」の体験をベースに紹介した。さらにそうした成功例は赤ちゃん側の能力や努力というより、母親がいかに上手に育てたか、いかに早い時期に「良い習慣」をつけさせた結果であるかに焦点がおかれた記事が多い。

こうした昭和初期の早い時期からの排泄のしつけの背景を、心理学者の横山浩司は、著書『子育ての社会史』において、西欧のしつけの早さをみて早くおむつをとることが文化的な育児だということになり、また早くしつければ大変だったおむつの洗濯などからも手が省けるということでしつけ競争が始まったのではないか、と考察しているが[1]、『主婦の友』の記事からは、「しつけ競争」という考えはあてはまらない。いずれも「厳しいしつけ」ではなく、早くおむつがはずせれば「赤ちゃんが楽」「赤ちゃんの健康によい（皮膚が丈夫に、便秘にならない等）」、「寝小便のくせがつかない」と、赤ちゃんにとってのプラス面を強調しているのである。「母親側が楽」といった表現は、「赤ちゃんも母親も楽」という両者が楽になると書かれたコメントのみであった。「母親の手が省ける」という表現が出てくるのは、むしろ、排泄のしつけの時期もおむつはずしの時期も少し遅くなった戦後すぐのことである。

（2）　戦後〜一九六〇年代——医学博士が中心に

戦後になると様子が一変し、記事の「語り手」の中心は、医学博士となっていく。おむつの世話やおむつはずしは、母親たちの「体験」に基づく言葉ではなく、医学など「科学」に基づいた言葉で語られるようになる。

『主婦の友』昭和二一（一九四六）年二月号に「これからの育児法」というタイトルで戦後初とな

る「子育て」に関する特集記事が掲載された。この記事内容は、語り手が母親から医学博士へ、移行する様を表している。アメリカで生活経験のある母親を紹介し、大日本母子愛育會愛育病院小児科医長内藤壽七郎氏の話を交えて、戦後これからの育児方法を提示する。「日本の子育ては、子どもを甘やかしていた」と、今までの子ども中心の子育て方法を否定し、生まれたその日から「規則正しい生活」をすることを勧めた。おむつの世話に関しては、首がすわった三か月頃から、授乳の後三〇分から一時間の間に便器にかけ、出ても出なくてもかけ声をかけることを毎日続けるうちに、規則正しい便通の習慣がつき、「おしめも早くとれて母の手がそれだけ樂に」とある。一九四九（昭和二四）年二月号では、医学博士斉藤文雄による『育児十二か月の月々の心得』という付録において、「おむつは濡れたらすぐにとりかえて、赤ちゃんが濡れた時にすぐに教えてくれるようにしつけていく、これは清潔のしつけの第一歩」と記述があり、一九五〇（昭和二五）年三月号では「おむつを早くとってしまって、お母様の時間からおむつを洗う煩わしさを早くなくなるようにしたいものです」という聖路加國際病院小児科医長緒方安雄の言葉を紹介している。

戦後になってからは、医学博士の言葉で、かつ「しつけ」という面が強調され、しつけがうまくいった結果「おむつを洗う母の手間が省ける」といった母親にとってのメリットが示されている。これは戦前とは大きな違いである。

（1）　横山浩司『子育ての社会史』勁草書房、一九八六年、一八〜二三頁。

その後一九六〇年代（昭和三〇年代後半）になると、排泄のしつけを急ぐべきでないという論調の記事がでてくる。『主婦の友』一九六〇（昭和三五）年九月号には「猛烈ママと排尿便のしつけ」というタイトルで、生後五か月くらいから排泄のしつけにとりかかる母親たちを「モーレツに子をしつけるママ」として批判。赤ちゃんの発育状態に逆らって早くおむつをとるのは、子どものためではなく、おむつ洗濯からの解放や外出時の不便など母親側の理由でしかないとし、おむつをとることを急がないように指導している。

「厳しいしつけ」や「母親が楽」といって母親側のメリットを重視した一九五〇年代のゆり戻しともいえる現象である。これは育児を母親重視ではなく、赤ちゃんを中心に考えようとする動きだったが、戦前のように赤ちゃんの過ごしやすさや快適さを重視した「赤ちゃん中心主義」とは異なり、赤ちゃんの体や脳の発達という「医学的根拠」を重視するようになった。「中枢自律神経系統の発達」「おしっこが膀胱にたまると、その刺激が骨盤の中にある命令の下部中枢に伝わり……」のように、専門的な医学用語を多用したり、排尿にいたるまでの体と脳、神経の仕組みを図解したりと、赤ちゃんの排泄に関連にする能力について、母親たちに医学的な知識を与えようとする記事がこの時期から多く見られる。

（3）一九七〇年代——心理学者の登場

医学の言葉に、さらに心理学の言葉が加わってくるのが一九六〇年後半（昭和四〇年代）である。

おむつはずしが、子どもの心にどのように影響するかといった心理面にスポットが当たるようになる。

一九六六（昭和四二）年六月号『主婦の友』付録の「妊娠中からはじめる育児としつけ」では、小児科医に加えて、児童心理学者品川孝子(1)が登場する。「心の成長としつけのポイント」として、満一〇～一二か月の子のおむつの項目では、そろそろ便器にかけるのは始めていい時期ではあるが、「赤ちゃんがいやがるのに無理強いしてはいけない」と、「がんばらせないモード」が大切であると説いている。また、「しつけのいい赤ちゃん」のコーナーでは、小児科医とともに「排泄のしつけ」について、生後七～八か月で腰がしっかりしてきたら、ぼつぼつ便器にのせるといいが、この時期の排泄は便器にかけられたから出るという反射的なもので、成功しても本人の力ではなく周囲の協力でできた「見せかけの自立」のため、「結果に一喜一憂しないこと」、「いやがるのを強制しないこと」と述べている。また、二歳前後に自分から知らせるようになれば排泄のしつけは成功といってよい、と説明しているが「ただし、強制しないこと」と念を押している。さらに、三歳になれば、失敗はほとんどなくなるがその過程はジグザクなので「しからずに」することが重要であると述べている。「二歳すぎておしっこを教えない。ぶってしつけるのは？」という母親からの質問に対している。

(1)　教育心理学者であり、後にダドソン博士の本を翻訳する品川富士郎とともに、『一～二歳児の生活習慣のしつけ』『三～四歳時の生活習慣のしつけ』のシリーズ（あすなろ出版）や、『家庭の教育相談』（新日本法規出版）など、幼児のしつけに関して多数の著作を発表。

ては、「いちばんへたなやりかたです。そんなことよりも、勇気づけていくべきです」と答えている。全体を通して、「子どもに無理強いしないこと」を何度も強調しているのが、今までの記事には見られなかった特徴である。

さらに一九七一（昭和四六）年五月号では、「赤ちゃんをもっと甘やかそう」と、従来とは正反対のタイトルを掲げた記事で、当時米国で広く読まれた心理学者による著書『ダドソン博士の育児書』を紹介した。そこには「おむつ　二才まではずしてはいけません」との見出しとともに、二歳になるまでは排尿便のしつけをしてはいけないというダドソン博士の意見を示している。筋肉神経によって括約筋を自由に働かせるなどのコントロールができるようになるのが、大部分の子は二歳くらいで、この時から排泄のしつけを始めるべきであり、それより前にしつけようとすれば、もしできたとしても、大きな心理的代償を払うことを覚悟しなければならない、とする。この心理的代償を払った例として、ダドソン博士の育児相談所にきた七歳の女の子のケースを示した。この女の子は、学校をこわがる、人間関係が構築できない等の心理上の問題を持っていて、夜尿症もあった。その原因を調べた結果、生後八か月の時に排泄のしつけを始めたのが影響しているらしいということがわかった、というのがその内容である。「夜尿症は、排泄のしつけのときにママから受けた侮辱に対して、子どもが無意識に復讐しているのだ」という博士の言葉を引用し、おしっこのしつけは、体の機能が十分に発達した二歳からすることを推奨している。

その後、おむつを無理にとると、赤ちゃんの心理上悪影響がでる、という論調が続く。『私の赤ちゃん』の一九七四（昭和四九）年二月号でも「無理におむつをとると欲求不満から、悪い癖がでる場合もあります」と警告し、生後六か月くらいまでを「飲めばおしっこ自動排泄時代」として、意識的に排泄できないのにトレーニングは無理と述べている。早いうちに便器で排泄できても意味がない上に弊害がある可能性を説く記事が続いた。

3-3　一九七〇年代に排泄のしつけ開始年齢が急に遅くなった背景

前述のように、一九七〇年代に排泄のしつけ開始が一歳半から二歳と、急に遅くなった背景として、以下の二点が考えられる。

（1）心理学の影響

戦前はおむつはずしを早い時期から開始するのが「赤ちゃんにとってよい」とされていたが、戦後すぐは「赤ちゃんにはしつけが必要であり」かつ「母親が楽になる」とされていた。しかし、一九六〇年代には「赤ちゃんの発達段階的に難しい」と早期からの排泄のしつけに対して疑問が提示されるようになる。ついで一九七〇年代、心理学者たちにより、排泄のしつけを早くからすることは赤ちゃんに余分なストレスをかけることになり「赤ちゃんの心理にとって有害な結果になる」と、ネガティブな意味づけがなされた。「有害な結果になる」といわれれば、母親たちが早期おむつはずしを躊躇するようになったであろうことは想像に難くない。

一九七八（昭和五三）年、ダドソン博士のベストセラーを翻訳した『ダドソン博士　お母さん百科』が発行された。この翻訳は、児童心理学者であり、親子関係について多数の論文、著作がある品川富士郎が担当した。この本は、当時の合理的な育児方法、母親を楽にすることを主眼とする育児方法に対して、母と子の信頼関係が育たないと警告した。おむつやトイレの訓練についても二歳までに始めてはならない、二歳にならないうちにトイレの訓練をすることで、子どもが「自信を失い、欲求不満に」陥ると説いている。もし、排泄について、「子どもの失敗をとがめたり責めたりすると、恐れ、怒り、反抗、そして強情などの感情が子どもの心に生まれてくる可能性」があると、子どもの精神上の発達に思わぬ結果を招くとする。

現代でも、子育て中の母親たちや、保育の専門家からよく聞かれる「無理やりにおむつをはずすと、子どものトラウマとなる」という言説の出処となったのが、おそらくこのダドソン博士の著書であろう。

（2）　紙おむつの普及

もうひとつの背景として紙おむつがあげられる。一九七三（昭和四八）年に『私の赤ちゃん』が創刊されて以降は、「紙おむつのじょうずな使い方」（一九七五（昭和五〇）年二月号）のように、紙おむつを中心とした育児を紹介する記事が台頭してくる。同時に、一九七〇年代には『私の赤ちゃん』の本誌を開くと、紙おむつ広告が粉ミルクと同様、多数みられるようになってくる。

一九七五（昭和五〇）年の記事で紹介されている「紙おむつ」は、現在のような「紙おむつ」ではなく、布おむつや生理用ナプキンに似た長方形で、おむつカバーを併用するフラット型のものである。社団法人日本衛生材料工業連合会の広報によると、これは一九六三（昭和三八）年に発売開始となった、今日のものと同様の構造と機能をもつ最初の紙おむつであり、赤ちゃんの肌にふれる部分には不織布を使い、外側には防水紙が採用されていた。当時の母親たちは、通常使っているおむつカバーの中に、いつもは布おむつをいれ、外出時などに紙おむつをいれるというように併用していたという。

一九七七（昭和五二）年に、米国系のP＆G社が、アメリカの乳幼児用の紙おむつ「パンパース」を輸入、発売した。これは、立体裁断されており、腰の部分の二か所をテープで止めるだけで、おむつカバーとおむつの両方を兼ねる新しいスタイルである「テープ型」といわれるおむつである。一九八一（昭和五六）年にはユニチャーム社が同様のスタイルの国産紙おむつ「ムーニー」を発売、その後数社が続き、日本でも紙おむつが急激に普及した。(1)

一九七〇年代（昭和五〇年代）はまた、働く女性が急増した時代である。同時に、それまで主流であった「働く女性＝未婚」という図式が崩れ、配偶者があって働く女性が過半数を超えたのもこ

(1)　社団法人日本衛生材料工業連合会ホームページより http://www.jhpia.or.jp/product/diaper/data/index.html#title01. 二〇〇九年二月一日。

の時期[1]であることも、紙おむつの使用の増加に影響を与えたと考えられる。（吉朝加奈）

(1)　一九八〇年女性の雇用者数は一、五四八万人と、一九七〇年一、一六七万人から大きく増加。また女性の雇用者のうち、有配偶の比率は一九七五年には過半数を超えた（一九七五年有配偶五一・三％：未婚三八・〇％、一九八〇年には五七・四％：三二・五％）。『女性労働の分析二〇〇六』厚生労働省雇用均等・児童管理局編、付表七「従業上の地位別就業者数の構成比の推移」、付表一六「配偶関係別女性雇用者数及び構成比の推移」より。

第2章　子どもたちの今——おむつはずしの実態

1　おむつはずしの時期が延びている——保育所保育指針[1]とおむつはずし時期の変遷

現代日本においては、おむつがはずれる時期が延びてきているといわれる。約七〇％の子どもたちがおしっこをする前に知らせるようになる時期を調べた調査[2]によると、一九六〇年にはおしっこを知らせる平均月齢が約二一か月であったのが、一九八〇年になると約二八か月になり、二〇年間

(1)　保育所保育指針は、一九六五年に、保育所の運営と保育内容の基本的ガイドラインとして、厚生省児童家庭局長により「通知」されたのが始まりである。その後、一九九〇年、一九九九年、二〇〇八年の三回にわたって改訂されている。特に二〇〇八年の改訂では、それまでの「厚生省児童家庭局長による通知」から、「厚生労働省大臣による告示」という位置づけに変わり、「児童福祉施設最低基準」としての法的拘束力がより強くなった。このような位置づけに変わった背景には、核家族化や少子化といった社会の変化によって、保育所の役割がより重要性を増してきていることがあるといわれている。

(2)　末松たか子『おむつのとれる子、とれない子』大月書店、一九九四年、二〇頁。

で約七か月延びたことがわかる。二〇〇〇年以降になっての同様の調査データはまだないが、最近の保育園における聞き取り調査や、雑誌・新聞等の関連記事などから、現在では、満三歳（三六か月）を過ぎてもおむつがはずれていない子供が相当数いるようであり、その対応に保育園や幼稚園といった幼児教育現場の関係者は苦慮していることがうかがわれる。ひと昔前の幼児教育現場では、満三歳でおむつをしているケースはほとんど無かったそうだ。保育園や幼稚園では、三歳児クラスになると一人の保育士／幼稚園教諭が受け持つ子供の数も通常二〇〜三〇名ほどになり、そのうちの相当数の子供のおむつがまだ取れていない現在、世話をする現場の先生達の負担も増大していると言う(1)。

一方、排泄トレーニング開始の時期に関する調査(2)によると、一九七〇年では開始平均月齢が約一二か月（約四六％が一歳未満からトレーニング開始）であったのに対し、一九八〇年には開始平均月齢が約二〇か月（約一五％が一歳未満からトレーニング開始）と、一〇年間で約八か月遅くなっており、排泄自立時期の遅れと密接に関連していることがわかる。

このように、おむつのはずれる時期が遅くなり、幼児教育現場で実際に影響を及ぼし始めている現在、乳幼児保育に関する国のガイドラインである、厚生労働省による保育所保育指針中の排泄の自立に関する記述は、どのようになっているのであろうか。一九六五年の初版、一九九九年の第二回改訂版、二〇〇八年の第三回改訂版から関連箇所を抜粋して比較しながら分析を試みた（表2-1）。

一九六五年初版では、「一歳三か月未満児」からの記述になっていて、そこに「おむつをかえてもらう」と記載されている。ところが、「一歳三か月から二歳児」の章では「おむつ」が消え、代わりに「便所へ行きたくなるとそれを保母に知らせ、させてもらう。」と記載されている。このことから、当時代においては、「一歳三か月から満二歳」の間には、おむつがはずれることが期待されていたのではないかと考えられる。これは、既述の「おむつがはずれる時期に関する調査結果」ともほぼ一致する。「二歳児」の章では、「自分からあるいは促されて便所に行き、自分で排便する。」となっている。排泄に関する記述は、排尿よりも排便についての記述が多く、排便ができるかどうかということが重要視されているように見受けられる。特筆すべきことは、排泄の自立に関する働きかけ（トイレ・トレーニング）についての記述がほとんどないことである。記述がない理由ははっきりしないが、当時は排泄の自立がそれほど大変なことではなく、わざわざ記述する必要がなかったのではないか、とも考えられる。

一九九九年の第二回改訂版になると、「六か月未満児」からの記述になり、排泄に関する記述も一気に増える。そして一九六五年の初版と異なり、「一歳三か月から二歳未満児」の項に「おむつ」が登場する。このことから、一九九九年時点では「一歳三か月から二歳未満児」がおむつをつけていることを前提としていたのではないかと推察される。そして一九六五年初版での記述から一歳遅

（1） 名古屋における保育所にて、二〇〇七年。
（2） 末松たか子『おむつのとれる子、とれない子』大月書店、一九九四年、二一〜二二頁。

よう配慮すること。特に、排便のときは不快や不安の気持ちを起こさせないよう留意すること。 **第6章　3歳児の保育内容** 1. 発達上のおもな特徴 〈発達の要点〉 (1) 食事、排便、簡単な衣服の着脱などの身のまわりのことがかなりの程度まで自分でできるようになる。 3. 望ましいおもな活動 〈健康〉 (4) 排便のときよごすことがあるが、ひとりでできる。 (5) 排便の後始末はへたなことがあるが、適宜にひとりで便所に行く。	汚れていないときに便器に座らせ、うまく排尿できたときはほめることなどを繰り返し、便器での排泄に慣れるようにする。 **第6章　2歳児の保育の内容** 2. ねらい (5) 安心できる保育士との関係の下で、食事、排泄などの簡単な身の回りの活動を自分でしようとする。 **第7章　3歳児の保育の内容** 4. 内容 ［健康］ (2) 便所には適宜一人で行き、排尿、排便を自分でする。 **第12章　健康・安全に関する留意事項** 1. 子どもの健康支援 (4) 排泄 イ　発達状態に応じて、排泄の自立のための働きかけを行うが、無理なしつけは自立を遅らせたり、精神保健上好ましくもないので、自立を急がせないように留意する。	

注：

1)　厚生省児童家庭局『保育所保育指針』社会福祉法人日本保育協会，1965年.
2)　厚生省児童家庭局『保育所保育指針』社会福祉法人日本保育協会，1999年.
3)　厚生労働省『保育所保育指針』フレーベル館，2008年.

表 2–1　保育所保育指針における排泄に関する記述の変遷

〈1965年初版〉[1]	〈1999年第2回改訂版〉[2]	〈2008年第3回改訂版〉[3]
第3章　1歳3か月未満児の保育内容 1. 発達上のおもな特徴 〈発達の要点〉 (1) 午睡、食事、排便の時間が日常の生活の流れに合うようになる。 3. 望ましい主な活動 (5) おむつをかえてもらう。 (6) 一定の時刻に便器にかけられると、一応それに応ずる。 **第4章　1歳3か月から2歳までの幼児の保育内容** 3. 望ましい主な活動 〈生活〉 (7) 便所へ行きたくなるとそれを保母に知らせ、させてもらう。 **第5章　2歳児の保育内容** 1. 発達上の主な特徴 〈発達の要点〉 (1) 食器の操作、排便、脱衣、手洗いなどを一応自分でやりたがる。 3. 望ましいおもな活動 〈健康〉 (3) 自分からあるいは促されて便所に行き、自分で排便する。 指導上の留意事項 (4) 食事、午睡などは時間をいそがせないようにし、じゅうぶん落ちついた環境や雰囲気の中で行なう	**第3章　6か月未満児の保育の内容** 4. 内容 (8) おむつが汚れたら、優しく言葉をかけながらこまめに取り替え、きれいになった心地よさを感じることができるようにする。 **第4章　6か月から1歳3か月未満児の保育の内容** 4. 内容 (7) 一人一人の子どもの排尿間隔を把握しながら、おむつが汚れたら、優しく言葉をかけながらこまめに取り替え、きれいになった心地よさを感じることができるようにする。 5. 配慮事項 (7) 食事、排泄などへの対応は、一人一人の子どもの発育・発達状態に応じて、急がせることなく無理のないように行い、上手にできたときはほめるなど配慮をする。 **第5章　1歳3か月から2歳未満児の保育の内容** 3. ねらい (5) 安心できる保育士との関係の下で、食事、排泄などの活動を通して、自分でしようとする気持ちが芽生える。 4. 内容 (8) おむつやパンツが汚れたら、優しく言葉をかけながら取り替え、きれいになった心地よさを感じることができるようにする。 (9) 一人一人の子どもの排尿間隔を知り、おむつが	**第2章　子どもの発達** 2. 発達過程 (4) おおむね2歳 歩く、走る、跳ぶなどの基本的な運動機能や、指先の機能が発達する。それに伴い、食事、衣類の着脱など身の回りのことを自分でしようとする。また、排泄の自立のための身体的機能も整ってくる。 (5) おおむね3歳 基本的な運動機能が伸び、それに伴い、食事、排泄、衣類の着脱などもほぼ自立できるようになる。 **第3章　保育の内容** 2. 保育の実施上の配慮事項 (3) 3歳未満児の保育に関わる配慮事項 イ　食事、排泄、睡眠、衣類の着脱、身の回りを清潔にすることなど、生活に必要な基本的な習慣については、一人一人の状態に応じ、落ち着いた雰囲気の中で行なうようにし、子どもが自分でしようとする気持ちを尊重すること。

れて、三歳児の項になってやっと「便所には適宜一人で行き、排尿、排便を自分でする。」という記述が登場する。このことから、当時代には二歳から三歳の間におむつがはずれることが期待されていたと考えられる。

またこの版では、排泄の自立への働きかけ（トイレ・トレーニング）についての記述が多くなり、「無理なしつけは自立を遅らせたり、精神保健上好ましくもないので、自立を急がせないように留意する。」「子供の意思を尊重する。」「一人一人の子どもの排尿間隔を知り、おむつが汚れていないときに便器に座らせ、うまく排尿できたときはほめることなどを繰り返し、便器での排泄に慣れるようにする。」などとしている。このトイレ・トレーニングに関しては、一九六五年の初版から比べると、その考え方に大きな変化が起こっていることがわかる。

二〇〇八年の第三回改訂版は、それまでの「厚生省児童家庭局長による通知」から、「厚生労働大臣による告示」になる。体裁も大きく変わり、それまで別々に記載されていた年齢別の発達と保育の内容が統合された。この第三回改訂版でも「六か月未満児」からの記述になっているが、二歳未満の子供に関しては排泄に関する記述がなく、「おおむね二歳」の項になってやっと、排泄関連の記述が登場する。その内容も「おおむね二歳」では「排泄の自立のための身体機能も整ってくる。」のみである。「おおむね三歳」の項で「食事、排泄、衣類の着脱なども、ほぼ自立できるようになる。」となっている。このことから、現在では、満三歳前後におむつがはずれることが期待されていると理解できる。

排泄の自立という観点から、三つの時代の保育指針を比較分析してみると、改訂ごとに、排泄の自立が期待される時期が遅れてきていることがわかる。

また、改訂されるごとに、排泄の自立に関する表現が「……気持ちが芽生える。」「……身体機能が整ってくる。」等の、より大枠的な表現になってきていることもわかった。この背景には、新しい保育所保育指針の法的拘束力が強くなった結果、全国の保育所が対応できる（遵守できる）ようにするために、要点は押さえつつもできるだけ簡明に示す（大綱化）ことが図られたという事実もある。(1) 同時に、現代社会では「多様な価値観や考えは、それぞれ尊重されるべきである」という風潮が強いことから、赤ちゃんの排泄の自立に関しても、一定の基準を押し付けずに、より広い時期にわたっての排泄の自立を認めるために、このような大枠的な表現になっている可能性もあるといえる。

いずれにせよ、排泄の自立時期は、事実としてどんどん遅くなってきており、その結果、保育園や幼稚園といった幼児教育の現場では、満三歳を過ぎてもおむつが取れていない子が増加し、先生達はその対応に苦慮し「なんとなく、この状況はおかしい。」と感じ始めている。しかし、満三歳を過ぎてもおむつがはずれない子が増加していることが、人間の子供の健全な育ちという視点から

(1)　民秋言編『幼稚園教育要領・保育所保育指針の成立と変遷』萌文書林、二〇〇八年。

見て正常なことであるのか異常であるかに関しては、「科学的に証明できるデータがない」ことや、「多様性や個人の自由意志を尊重する風潮」から、保健医療関係者も幼児教育関係者も積極的な批判を行うことをためらい、問題提起されることがあまりないようである。この状況がさらに進めば、おむつがはずれる時期はさらに遅くなっていく可能性は十分にありうる。

子供の育ちに関連した様々な問題が表面化してきている現代において、「健全で快適な排泄」「排泄を通じた親子のコミュニケーション」という観点から見て、生まれてから何年間もおむつの中で排泄しているという状況が子供の育ちに何をもたらすのか、ということについて、検討されても良い時期にきているのではないだろうか。

たとえ科学的な手法を使用して証明されていなくとも、多くの人々が直感的に「なんとなくおかしい」と感じることは、「おかしい」ことである場合が多い。前章で、「おむつはずし」が科学的な根拠よりも、女性たちの知恵として行われてきたことを調査してきた。生活の豊かさには、権威的な知識のみではなく、経験知とでもいうものが必要であることを思い出す必要があると考えている。

（和田知代・竹田祐子）

2　中部地方─保育園と家庭でのおむつはずしの実態

本節では、保育園や家庭でのおむつはずしの実態について現代の保育園で実際に聞き取り調査を行った結果について報告する。とくにおむつを使わない保育はしていない、中部地方の一私立保育園、A保育園を対象にした。A保育園の実態が日本全国の保育園を代表しているわけではないが、歴史もあり、多くの園児をかかえるA保育園の状況を記述することにより、現代のおむつはずしの状況についてある程度の理解ができると考える。

(1) 保育園におけるおむつはずしの現状

A保育園は、地方都市の商・工業地域に所在する、私立保育園である。一九四一年に「戦時託児所」としてスタートし、一九五三年に認可保育園となった。現在の園児は、生後半年から就学前年齢までの合計一一〇名である。園児の家庭はサラリーマン世帯が多いが、自営業を営む世帯もある程度いる。母親の九割程度が家庭外で働いており、そのうち約七割がパートタイム労働者、残り約三割がフルタイム労働者である。この保育園の保育士(三名)と、同保育園に現在子供が通っている/過去に通わせていた母親(三名)に対し、二〇〇七年三月に聞き取り調査を実施した。[1]具体的な質問内容は、「赤ちゃんの排泄の世話」、「赤ちゃんに対するトイレ・トレーニングの実態」「赤ちゃんの排泄が自立する時期」「赤ちゃんが使用するおむつ、下着」「以前と現在を比較して、赤ちゃんのおむつの外れる時期や排泄の世話などについての変化」などである。

(1) 調査手法として、半構造化直接面接による質的調査を採用した。聞き取った話をメモにとり、インタビュー終了後、すぐに内容をWord文書としてデータ化し、要約的内容分析を行った。

表2–2　A保育園調査対象保育士プロフィール

仮　名	年　齢	保育士歴
小森由紀さん	33歳	12年
吉田彩子さん	30歳	8年
平川めぐみさん	44歳	24年

聞き取りを行なったA保育園の保育士三名は三〜四〇代、保育士歴は八〜二四年である（表2–2）。

排泄とおむつ使用の実態

A保育園では、おむつは家庭から持参するシステムになっている。よって、おむつの種類も家庭の希望により、紙であったり布であったりする。最近の傾向としては、紙おむつが多数を占める。おむつ交換時に、同じく家庭から持参してもらっているウエットティッシュで拭いている。乳児クラスでは、「午前中のおやつの後」「給食前」「お昼寝前後」等のようなタイミングで、だいたい決まった時間（約一・五時間おき）に、一斉におむつ交換をしている。

「保育園でおむつは家庭から持参してもらっています。おむつの種類はその家庭によって自由に決めてもらっています。紙おむつの子もいれば、布の子もいます。最近では、ほとんど紙おむつですね。」（小森さん）

「保育園では最近、色々な親がでてきて、びっくりさせられることがあります。ある親は『うちは紙おむつ一日四枚と決めています』と宣言して、保育園でおしっこのたびにおむつを取り替えると『替えすぎ！　もったいない！』とクレームをつけてくるんです。朝、保育園に登園して来た時から紙おむつがすでにもうズブズブで、『昨夜から替えていません』ってことが明らかなんですよね。でも、家からは四枚しかもってきてくれなくて、かわいそうだから、保育園においてある予備のおむつで対応しています。」（平川さん）

「週末明けの月曜日になると、必ずおしりやおちんちんの周りが真っ赤にただれた状態で保育園に来る子がいるんです。で、おむつの世話をどのようにしているのかと親に聞くと、どうやら、おしっこしても、ちゃんと拭いてあげていない様子なんですね……。『紙おむつだから、おしっこ出ても表面がさらさらしているから、拭かなくてもいいと思っていた』と言うんですよ。」（平川さん）

紙おむつ使用を制限する家庭は、一般的には経済的に厳しい状況にある家庭が多いが、経済的に裕福な家庭でも使用量を制限するケースもあるそうだ。布おむつが主流だった一昔前にはなかった現象である。

また、最近の園児たちの排尿間隔が全体的に短くなっていて、乳児・幼児の別なく、頻尿の子供が増えていることも報告された。

トイレ・トレーニングの実態と感想

A保育園では、一歳半くらいからトイレ・トレーニングを開始し、二歳のうちにはおむつを取ることを目標としている。トレーニングを開始する頃になると、家庭から布製トレーニング・パンツを持参してもらい、はかせている。トレーニングの方法は、トレーニング・パンツを交換する際におしっこが出ていなければ、トイレに誘って便器に座らせてみる、というやり方である。A保育園では、各クラスの部屋に、専用トイレが隣接している。

「……三歳というのは、本来であればもう、おむつははずれて当然の年齢なのだと思います。保育園の二歳児クラスから三歳児クラスへ進級する子供たちは、誰もおむつをしていません。三歳児で新たに入園してくる子のお母さん達は、それまでは、専業主婦だった方がほとんどで、家庭で育児する時間は十分あったのではないのか、と思うと、不思議です。」(平川さん)

「最近は、親の考え方が様変わりしてきていますね。もう二歳になっていて、『そろそろおむつとりませんか？』と保育士の方から働きかけしても、『まだいいです』って拒む親が出てきて、びっくりしています。それから、保育園ではおむつはとれてパンツで過ごしているのに、家に帰るとおむつを使っている、という家庭が、(二歳児クラスの中で)二割くらいいますね。」(吉田さん)

「別のケースで、子供が三歳近くになってもいつまでも紙おむつを使っていて、『もうすぐ満三歳だし、紙おむつとりませんか？』と指導すると、『紙おむつつけていると暖かいから、パンツよりも紙のほうがいいんです。』と拒む親もいるんですよ！」(平川さん)

「保育園の園児を世話していて思うのですが、今どきの、三歳過ぎても日中、平気で紙おむつをさせているような親が増えないようにするために、妊娠出産のどこかの時点で、誰かがちゃんと、赤ちゃんの排泄のこととか、おむつのこととかトイレ・トレーニングのこととか、これから親になる人々に教える

機会が必要だと思いますよ。」（平川さん）

「一般的な印象ですけど、女の子の方が男の子よりも、おむつとれるのが早い傾向にある気がしますね。それから、排尿間隔の長い子ほど、おむつが早くとれる傾向にあると思います。」（小森さん）

A保育園においては、一〇年前ほどまでは、三歳児でおむつをしている子は皆無であった。ところが現在は、三歳児で新入園してくる子の約半数がおむつをしている。しかし、これら「満三歳過ぎておむつのとれていない子ども達」も、保育園に入園して集団生活するうちに、一か月もしないで全員おむつがはずれる。排泄の自立が遅れてきている現状を、保育士達は憂えている。(1)

(1)　今回聞き取りを行なった保育士達は、おむつや排泄に関する話をきっかけとして、「最近一〇年くらいで親子が大きく変化してきており、心配している」と、色々なエピソードをまじえて話してくれた。排泄の自立を含めて、全体的に、親が子どもに無関心になっていて、親が子と関わる時間が絶対的に少なくなってきている印象があるという。必ずしも「親が働いているから子どもと関わる時間が少ない」という理由ではなく、「親が自分の時間を持ちたい」という理由で、保育園の夕方のお迎え時間が遅くなっている傾向にあるそうだ。また、一〇年くらい前までは、親の保育士に対する態度が「お世話になります。」という感じであったのに対し、今では「保育料払っているのだから、ちゃんと世話してよね。」という態度へと変化しているという。子供の側について、忘れ物の多い子が増加している（保育園児の年齢での忘れ物は親の責任）、ざわついて落ち着かない子や集中できない子が確実に増えている、家庭で親の前ではいい子にしていて、保育園で問題行動を起こしてストレス発散する子が増えていることも気になるという。問題行動をおこす子供は昔からいたが、だいたいクラスに一〜二人であった。それが現在では、増加している、と感じられている。

表2-3　A保育園における母親に対する聞き取り調査対象者

仮名	年齢	子供の年齢	実母の年代	義母の年代	家族形態	仕事
上条麻衣さん	32歳	・4歳 ・3歳	50代 戦後生まれ	50代 戦後生まれ	核家族	事務系パート
佐竹史子さん	40歳	・11歳 ・8歳 ・3歳	70代 戦前生まれ	70代 戦前生まれ	義理親と同居	自営業手伝い
松山由美さん	39歳	・10歳 ・7歳 ・5歳 ・3歳	60代 戦前生まれ	70代 戦前生まれ	核家族	自営業手伝い

（2）　家庭でのおむつはずしの現状

保育士に対する聞き取り調査を実施した「A保育園」において、この園に子供を通わせたことがある三名のお母さんに、聞き取りを行った。年齢は三〜四〇代で、子どもの数は二〜四名である（表2-3）。これらのお母さん達はA保育園で調査を行った同じ日に話を聞かせていただけることになった方々であり、従ってA保育園に子どもを通わせる母親を代表しているわけではないが、おおよその状況を把握するために行った。

おむつ使用の実態

二児の母である上条さんは、公立総合病院で出産した。病院ではパンパースが支給され、これを使用していた。上条さんは退院後も常時紙おむつを使用した。紙おむつを使うことは、実母（戦後生まれ）の勧めによるもので、布おむつで育った上条さん自身のおむつかぶれがひどかったため、実母が「紙おむつの方が布おむつよりもかぶれにくいのでは」と奨励した影響が大きいという。自分の子供もおむつかぶれしやすい体質であり、紙おむつでもかぶれは発生したが、パンパースだけはかぶれにくかったとのことだ（パンパースは、他の紙おむつに比較すると、多少高額である）。

三児の母である佐竹さんも総合病院で出産し、出産後は病院支給のパンパースを使用した。第一子の場合は、退院後から生後一か月までは、義母（戦前生まれ）が縫ってくれた布おむつを使用した。しかしそれ以降は、「布は洗うのが大変」という理由で紙おむつに代えた。第二子、三子は、出産直後からおむつがはずれるまで、ずっと紙おむつのみを使用した。

佐竹さんは、実親（戦前生まれ）と義理親（戦前生まれ）の双方から「紙おむつは手抜きの子育てで、そのような物を使うと、将来子供が非行に走る。」と言われたそうだ。佐竹さんは実親と義理親双方からプレッシャーを受けながらも、家事と育児と自営業の手伝いを切り盛りする負担を軽減するために、最終的に紙おむつ使用を選んだ。そんな佐竹さんは紙おむつと布おむつを比較して、「今の親は、専業主婦とか、働いているとか様々な状況があり、忙しい親ががんばって無理して布おむつ使って、ストレスを溜めて機嫌が悪くなるのは、子供にもよくないと思います。それなら、紙おむつを使って機嫌よくしている方が、子供にとってもいい影響を与えるのではないでしょうか。紙と布とを経済的に比較しても、それほどの差はないと思います。布のおむつカバーは結構高額ですし。また、紙おむつでもトレパンマンなんかは、漏らすと、わざと濡れた不快感がわかるようにできているので、布と変わらないと思いますよ。」と力を込めて話した。

四児の母である松山さんの場合、第一子と第二子と第三子は、自然分娩や自然育児に熱心な総合病院産婦人科で産んだ。病院からは布おむつが貸与された。第一子の時は、退院後も自宅でさらしの布おむつを使っていたが、扱いが大変だったので、布製の成型おむつに変え、外出時には紙おむつを使用した。

松山さんは、子供を産むまでは、「絶対布おむつ派」であった。布おむつ使用こそが、母親としてのあるべき姿であり、手を抜かない母の愛情表現だと強く信じていたそうで、夫の母（戦前生まれ）もそういう考えであった。しかし、松山さんの実母（戦後生まれ）が、第一子のお産の手伝いにきてくれた際、一生懸命に布おむつを使う松山さんに対し、「こういうものもあるから、あまりムキになって布でがんばらなくてもいいのでは。」と言って、紙おむつを一袋買ってきたそうだ。松山さんはやがて長男にも紙おむつを使用するようになった。

松山さんの第二子は、半年間だけ布の成型おむつを使用し、その後は紙パンツを使用した。第三子の場合、入院中は布おむつで、退院後からはすぐに紙おむつを使用した。第四子だけは個人産院で産み、そこで最初に支給された紙おむつに始まり、ずっと紙おむつを使用した。

布・紙おむつの両方を使ってきた松山さんは、もし自分の子に赤ちゃんができた時、自然の布を使えるならそうした方がいいと勧めたいと言う。しかし、たとえ紙おむつを使っても、そんなに罪悪感を感じなくていいんだよ、とも伝えたいと言う。

「ただし、その頃の地球が、今みたいに、紙おむつ捨て放題状態でやっていけるのかどうかわからないですが……。」と、松山さんはつけ加えた。

トイレ・トレーニングの実態と感想

二児の母親である上条さん（紙おむつのみ使用）は、子供が二歳になる前の夏にトイレ・トレーニングを開始した。『ベビーブック』という雑誌の別冊であった『排泄の自立』を参考にした。子供用便座も購入した。第二子の場合は、第一子で買った子ども用便座があったため、気がついたら自然に自分で使っていたそうだ。二人の子供とも、二歳半くらいでおむつがはずれた。ただし第二子の場合は、うんちがトイレでできるようになったのは三歳過ぎてからだ。市販の「トレーニング・パンツ」は、「吸収力が普通のパンツと変わらないにも関わらず、普通のパンツより高額」であるため、ほとんど使用しなかった。保育園でも同時期に、トイレ・トレーニングをしてもらっていた。娘（第二子）の方が息子（第一子）よりも、おむつがはずれるのが早かった。

上条さんの場合、トイレ・トレーニングは夏の間はうまくいっていたが、秋に挫折したことがある。気温の低下で、子供の体が冷えて頻尿になったことが原因では……と考えている。秋に挫折した際には、「夏にせっかくおむつが取れたのに……」と落ち込み、また、周りや実母から「まだおむつしているのか？」と言われたプレッシャーもあって、精神的にイライラし、おもらしした子供に八つ当たりしてしまったそうだ。今は、かわいそうなことをしたと後悔している。「おむつはずしは焦っていけない。気楽にやろう」と考えるよう努力したと言う。

上条さんは、「おむつはやっぱり、なるべく早くとってあげた方がいいと思いますね。自分の子が『おむつは（おしっこで濡れると）冷たいし、（おむつかぶれが）痛いからイヤ』と訴えていたことを、よく覚えています。」と言う。

三児の母親である佐竹さん（布／紙おむつ両方使用）の場合、第一子は二歳半での保育園入園と同時におむつがとれた。第一子の時は、「保育園に入る前におむつが取れていなければならない。保育園で服を汚して保育士さんに迷惑をかけてはいけない。」と思いこんでいたそうだ。第二子と第三子はゼロ歳から保育園に預け、おむつはずしにも気楽に取り組み、最終的には三歳前にとれた。

佐竹さんは、おむつはずしに関しても、実親と義理親から「昔は二歳までにおむつは取れていたのに、今は遅い。」と言われ、プレッシャーを感じながらの日々で辛い思いをしたという。そのため、「周囲のプレッシャーでおむつをはずすというのは、子にも親にもよくない。そのプレッシャーで、自分は失敗してもらした子を叱ってしまい、かわいそうなことをした。」と、上条さん同様後悔している。

そんな佐竹さんも、「最近は、周りの子を見ていると、確かにおむつをはずす年齢が遅くなってきていると思います。三歳過ぎても日中おむつを使用している子が増えている気がします。また、紙おむつに大量のおしっこ溜めて、下までおむつが垂れ下がっているのに、かえてあげない親もよく見かけますね。だから『紙おむつは手抜き』と言われてしまうのでしょうね……。」と言う。

四児の母親である松山さんの場合は、トイレ・トレーニングも四人の子供で様々だったそうだ。

四人とも、トイレ・トレーニングの時期に保育園に預けていて、保育園ではトイレ・トレーニングしてもらっていたが、家ではあまり頑張らなかったという。「子供がおもらしして、気持ち悪ければ、そう訴えてくるだろう……」とのんびり構えていたそうだ。最終的には、四人とも、二歳の間に昼間のおむつははずれた。

松山さんと同年代の友人達の中には「少しでも早くとる！」という必死な人々もいて、「時間がきたら連れて行く」「サインを見逃さない」「こうしたらおむつはずしに成功した」という話題が多かったそうだ。しかし松山さん自身は、おむつはずしに一生懸命になることを好きになれなかったという。

松山さんは、子育て中に『ひよこクラブ』のような子育て雑誌を読んでいたこともあった。夏が近づくと必ず「トイレ・トレーニング」の特集記事が組まれていた。「一歳児の夏がチャンス！この機会を逃すと、来年までおむつが取れなくて大変！」のような見出しに、何か煽られるものを感じて、あまりいい気分でなかったと言う。

第一子は満二歳になった頃、保育園から「トイレ・トレーニングするので、トレーニング・パンツを持ってきてほしい」と言われて少しの間使用した。しかし、トレーニング・パンツはうんちをされると後始末が大変なので、やがて紙パンツに代えた。二歳一一か月頃になって、急に「おしっこ・うんち」を教えてくれるようになり、そうするうちに、自然におむつがはずれた。布おむつと紙おむつを併用していたが、どちらをつけていた時でも、おしっこやうんちがでたら教えてくれた。

第二子は、二歳になる前から、自ら「おしっこ／うんち」を教え、親が特に働きかけをしないままに、三日ほどでおむつがとれた。ただ、第三子が生まれた直後一か月間くらいは、精神的に不安定になり、再びおもらしするようになった時期もあった。

松山さんは最後に「世間では、『布おむつの方がはずれるのが早い』とよく言われますが、自分の四人の子を育てた経験では、必ずしもそうだとは思いませんね。『おむつの種類』というより、子供の出しているシグナルを、親や周囲の大人が感じとれているかどうか、ということの方が大切だと思います。子どもは一日中色々なシグナルをたくさん出していて、そのシグナルを周囲の大人が感知してあげられない時もあるけれども、子供は同じシグナルを一日の中で何度も出すから、その中でいくつかのシグナルを周囲の大人が感知してあげられれば、問題ないんじゃないかなあ。でも、シグナルのほとんどを無視されて感知してもらえずに育つと、子供は辛いと思います。」と語った。

（3）　保育園と家庭でのおむつはずしに関する考察

A保育園の保育士、母親に対して行ったおむつや排泄に関する聞き取り調査の結果を元に、いくつかのポイントについて考察してみよう。

「おむつがはずれる年齢」は遅くなっている

調査を実施した「A保育園」での聞きとりの結果や、第1章でのおむつはずしに関わる文献調査結果から、現在の日本においては「一歳半から二歳」という時期は、それまで「おむつの中で排泄する」ことを学習してきた子ども達が、一転、「トイレやおまる等で排泄する」という学習を新たに始める「排泄自立開始期」であるといえる。生まれてから一年半〜二年の間〝学習〟してきた「おむつの中で排泄する」という行動を変更しなければならないのであるから、「排泄自立完了」までには、親子ともども、多くの時間とエネルギーが必要となる。そして、この「一歳半から二歳」という「排泄自立開始期」が、最近では遅くなっている傾向があることもわかった。

排泄自立開始期が遅くなっているのであるから、排泄自立完了期も、遅くなってきている。聞き取りをしたA保育園での証言にもあるとおり、〇〜三歳未満から保育園で過ごす子ども達は三歳までにはおむつがはずれるが、満三歳になってから入園してくる子ども達の半分以上は、おむつをしている。

第1章で述べた「高齢者の方々に対する聞き取り調査」の結果では、現在七〇〜九〇代の方々が子育てをしていた頃（昭和一〇〜三〇年代）には、だいたい二歳までにはおむつがとれていたということである。それが、今では三歳になり、そして、さらに遅くなろうとしている傾向がある。現在と、高齢者の方々の時代とで、おむつ使用や赤ちゃんの排泄状況を比較して異なっている点を拾い出してみると、おむつの種類が布から紙おむつにかわったこと、おむつ交換が頻繁であったのが長時間つけておくことが可能になっていること、歩行開始前の排泄の促し、排尿間隔の変化などがあ

表 2-4　赤ちゃんのおむつと排泄をめぐる昭和 10-30 年と平成の違い

	昭和 10-30 年代	平成時代
①おむつの種類	100%布おむつ	紙おむつが大多数
②おむつ交換	布ですぐ漏れるため、長時間つけたままにしておくことが不可能	紙おむつはなかなか漏れないため、長時間つけたままにしておくことが可能
③歩行開始前の排泄	歩行開始前から、抱きかかえて、庭や軒先で「しーしー」と排泄させていた	歩行開始前に、おむつの外で排泄させることはしない
④排尿間隔	長いのではないか？	短い

げられる（表2－4）。

「一〇〇％布おむつ」という点に関しては、それが要因となっておむつが二歳までにとれるかどうかを、判断することは難しい。今回聞き取り調査をしたお母さんによると、『布おむつを使う方が、紙おむつを使うよりも、おむつが取れるのが早い』、とよく言われるが、自分の四人の子を布／紙両方で育てた経験からは、必ずしもそうだとは思わない。」ということであった。

現代の日本では、昭和一〇～三〇年代と異なり、「紙おむつでは汚れたまま、ある程度の長時間使用し続けることが可能」「歩行開始前の月齢が小さい時期に、おむつ以外の場所で排泄させるようなことはしない」という状況にある。そのため、「おむつの中でのみ排泄する」という行動がより強化され、その結果、おむつがはずれる年齢が遅くなっている、という可能性はあるのではないだろうか。

排尿間隔については、「A保育園」において「排尿間隔が長い子ほど早くおむつがとれる」「最近の子供たちの排尿間隔は短くなっている傾向にある」といわれている。排尿間隔が短くなっために、おむつはずれ時期が遅れてきているという可能性もある。

排泄ケアを通じたコミュニケーションの機会が減っている？

赤ちゃんの排泄ケアをする時間は、赤ちゃんと話したり体に触れたりする、重要なコミュニケーションの時間でもある。その大切な時間が、紙おむつの使用によって、少なくなってしまう可能性があるのではと危惧される。紙と布おむつの両方を使用したお母さんが言うように「紙か布かというおむつの種類が重要なのではない。子供が出しているシグナルを、キャッチしてあげられることが重要。」なのであろう。紙おむつで子供を育て、紙おむつの長所を十分認識する別のお母さんも「紙おむつに大量のおしっこを溜めて、下までおむつが垂れ下がっているのに、かえてあげない親をよく見かける。だから『紙おむつは手抜き』と言われてしまうのだろう。」と指摘している。紙おむつを使用していると、漏れる心配が少ないことから、つい子供から意識が遠のいてしまう……という可能性は、十分あると思われる。

また、不況のあおりも受けて、経済的に困窮する家庭も出てきており、A保育園での調査結果にもあるとおり、「紙おむつの使用枚数を制限する」親の行動となって現れている。紙おむつだと「一枚××円」ということが明確であるが故のことで、これは布おむつの時代にはありえなかった現象である。このように「紙おむつの使用枚数を制限する」ことで、赤ちゃんとの大切なコミュニケーションの機会がますます減ってしまうのではないかと危惧される。

トイレ・トレーニングは母親にとってストレス？

トイレ・トレーニングに関して、母親は主に育児雑誌を情報源にしていることが明らかになった。育児雑誌では、毎年夏ごろになるとトイレ・トレーニング情報の特集を組み、「この夏がチャンス！　今年取れないと、来年夏までおむつがとれません！」という主旨のキャッチ・コピーを掲げて、トイレ・トレーニングを鼓舞・奨励することが多いと言う。これを読んだお母さんたちは、「少しでも早くとろう！」という気持ちになり「時間がきたら連れて行く」「サインを見逃さない」「こうしたらおむつはずしに成功した」などのノウハウをひととおり実践する。

しかし、個人差があるので、育児雑誌に書かれてあるとおりにスムースにいく子供と、そうでない子供が出てくる。また、同年代の子を持つ他の親との競争心や、実親や義理親などの「昔は二歳までにはとれていたのに……／まだ取れていないの？」などのプレッシャーもあり、だんだん追い詰められたような心境になってしまう。その結果、トイレ・トレーニングがうまくいかなくて失敗するわが子を叱りつけ、後悔する……という悪循環に陥ってしまう母親も少なくない。育児雑誌の「おむつはずし記事」の中では、おむつはずしのノウハウだけでなく、留意点として「子供は一人一人個人差があるから他の子と比較しない／焦らない／叱らない」等を挙げているが、そのような留意事項通りに母親が行動するのはなかなか難しい様子である。

赤ちゃんとの豊かなコミュニケーションの機会になるはずだった「排泄ケア」が、一歳過ぎてからのトイレ・トレーニングが大変であるが故に、不幸なコミュニケーションの機会になってしまっているケースは意外に多そうである。母親は懸命に頑張っているのであり、このトイレ・トレーニング・ストレスを軽減できる方法はないものか、と考える。

布／紙おむつの選択と実母・義母の影響

今回の調査で聞き取りした三名の母親のうち、佐竹さんと松山さんは紙／布おむつを併用し、上条さんは紙おむつのみを使用した。彼女らの「紙／布おむつ選択」に関し、興味深い傾向が二つ見られた。

一つは、実母や義母の年齢と、紙おむつ許容度の関係である。上条さん、佐竹さん、松山さんの実母及び義母のうち、戦前生まれの実母・義母は全員、布おむつ使用を勧め、戦後生まれの実母・義母は全員、紙おむつ使用を勧めた。また、子育てに関するアドバイスについても、戦前生まれの実母や義母は、比較的積極的に「こうしたら良いのでは……／こうすべき……」と言う傾向にあるが、戦後生まれの実母や義母は、「今の子育ては私たちの世代とは違うから、よくわからない。子育て雑誌を見たらいいのでは／専門家に聞く方がいいのでは……。」と言う傾向にあった。

もう一つは、紙おむつ使用に関する「罪悪感」である。実母から紙おむつ使用を勧められた上条さんと松山さんは、紙おむつを使用したことについて、いわゆる「手抜きの子育てをした……」的な後ろめたさをあまり持っていない印象を受けた。特に松山さんは、子供が生まれる前までは本人は「絶対布おむつ」的な考えの持ち主だったにも関わらず、実母によって紙おむつをすすめられたことが、後ろめたさにつながらなかったように見受けられた。一方、佐竹さんは、実母と義母の両方から「紙おむつは手抜き子育て。将来、子供が非行に走るかもしれない。」等言われたためか、自分の三人の子ども達に紙おむつ使用したことについて、多少後ろめたさようなものを抱いている印象を受けた。

大家族で地域とのつながりも強かった一昔前の日本と異なり、現代日本に生きる母親一人の肩には、実に多くの家事・育児等の労働負荷や精神的負荷がのしかかっている。そのような負荷を少しでも軽減する意味もあって、紙おむつは登場してきたという経緯がある。現代に生きるお母さん達の大変な状況も十分理解した上で、「紙おむつ」についてやみくもに「手抜きの子育てだから使用するのはよくない」と決めつけるのではなく、布おむつ／紙おむつ双方の長所やリスク、正しい使い方などを含めた「赤ちゃんの排泄」に関わる適切な情報を提供することが、検討されるべきであろう。

産院と紙おむつ

今回の調査を通じて、病院の産婦人科や産院では、新生児に紙おむつ（特にパンパース）を支給しているところが多そうであるということがわかる。新生児に対する紙おむつ使用については賛否両論あるが、新生児に布おむつを貸与する病院産婦人科と、新生児に紙おむつを支給する一般的な産院の両方で出産したお母さんが、新生児に対する紙おむつ使用を憂いていたことが印象的であった。

「三女（第四子）は個人産院で生まれて、そこで紙おむつを支給されて、だから三女は生まれて以来ずっと紙おむつで育ちました。新生児に紙おむつを使うのは三女が初めてだったので、少し抵抗感がありましたね。新生児だから、一番小さいサイズのおむつでもまだ大きくて、ブカブカがさがさっていうかんじで。布じゃなくて、紙おむつの、あの石油製品の肌触りがかわいそうだな……って思いました。この個人産院は食事とか病室とか、みかけはそこそこ豪華なんですけど、重要なところがだめでしたね。新生児にも紙おむつを使うし、粉ミルクメーカーの人が病室に入ってきて粉ミルクを勧めるし、病院でもそのメーカーのミルクを使っていたし、母乳指導もしてくれないし……。ああいう病院で、子供をはじめて出産する妊婦さんはかわいそうだな……と思いました。」（松山さん）

核家族という、周囲のサポートを得にくい状況の中でこれから子育てをしていく産婦の心身の負担に配慮して、病院が紙おむつや粉ミルクを使用するということもあるであろう。しかし出産する病院の医師、助産師、看護師の産婦に対する影響力の大きさを考えると、科学的根拠のない粉ミルクを無批判に導入したり、あたりまえのように紙おむつが使用されている現状は、子どもにやさしい病院、とはいえないのではないだろうか。

（和田知代）

3　東南アジアにおけるおむつはずしの実態——インドネシアの都市と農村から

日本ではおむつはずしの時期が遅くなっていることをみてきたが、それではほかの国ではどうだろうか？　たとえば、インドネシアでは、赤ちゃんが短期間しかおむつを使わず、早いうちに排泄の自立に至っているという。在日の三〇代のインドネシア人によると、彼らが育った時代はもちろん、現在でも赤ちゃんにおむつをつけるという感覚はあまりなく、むしろ「赤ちゃんが生まれたばかりの一〜二か月の時に布をあてているくらいの感覚」だという。また、「おむつはずしやトイレ・トレーニングという言葉は聞いたことがない。日本で子育てをして、日本の赤ちゃんはいつまでもおむつをしているのにびっくりした」と話している。

そこで、インドネシアにおける、おむつの種類や排泄の世話、おむつはずしの時期と方法について記述することを目的に調査を行った。

インドネシアは、日本の約五倍の国土に、約二億人の人口を持つ国である。赤道直下に位置し熱帯性気候のため、乾季と雨季の二つの季節がある。近年経済発展著しく、アジアにおいて、日本、中国、韓国に次ぐ世界GDPランキング二〇位[1]に位置する。経済発展に伴い、都市部を中心に、従来の伝統的な生活様式からいわゆる欧米型の様式に大きく変化してきている。

地域によって、特に経済発展状況によって、子育ての方法も異なることが考えられたので、地域は都市部（ジャカルタ、ボゴール）と郊外・地方（中部ジャワ、東ジャワ、南スラウェシ）の両者を対象に調査を行った。いずれも、近年子どものおむつの世話とその排泄の自立を経験した母親とその祖父母世代、乳幼児と子育て中の母親に日常的に接している専門家に、聞き取りを行った。対象者は、表2-5の一三組である。

3–1 インドネシアのおむつと伝統的な世話の仕方

尿を吸収しない「カインポポ」

インドネシアでは、「カインポポ（Kain-popok）」（図2-1）、通称ポポと呼ばれる、両端に紐のついたフンドシ状の一枚布を、新生児の股にあておなかで縛る。生後一～二か月はこのカインポポと

(1) 世界銀行「世界GDPランキング二〇〇七年」。
(2) 半構造化直接面接による質的調査を二〇〇七年三月一〇～一四日実施。子育て中に使用したおむつの種類と世話の仕方、おむつはずしの時期と方法、排泄の自立の時期等を質問し、インタビュー終了後すぐに話した内容をWord文書としてデータ化し、要約的内容分析を行った。
(3) 開業助産師H.Siti Halimah氏（五〇代、南スラウェシ州タカラル）、小児科医Dr. Susie Suwarti, SpA（五〇代、ボゴール）、インドネシアの省庁内の託児所所長Dini Birowo（五〇代、ジャカルタ）、プリスクール元教諭Hさん（二〇代、ジャカルタ）、母親支援サイト ibudananak.com 運営責任者Dina Said氏他二名（ジャカルタ）。

表2-5　インドネシア聞き取り調査対象者内訳

世代・職業	対象数
現代の母親	都市部で子育てを経験した母親3名（A、B、C） 郊外・田舎で子育てを経験した母親3名（D、E、F）
祖父母世代	2名
乳児期に関する専門家	5組（開業助産師、小児科医、託児所所長、元プリスクール教師、母子支援サイト運営者）

図2-1　カインポポ

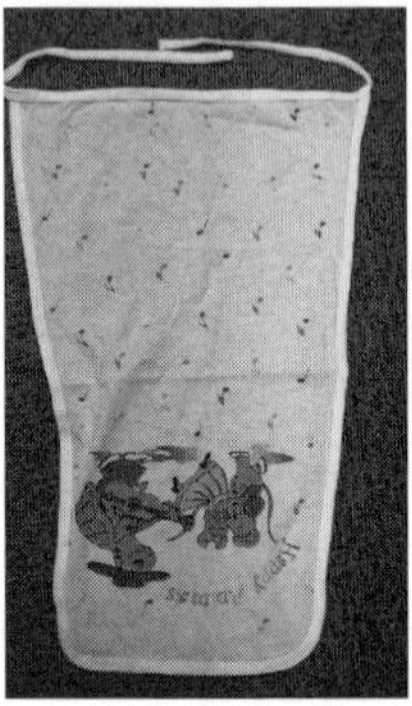

併用して、おへそのまわりをグリタ（Gurit）という薄いコットンの腹巻で覆うことが一般的である。マーケットや赤ちゃん用品店に行くと、このカインポポとグリタが山積みになって売られている。

今回の調査では、カインポポがいつから存在するのか明らかにならなかったが、祖父母や同世代にあたる専門家たちの記憶によると、少なくとも三〇〜四〇年前には一般的にあったようだ。祖父世代であり、インドネシア文部文化省（Departmen Pendidikan dan Kebudayaan）に長年勤務したソエマソノ（Soemarsono）氏は、以下のように語っている。

「私が子どもの頃（六〇年以上前）は、カインポポを見たおぼえがない。諸説あるので正しいかわからないけれど、そもそも、布おむつはオランダ植民地の影響でできたはず。正方形で角にひもがついているものが、外国から入ってきたんだ。こんな感じの（筆者が持参した日本の布おむつ）厚めの布でできていてね。いつから今のような薄い布で縦長なカインポポになったかはわからないなあ。ただ、私が子どもを育てた三〇年前は、孫が使ったのと同じようなカインポポを使った。あれは、すぐにぬれるから、外出する時はカインポポから着替えから大きなバックに全部つめて、大荷物ででかけたもんだ。」

カインポポは、インドネシア語で「布のおむつ」という意味であるが、日本のおむつのように吸水機能をもつ「おむつ」ではない。吸水性が低い薄い布で、「おむつ」というより、むしろ「股あて」に近い。カインポポを使用した現代の母親たちも、カインポポはおしっこを吸収しないと認識していた。たとえば、以下のように話している。

「カインポポはペラペラだから、すぐにおしっこがしみる。しょっちゅう替えないとならないから、まさに戦争よ!」（Bさん）

「カインポポをしていてもおしっこはもれるから、ブドン（Bedong　厚めのネルでできたおくるみ）で赤ちゃんをくるんでいて、おしっこをするたびにカインポポとブドンの両方を取り替えないといけない。そのため、おむつとブドンのセットを二ダースくらい準備するのが一般的。」（Cさん）

インドネシア人と結婚をし、現地で自身の四人の子ども（三〇〜四〇年前）と二人の孫の子育てを経験した日本人、ジャワスさん（Kyoko Sakinah Djawas）は、インドネシアのカインポポと日本のおむつの機能の違いに驚いたという。

「インドネシアのおむつ、カインポポは、日本のおむつのように厚くなく、T字型のペラペラのガーゼのようなもので、赤ちゃんがおしっこをするたびに、ジャアってもれるの。新生児のおしっこすらもたないのよ。だから、おむつの役割を果たしていないと思ったわ。それで、日本のおむつを使いたくて、日本からさらしの反物を持ってきて、一枚一枚手縫いしたの。カインポポは、日本のおむつのようにおしっこを吸収しない。それは今でもかわらないわね。」

現在子育て中の母親Aさんは、親戚に日本人がいて、そこから日本の布おむつをもらって、使用した経験を以下のように話している。

「日本のおむつは、カインポポと違いおしっこを吸収するのでびっくりした。カインポポだと一日に一〇回以上替えたが、その回数が減った。おむつにおむつカバーまでつけると、ほとんどおしっこが漏れないため、外出時などに便利だった。」

カインポポは「布おむつ」という名前ではあるものの、われわれ日本人が考える「おむつ」とは異なるものであると言える。

日本では布おむつの外側におむつカバーを使うが、インドネシアではおむつカバーを使わない。

しかし、カインポポだけだとすぐにおしっこがもれてしまう。布団やベッドまでしみないように、ネル素材のブドンで赤ちゃんを包んだり、厚手のコットン素材のサロン（伝統的に使用している腰巻布）を敷いたりし、さらにその下にゴムの防水シートなど利用している。

インドネシアでは、一九九〇年代後半より、米系や日系など外資系メーカーや現地メーカーによる「紙おむつ」の販売が始まり、都市部から普及してきている。現在、都市部では生後数か月までは伝統的なカインポポを使うが、その後は紙おむつを使用するのが主流になってきているという[(1)]。二〇〇七年末現在でベビー用紙おむつの普及率は約二〇％ともいわれ[(2)]、今まではあまり使用がなかった地方・郊外も徐々に増加している。

「おむつをほとんど使用しない」伝統的な育児

このカインポポは、ワンサイズであり、新生児～生後数か月用として作られているため、赤ちゃんが成長するにつれて使えなくなる。インドネシアの伝統的な方法では、個人差があるものの生後二～六か月にはこの股あてに近いカインポポも外し、「チュラナ　バイイ（Celana Bayi）」という脱

（1）　女性たちが出産用品を購入するマーケットや赤ちゃん用品専門店の新生児コーナーを見学したところ、おむつとして売っているのはカインポポと紙おむつだけであった。日本のように吸水性の高い布おむつは売っていない。
（2）　二〇〇七年一〇月三一日、ユニチャーム広報部発表。http://www.unicharm.co.jp/company/news/2007/07oct-5.html

ぎ着しやすいぶかぶかな乳児用のパンツをはかせ、トイレの練習を始める。つまり、おむつをほとんど使用していない。赤ちゃんの子育てに関する専門家たちは、今でもその伝統的な子育て方法がよいと考え、母親たちに伝えている。

スラウェシ島の田舎町で二〇年以上開業助産師をしているハリマー（Halimah）さんは、出産前の妊婦たちに、伝統的なおむつの世話について、以下のように指導し続けている。

「赤ちゃんが生まれたら、カインポポを使い、こまめに替えてあげる。六か月になったら、昼間はカインポポを外し、赤ちゃんの用のパンツをはかせます。夜は、パンツとカインポポの両方を状況にあわせて使うといい。六か月はあくまでも目安で、赤ちゃんの体重、お座りができるかどうかなどから、おむつをもうはずしてよいかどうかを判断します。早い場合、三か月でおむつをはずす子もいますよ。この時から『トイレの練習（ブラジャ　ピピス）』を始めます。二〜三時間毎にトイレに連れて行きます。一歳くらいに、赤ちゃんがもう歩き始めたタイミングに、本格的におむつをはずします。夜も一切おむつはしません。そうすると二歳までには、自分からトイレに行くようになります。」

ボゴールの病院の小児科医であるスワティ（Suwarti）氏も、伝統的な方法に従い、生後六か月ごろからカインポポをとり、定期的にトイレに連れて行くことを始めた方がいいと考えている。

「六か月になるとお座りができるようになるので、そのころが始めるタイミング。六か月で完全におむつをとってしまうのは難しくても、外出時や夜など時々する程度におさえて、それ以外はおむつをとるべきです。そうすれば、子どもが一歳になると、おしっこをしたということを親に様々なサインで伝えるようになる。二歳になるころには、自分でひとりでトイレに行ってできるようになるのが平均的。」

ジャカルタにあるインドネシアの省庁内託児所の所長であり、また母親・祖母として子育て経験があるビロオ（Birowo）氏も同様に、「伝統的にしているように生後六か月から」と語っている。

「生後六か月ごろから、親が赤ちゃんをささえてトイレの便器に座らせることを開始するのが理想。一～二時間おきにね。そして赤ちゃんが歩けるようになったら、赤ちゃんの表情を見て『おしっこに行きたい？』ときいてあげて、『一緒に行きましょう』とトイレに連れて行く。一歳半には、おしっこしたいなあと思ったら、自分でパンツを脱いでトイレに行くことができるようになるのが理想。」

地域が異なっても、「生後六か月ごろから、トイレの練習」という点は皆共通していた。

3-2　現代の母親が語るおむつとその世話の実態

インドネシアの現代の母親たちは、どのように子育てしているのか。都市部で子育てをした母親三名と、郊外・田舎で子育てをした母親三名に話を聞いた。

（1）おむつとその世話について

母親たち全員、赤ちゃんが誕生後、最初はフンドシ状の薄布であるカインポポを使用していた。生後すぐから、紙おむつを使ったものはなかった。全員が、紙おむつの存在を知りながらも、布であるカインポポを選択していた。それは、新生児にとってカインポポがよいという積極的な理由からであり、消極的な理由（紙おむつが高くて買えない）というわけではなかった。

「出産した病院で、赤ちゃんの肌はとてもデリケートなのでカインポポの方がよい、紙おむつのようにかぶれることも少なく、赤ちゃんのためには絶対にカインポポと教わったから、最初はカインポポだけを使った。」（母親Cさん）

「たしかに紙おむつは便利だし、最近は安くなったから買えないわけではなかった。でも、紙おむつはごわごわしているし、かぶれやすい。生まれたばかりの赤ちゃんに使うのはよくないと思ったので、しばらくカインポポだけを使った。」（母親Dさん）

赤ちゃんが生まれて最初はカインポポを使い、生後六か月前後でカインポポをとった後は、赤ちゃんに乳児用パンツをはかせるのが伝統的なステップである。しかし、最近はこの途中で、紙おむ

つの使用が見られる。(1)

都市部で子育てをした母親たち全員が、紙おむつをカインポポやパンツと併用、ないしは途中から紙おむつのみを使用していた。またインタビュー対象の母親たちの周囲でも、紙おむつが主流という。

「最初はカインポポのみだったけれど、生後一か月には紙おむつをカインポポと併用し、途中から紙おむつのみに。近所に住む私の甥っ子は、生まれた時から紙おむつだけね。」（母親Cさん）

「カインポポが小さくなってしまってからは、紙おむつを使っているわ。昔に比べて、種類もいろいろあるし、安く買えるようになったからね。」（母親Bさん）

「私は、カインポポと日本の布おむつの両方を使ったので、しばらくは布だけで大丈夫だったけれど、外出時や夜は紙おむつを使っていた。子どものお友達は、みんな紙おむつだった。」（母親Aさん）

一方、郊外・地方で子育てをした母親たちは、カインポポやパンツと紙おむつを併用した者と、紙おむつの使用をしなかった者に分かれた。また、彼女たちの周囲の母親たちも、紙おむつはあまり使っていないという。

(1)　紙おむつのことを「パンパース」（米国P&G社のブランド名）と呼ぶ母親が複数いた。現在は、他のブランド名のおむつも売っているが、最初に普及したのがパンパースのため、これが一般名詞のように使われているらしい。

「生後七か月には、カインポポをとって、昼間は乳児用のぶかぶかパンツのみ。夜だけ紙おむつを使いました。村で紙おむつを使っている人はほとんどいなかったです。高かったから……。」（母親Dさん）
「うちの子は、カインポポが小さくなった五か月の時から、紙おむつを使ったわ。外出する時などパンツだけだと心配なので、しようがなく紙おむつ。」（母親Fさん）
「とても大きな子だったから生後一か月で、カインポポが小さくなってしまったの。それで紙おむつを一度つけてみたのだけど、ひどいかぶれになって、それでしようがなく生後一か月からパンツのみ。紙おむつは全然使わなかった。村の人たちは紙おむつをあまり使わない。（今働いている）ジャカルタは、紙おむつばかりでびっくりした。」（母親Eさん）

（2）　排泄の自立へ

「排泄の自立」については、調査時点では、「赤ちゃんが自ら、事前に排泄の欲求を知らせ、トイレで排泄できるようになること」として、質問を行った。日本では、この排泄の自立を表す言葉として「おむつはずし」が使われるが、インドネシアではそれに当たる言葉は存在せず、「おむつはずし」という言葉をインドネシア語で直訳しても、母親たちには意味が伝わらなかった。日本でよく使われる言葉「トイレ・トレーニング」は、専門家たちの一部は知っていたが、一般の母親たちはこの言葉を知らなかった。また「排泄のしつけ」に相当する言葉もなく、近い言葉として「ブラジャ　ピピス（BELAJAR PIPIS）」（インドネシア語で「おしっこの練習」という意味）を一般的に使うという。これは、赤ちゃんが自分でトイレでおしっこ等をできるように、大人が導いてあげることを意味しており、「トレーニング」や「しつけ」といったニュアンスはまったくない。

おしっこの練習の実態

「おしっこの練習」は、いつからどのように行うのか。自分の子の排尿間隔を見ながら、定期的にトイレに連れて行くことから開始するという点が、全員に共通していた。ただ、その始める時期は、生後二か月〜一歳すぎと個人差があった。

その後、赤ちゃんの排泄の自立、つまり、自ら事前に排泄の欲求を知らせ、トイレで排泄できるようになる時期は、昼間の紙おむつの使用有無で差があった。

伝統的な子育て方法にのっとり、生後数か月でカインポポをはずした後、乳児用パンツをはかせ、まったくもしくは日中は紙おむつを使用しなかった子は、みな一歳〜一歳半の間に、排泄の自立に至っていた。

> 「生後一か月に、カインポポが小さくなってしまって、赤ちゃん用のぶかぶかパンツだけにしたの。ミルクを飲んだらすぐにおしっこがでるのでトイレへ。ミルクの時間帯から、だいたい二時間おきにトイレにいく習慣をつけたの。そうしたら、一歳になった時には、うんちもおしっこもひとりでトイレにいってできるようになっていたわ。私の村の人たちは、紙おむつをあまり使わないし、たいてい一歳くら

いで自分でトイレにいけるようになると思う。」（母親Eさん）

「うちの娘は、生まれて四か月まではカインポポとグリタのみ、四か月以降はカインポポの上にぶかぶかパンツをはかせました。七か月目からは、カインポポをとってしまいパンツだけにして、おしっこをするサイクルにあわせて、だいたい三時間おきにトイレに連れて行きました。夜寝ている時は、最初のうちは紙おむつを使っていたのですが、娘の様子を見て、二回くらいトイレにつれていきました。一歳すぎには、おしっこを知らせるようになりました。一歳半には、おしっこやうんちをしたくなると、自分でトイレに行って、自分でパンツを脱いで、やっていましたよ。」（母親Dさん）

一方、日常的に紙おむつを使用した子どもたちの排泄の自立は、多くは二～三歳、遅い場合は四～五歳と、紙おむつを使用しなかった子に対して、明らかに排泄の自立の時期が遅くなっている。

「途中から紙おむつだけを使っていたけれど、一歳になった時から、昼間自宅にいる時はなるべくパンツのみで、外出時や夜だけ紙おむつを使うようにし、顔の表情を見てトイレに連れて行って、赤ちゃんをだきかかえて『シーシー』ってしたの。だいたい二時間おき。娘が自分からおしっこをしたい、と知らせるようになったのは二歳すぎ。それで二歳で完全におむつを卒業。そして、二歳半には、おしっこしたい時には自分でトイレに行けるようになった。夜のおしっこも同じ時期。」（母親Cさん）

「子ども二人とも、布おむつと紙おむつ両方使ったけれど、ひとりは二歳ごろにパンツだけで大丈夫になり、もうひとりはもう少し時間がかかって二歳半すぎから三歳になる前だったはず。子どもの幼稚園

で四〜五歳になっても紙おむつの子が数名いたわ。最近増えてきているみたい。」(母親Aさん)

排泄の自立といった場合、尿と便での違い、昼間や夜間での違いについて五名の母親はそれらの違いを認識していなかった。

母親たちは、地域にかかわらず、自身の母親などの育児経験者や病院等の医療機関から、排泄の自立に関する指導をあまり受けていない。また育児書等のメディアからの情報提供を受けていない。おむつの世話や排泄の自立に関して、一般的な基準を持っていなかった。

「母親から、いつおむつをとるといいか、なんていわれたことはありません。おむつの世話に関して、母親からは学んだことはないですね。医者も教えてくれないし、そういったことを学ぶ場はあまりないですね。」(母親Dさん)

「おしっこの練習については、独学というか、自分で考えた通りにやっただけ。母親からは特に何も。住環境も、時代も違うし、紙おむつもないし(笑)。産院で、おむつのつけかたなど実践的なことを何も教えてくれなかった。育児書はインドネシアのものと、海外の翻訳のもの、女性誌の記事を見たけれど、『おしっこの練習はいつの時期にこんな風にします』なんて、全然載っていなかった。母親仲間同士の話を参考したくらいかなあ。」(母親Cさん)

「おしっこの練習」を始める時期や、トイレに連れて行くタイミングは、母親が子どもの状態を

「察知」し、それにあわせて母親が判断するものだと捉えている。これは全員に共通しており、以下の二人の母親と同様のことを、どの母親も語っていた。

「いつからトイレの習慣をつけるか、などは誰からも教えられていなかった。ただ、一歳になった時、私の赤ちゃんが十分大きく成長した、もういいかな、と思ったのでおむつをはずした。それまでずっと娘の様子を見ていて、おしっこの間隔はだいたい二時間だとわかったので、二時間おきにトイレに連れて行った。一緒にいると表情でわかった。なんかいやそうな顔をしたり、もぞもぞしたり、冷や汗をかいたり。特にうんちしたい時はわかりやすかった。母親は自分の子どものことはわかるものね、ほんとうに。赤ちゃんが何をしてほしいか、察知できる、と感じたわ。」（母親Cさん）

「生後七か月には、いつおしっこをするのかサイクルがわかってきていたので、簡単だった。そのサイクルにあわせてトイレに連れて行けば、失敗しないので。そのくらいわかるのは母親としてあたりまえだと思う。」（母親Dさん）

3-3　祖父母や専門家が語る変化

紙おむつの登場

前述のように、専門家や、現代の母親の祖父母たちによると、インドネシアでは、伝統的には、ほとんど「おむつ」を使用しない。新生児には、フンドシ状の股あて布カインポポを使用するが、おしっこなどは基本的にもれるもの、と認識している。生後六か月には、パンツのみにして、トイレに連れて行くことを開始する。

しかし、これが最近、変化してきた。特に大きな変化は、紙おむつの登場である。小児科医のスワティ氏は、紙おむつに関して、都市部での高い普及率に加え、田舎での使用も見られるようになったと語っている。

「一九九〇年前後には、紙おむつを使っているお母さんはいなかった。でも、一九九五年頃、急に紙おむつを使う人が増えて、今では紙おむつが主流。カインポポが消えてしまうのではないかと思うくらい。最近は、都市部で子育てしている人はほとんど紙おむつ。田舎のお母さんはまだカインポポを使っているけれど、途中から紙おむつを使っているわね。私は小児科医として、布おむつ、カインポポがいいと考えている。外出時や夜は紙おむつを使っても、せめて、日中だけでもカインポポを使うように指導しているが、ダメ。インドネシアでは『紙おむつがよい』と考えている人の方が普通になってきた。コマーシャルもすごい。」

ジャカルタ市内の託児所所長として一〇年勤務しているビロオ氏も、一〇年前には一部のお金持ちが使っているイメージのあった紙おむつが、現在は階層を越えて普及している様子を語っていた。

「託児所ではカインポポを使用しているが、ここにくる子たちは、ほとんど紙おむつ。ここに通う子の家庭はいわゆるミドルクラス以下だけど、最近はミドルクラス以下でも紙おむつが多い。ただ、彼らにとっては不経済だから、自宅にいる時は紙おむつではなく、カインポポかパンツで、外出時など必要な時だけ紙おむつというパターンらしい。一〇年前には想像できないほど今は紙おむつを使う人が増えた。」

幼児教育を専門とし、ジャカルタ市内のプリスクールで勤務経験のあるHさんによると、プリスクールに子どもを通わせているような「忙しい母親たちは、紙おむつを好んではかせていた」そうだ。

母親支援サイト ibudananak.com の運営責任者サイード氏によると、インターネットという特性から同サイトの登録会員の大半が都市部在住であり、働く母親であるからかもしれないが、会員の中で紙おむつの使用者が多いという。「カインポポよりも紙おむつが便利」という利便性だけでなく、「紙おむつの方がおしゃれ、かっこいい」といった、紙おむつ使用が「先進的な子育て」というポジティブなイメージを持ってきていると指摘した。

排泄の自立の時期の遅れ、察知力の低下

伝統的には、一歳には赤ちゃん自ら事前に排泄の欲求をなんらかの方法で知らせ、二歳までには赤ちゃんひとりでトイレにいけるようになる。祖父母世代が子育てをした三〇年ほど前には、それ

が当たり前だった。

「いつからパンツにしたかは忘れたけれど、二人の娘は二歳に完全におむつをはずしていて、自分でトイレにいけるようになっていたよ。長女はおまる（ピースポット）が大好きで、トイレに行けるようになっているのに、そこでおしっこしたこともあったけれどね。二歳、という決まりはとくになかったけど、十分に大きくなったのでそろそろ大丈夫、という自然な感覚でその時期になった。」（祖父サエマエノさん）

「四人の子どもを育てた時には、一歳すぎると、日中はパンツをはかせて、定期的にトイレに連れて行った。おまるなんて当時はなかったから、大人用の洋式のトイレに私も一緒に座って私のモモに赤ちゃんを座らせるの。大人が補助便座の役割をするのよ。そうしているうちに、トイレに連れて行けば、ひとりで座れるようになって、『シー』といえばおしっこがでるようになった。前の子が一歳六か月から九か月には次の子が生まれていたけれど、その時には、前の子はパンツだけでおしっこしたい時はちゃんと知らせてくれていたから、四人の子育ても楽だった。」（祖母ジャワスさん）

専門家たちも同様に、赤ちゃんが自分でトイレにいけるようになるのは一歳半から二歳くらいが理想的と考えている。専門家たちも祖父母も、最近の赤ちゃんは、排泄の自立の時期が遅くなっていると感じている。

「自分の子どもたちは、一歳にはおむつがとれ、すぐに自分でトイレにいくようになったけれど、孫たちはダメ。特に、生まれた時から紙おむつを使っている孫が心配。もうすぐ三歳になるのに、紙おむつをしていると自分から『おしっこ』って言わないの。私は、一歳半にはおしっこを教えるのが当たり前だと思っている。だって、『ピピス（おしっこ）』『エッエッ（うんち）』なんて簡単な言葉は、話せるようになるでしょ。」（祖母ジャワスさん）

「一歳半には、おしっこがしたいなあと思ったら自分でパンツを脱いでトイレに行くことができるのが、昔は普通だったし、今も理想。残念ながらこの託児所では平均して三歳ね。」（託児所所長ピロオ氏）

「以前は、六か月でカインポポを外してしまって、パンツのみにしていたけれど、最近の母親は、六か月でカインポポをとった後に紙おむつを使い、完全にパンツにするのが二歳すぎ。紙おむつを使うと、完全にパンツだけになる時期が遅くなる。私は郊外と都市部の両方の子どもを診ているけれど、都市部だと紙おむつ派が多く、一歳前でおむつなしパンツのみで大丈夫な子、いわゆるおむつが完全にはずれている子はほとんどいない。以前はそれが主流だったのに。」（小児科医スワティ氏）

「プリスクールでは、園児たちはおむつを着用しないという規定があったので、入園するとパンツで子どもたちは通園していました。ただ三歳の入園前まで紙おむつの子もいるので、私たち教師がこの子たちに『先生、おしっこしたい』と自分から言えるように『トイレ・トレーニング』をしました。個人的経験上、最近では一歳半でおむつなしでいられる子はいません。私が子どもの頃はそれが当たり前だったと、母からきいていますが。」（プリスクール元教師Hさん）

排泄の自立には、赤ちゃん側の能力よりも、親側の察知する力が重要であると、小児科医であるスワティ氏は指摘した。

「おむつがはずれるには、親子の密なコミュニケーション、赤ちゃんが求めていることを親がいかに察知できるかが重要。例えば、おしっこの間隔は、赤ちゃんの表情をみて、そろそろおしっこかなとわかるのが当たり前。自分の子どもなんだから。赤ちゃんは話せなくてもいろいろなサインを出している。特に一歳になると、おしっこしたい、ということを親に様々なサインで伝えるようになる。『ピー（おしっこの幼児語）』といったり、おなかをさすったり、あとは母子間の特別な言葉やジェスチャーなどで。そういった子どものサインや様子を、大人がちゃんと察知してあげていれば、二歳までに子どもは自分ひとりでトイレに行けるようになる。」

排泄の自立が遅くなってきた背景に、親または赤ちゃんの世話をする大人が赤ちゃんの様子を、察知できていないことがあると考えられる。その変化の要因として、まず紙おむつの使用があげられる。

「最近、紙おむつを使っていると、赤ちゃんのおしっこの間隔などを察知しづらいのか、おむつがはずれるのが遅くなっている。」（小児科医スワティ氏）

「紙おむつになることで、赤ちゃんの表情をうまくよみとれない、よもうとしない傾向はでてきている。これは親だけでなく、保育士も同じで、紙おむつだとカインポポやパンツのように、おしっこがすぐにもれないから、汚れてもそのままにしてしまう人がでてくるのよ。特に自分で歩いたり動きまわったりする間におむつをはずすのが大変だったり、赤ちゃんも遊びに夢中でいやがったりする時に『もれないしそのままでいいかな』というなまけ心がでてきてしまうみたい。パンツだけで大丈夫な子も、『もらされると大変だから、紙おむつをつけておけばいいか』みたいになりがちなのが、紙おむつのこわさ。」

（託児所所長ビロオさん）

母親支援サイトの運営責任者サイード氏は、インドネシアでは働く母親、忙しい母親の増加により、以前より子どもに手をかけない傾向が見られるという。また、ベビーシッターも以前は子育て経験のある女性が、伝統的な方法で赤ちゃんの世話をしていたが、最近は、働く女性の増加で、ベビーシッターが不足し、子育て経験のない若い女性がベビーシッターになることが多い。そのため、子どもを預かるベビーシッターの質の低下が問題になっているという。インタビューでも以下のような発言があった。

「特に、母親が働いていてベビーシッターに育てられている子の多くは、おむつをはずす時期が通常より遅い。ベビーシッターにとって、紙おむつをしている方が、定期的にトイレに連れて行くよりも楽だから、そのままおむつでいいと思ってしまうのだろう。ベビーシッターのレベルが低くなってきていることが問題だと思う。」（小児科医スワティ氏）

「うちの孫はもうすぐ三歳で、『おしっこ』『うんち』という言葉は言えるし、トイレに連れて行くとちゃんとできるから、大人が声かけしてあげれば昼間はパンツで大丈夫。なのに、ベビーシッターが紙おむつをはかせてしまうの。いちいち定期的にトイレに連れていくのが面倒なんでしょうね。さらにひどいのが、紙おむつを全然替えず、おしっこを何回分もためたりうんちがついたままにする。『紙おむつは吸収力があるし、まだびしょびしょになっていないから大丈夫』。これじゃあ、子どもの感覚がおかしくなるわよ。おまるもあるのに、おまるに座らせることもしないの。ひどいものよ。そもそも、母親が仕事で忙しくて、ベビーシッター任せにしていることが問題だけど。」（祖母ジャワス氏）

3-4　考　察

赤ちゃんの排泄の自立を促すことについて、日本で使用されている「おむつはずし」「トイレ・トレーニング」「排泄のしつけ」といった言葉はインドネシアでは一般的には使われておらず、近い言葉として「おしっこの練習」といった意味のインドネシア語が存在する。この言葉は、子どもが自分でおしっこができるように大人が導いてあげることを指し、子どもに対するトレーニングやしつけといったニュアンスを含まない。

また、母親たちは、地域にかかわらず、排泄の自立の時期と方法等の一般的な基準を持たない。育児経験者や病院等の医療機関から、排泄の自立に関する指導はあまり受けておらず、育児書等のメディアからも情報提供を受けていない。排泄の自立の時期に関して、周囲からのプレッシャーもなく、我が子の状態にあわせて、世話をする大人（多くの場合、母親）が導くもの、と母親たちはとらえている。

その子どもに対して、トイレの練習を開始する時期やトイレに連れて行くタイミング、排尿間隔等は、親なら察知できるのが当たり前、というのが母親だけでなく、祖父母、専門家、調査対象者全員の共通認識である。それは、排泄の自立に関して、子ども側の能力や発達ではなく、大人側の子どもに対する察知能力が重視されているといえよう。

以上のような状況の中、インドネシアでは、伝統的にあまりおむつを使わない育児をしている。現代でも、それを実践している母親たちがいた。

しかし、昨今の紙おむつの急激な普及によりこの察知能力の低下と、世話をする人（ケアギバー）の意識の低下、そして赤ちゃんの排泄の自立の遅れが危惧されている。「子育てが、特におむつに関して、急激に先進国化しすぎているので、インドネシアの伝統的な子育てのよい部分が消滅しないように、今の母親たちに伝えていきたい」と母親支援サイト ibudananak.com のサイード氏が語っている。

（吉朝加奈）

第3章　おむつなし育児の実践

1　エミール保育園――モンテッソーリ教育

この章では様々な形で「おむつなし育児」を実践する保育園においておこなった観察と聞き取りについて紹介する。この節では、おむつの代わりに「エコニコ・パンツ」という、トレーニング・パンツを使用する、福岡県にあるエミール保育園をとりあげる。

エミール保育園は、モンテッソーリ教育[1]に基づく幼児教育を実践する認可保育所である。一九七

(1)　モンテッソーリ教育とは、約一〇〇年前に、イタリアのモンテッソーリ女史によって考案され、現在世界各地の幼稚園や保育園で実践されている教育方法のひとつ。子どもは自分の意思が最も大切にされる環境で生活し、「知性」「情操」「意思」のバランスのとれた人格形成を図りながら、生涯学び続けていくための「自己教育力」を身につけていく。〇歳から二歳にかけては、主に運動・感覚・言語・社会性を育て、三歳から六歳の間は、「日常生活の練習」「感覚」「算数」「言語」「文化」という、多様な教具を使いこなす活動をするのがモンテッソーリ教育法の特徴（エミール保育園のパンフレットより）。

二年に開園し、施設認可された。現在の園児は二五〇名定員で、やや規模の大きい保育園といえる。園では生後三か月より園児受け入れを行っている。一九九〇年代終わり頃より、乳児にはおむつを使用せずに、代わりにエミール保育園がおむつメーカーと共同開発した「エコニコパンツ」と呼ばれる布製トレーニング・パンツをはかせている。この保育園の保育士さん三名と保護者一名に対し、二〇〇七年二月に聞き取り調査を行ない、モンテッソーリの排泄の考えを導入した時期と背景、導入前後のおむつはずしの状況、赤ちゃんの排泄の世話に関する実態、排泄が自立する時期、以前と現在を比較して、赤ちゃんのおむつのはずれる時期や排泄の世話などについての変化などについて話を伺った。

1-1　「エコニコパンツ」導入の背景

エミール保育園でも以前（一〇年以上前）は、各家庭より、布おむつを保育園に持参してもらって使用していた。そして一歳をすぎると、おむつから市販のトレーニング・パンツへ切り替え、同時にその頃からおまるへと促し座らせるという排泄自立の教育方法をとっていた。当時から、モンテッソーリ教育を取り入れている保育園同士の研究会において、「おむつからパンツへの切り替えの時期には、市販のトレーニング・パンツよりも、普通のパンツのように漏れた方が、子どもの排泄感覚を発達させるには良いのではないか。」という話題が持ち上がっていた。

その後、エミール保育園の副園長が、アメリカ、コロラド州デンバー市のモンテッソーリ乳児トレーニングコースで学んだ際に、ハイハイしている乳児から布製パンツをはかせている実習園を見て、衝撃を受けたのが「エコニコパンツ」導入のきっかけである。この園で使用されていたパンツは、生後数か月の子どもでも使用できる小さなサイズで、子どもの精神面や運動面のより良い発達と、さらには環境問題にも配慮して導入されたものであるということを学んだ。当時、同様のパンツが日本に存在しなかったため、副園長がアメリカから同パンツを三〇〇枚取り寄せ、エミール保育園でも導入することにした。導入当初、保育士全体の反応はあまり好意的ではなかったが、一人の保育士が乗り気になってくれたことで、なんとか導入できたとのことである。

その後、副園長は日本でも同様のパンツを作りたいと考え、日本のおむつメーカーに依頼して、「〇〜二歳用のトレーニング・パンツ」を共同開発した。その結果、現在園全体で使用している「エコニコパンツ」が完成したのである。この「エコニコパンツ」は、一〇〇％綿製品で、股の部分が布で五重くらいになっていて（成型おむつ的）、少しのおしっこは吸収できるがそれ以上すると漏れ、さらに股ぐりがゆったりしているために、小さい子でも着脱が簡単にできるというのが特徴である。「エコニコパンツ」という名称はエミール保育園がつけたものである。その背景には、市販の布製トレーニング・パンツと区別したかったということと、使い捨てでないことから環境にやさしく、また、おむつよりも赤ちゃんが楽しそうに活発に動くことから、最終的に「エコニコパンツ」になったそうである。このようにして開発された「エコニコパンツ」は、今では日本でモンテッソーリ教育を取り入れている園に広がっている。

（1）「エコニコパンツ」を使用した三歳未満児の排泄ケア

エコニコパンツを導入した当初から、エコニコパンツはすべて保育園で管理し、洗濯も業者に外注するというシステムが導入されている。〇～二歳児は、登園したら園のエコニコパンツにはき替え、降園時に再び個人持ちの下着にはきかえる。保育園では、できるだけ登降園時にもエコニコパンツをはいてもらうよう勧めているが、基本的にはそれぞれの家庭の自由意志に任せている。

モンテッソーリ教育の理念に基づく排泄自立の基本的な考えでは、「自発的な環境作りと習慣づけ」が必要となっており、そのために、子どもの座る台、洗濯済みのパンツ用かご、汚れたパンツ用バケツという「三点セット」を揃え、トイレ（便器）のある場所に設置する（表3-1）。また、この三点セットに加え、お漏らししてもすぐ拭けるように、保育室が板張りであることも重要である。

エコニコパンツ導入当初は、生後六か月児より使用を開始していたが、ここ数年は、産休明けで入園してくる生後三か月児からエコニコパンツを使っている。このため、エミール保育園ではおむつをつけている赤ちゃんは一人もいない。エコニコパンツをはかせている方が、おむつよりも、赤ちゃんたちの動きが大変良いということである。ただし、散歩など外出の時は、〇歳・一歳児のみエコニコパンツの中に布おむつを一枚入れ、オーバーパンツ（ビニール製のパンツ）を使用している。しかし、このビニール製オーバーパンツは快適なものではなく、また子供自身で着脱しにくいため、

表 3-1　排泄環境作りの「三点セット」

①	・15 センチ（1 歳前）の台 ・17 センチ（1〜2 歳児）の台	子どもが台に座って，自分でパンツの着脱ができるためのもの．
②	パンツかご	着替え用エコニコパンツがストックされていて，子供が自由にとることができる．1 日使用する数の 3 倍を常に用意している．
③	パンツバケツ	濡れたパンツを自分で入れるためのもの．

保育室にいる時は、一年中、Tシャツにエコニコパンツだけで過ごすことが多い。昼寝の時間も、おねしょマットを布団に敷いて、エコニコパンツのみで寝ている。排泄の自立ができると、保育園のエコニコパンツを卒業して、自分の下着パンツやズボンを着用する。エコニコパンツを使用すると、以下のような利点があると保育士たちは話していた。

①　環境によい（紙おむつ処理後のダイオキシンの問題）
②　着脱などの自立が早い
③　運動発達を妨げない（エコニコパンツは動きやすい）
④　皮膚に快適（紙おむつは皮膚の感受性も鈍らせる）
⑤　経済的に安価
⑥　親にとって便利（保育園で使うおむつやパンツを洗濯しなくていい。パンツやおむつを大量に購入しなくてよい）
⑦　保育士にとって便利（エコニコパンツは、園で管理しているので、「誰のパンツ（おむつ）か」ということをいちいち確認しなくてよい。また、着脱が簡単）

（2）エミール保育園での「トイレット・ラーニング」の考え方と、排泄の自立の実態

エミール保育園では、「トイレ・トレーニング」という言葉は使わず、「トイレット・ラーニング」という表現を使う。この背景にはモンテッソーリの思想があり、子供が主体的に排泄習慣を身につけていくことを大切にしているためである。

生後九か月くらいになるとおまるに一人で座れるようにはなるが、保育士側は、あまり強く意識しておまるに座らせることはさせず、「お漏らしして、パンツが汚れて気持ち悪いから、取り替えようね」ということを伝える程度にしている。そして、一歳を過ぎてひとりで歩けるようになり、言葉もある程度理解できて、おしっこを一時間以上ためられるようになると、トイレット・ラーニングを開始する。

一歳三か月頃になると、「おしっこが出る感覚」を体験させることに焦点を置く。この頃にはエコニコパンツを自分で脱ぐことができるようになるため、おまるやトイレを使うことを意識的に促している。具体的には、「おしっこが出たね」と声かけをしたり、お昼寝後などにおまるに誘って成功したらほめている。一歳半から二歳の頃は、「おまるやトイレへ誘う回数を増やす」時期である。この頃にはそれぞれの子のおしっこのタイミングやサインを保育士が把握して、回数多くトイレやおまるへ誘い、失敗しても決して叱らないようにする。

表 3-2　エミール保育園での排泄スケジュール（一歳児）

・　9：00（登園後）
・　10：30（散歩前）
・　11：30（昼食前）
・　12：30（昼寝前）
・　15：00（昼寝後）
・　16：00，17：30（降園前）

そして、個人差はあるが、だいたい一歳半から二歳半にかけてを「エコニコパンツ卒業期」としている。この時期、おまるやトイレで成功する回数が増えてきたら、普通の下着パンツに切り替えたり、手伝いながらパンツの着脱の練習をしたりする。その際も、失敗しても決して叱らないようにする。

ただ、保育士たちは、さほど強く意識して上記のような排泄の自立への働きかけをしているわけではなく、排泄自立に関わる子供の周囲の環境を整えてあげて、あくまで子供の自発性を促す自然な形で、「トイレやおまるに誘う」「パンツが濡れたらていねいに取り替える」という排泄ケアをしていると言う。そして実際のところ、子供自身でエコニコパンツの着脱ができるようになると、汚れたパンツが気持ち悪いので自ら着替えようとするため、汚れたパンツをつけたままにしている子はほとんどいないという。

たとえば、一歳児クラスにも排泄スケジュールがあり、保育士は一日六〜七回声をかけている（表3-2）。これに関し、保育士は次のように説明した。

「保育園では、毎日、だいたい同じリズムで生活しており、また、摂取する水分量もだいたいどの子も一定なので、おしっこを促しやすいです。もちろん、促す度に、毎回全員がおしっこをするわけではなく、嫌がる子には無理に促しません。ただ、前回促した際におしっこをしていなければ、今回はできるだけ促すなど、子ども一人ひとりの様子や排尿間隔を考慮した上で促しています。」

上記のように進められるエミール保育園での「トイレット・ラーニング」の結果、三歳未満児が排泄を言葉で教えるようになるのは、だいたい一歳六か月くらいからであるそうだ。子供は、「でたー」「ちー」などの言葉で、保育者に伝えにくるようになると言う。早い子では一歳児のうちに排泄が自立し、二歳を過ぎるとほとんどの子が「おしっこ」とちゃんと伝えたり、自分でトイレに行けるようになり、排泄が自立する。

二歳から新入園してくる子で、それまで一〇〇％紙おむつで過ごしてきた子でも、エミール保育園の整った排泄自立環境の中でエコニコパンツを使ううちに、だいたい一～二か月でおむつが外れるそうである。一般的には、「おむつは夏に外し易い」と言われているが、エミール保育園の三歳未満児の保育室内では、一年を通じて下半身はエコニコパンツのみで過ごしているためか、季節による差は特に見られないという。

一歳児と二歳児は同じ保育室内で過ごしている影響もあって、一歳児の中にも、二歳児を真似て自分でトイレに行ってみたり、二歳児と一緒にトイレへついていって、自分も便器に座って排泄してみる子も少なくないそうだ。この結果、一歳児の中でも排尿の自立ができる子が稀にいるという。

このような異年齢児との共同生活からの学びも、排泄の自立を早めることに良い影響を及ぼしているそうだ。

副園長はエミール保育園での排泄の自立の考え方について、次のように語った。

「排泄の自立は、遅くなると時期を失うことがあります。それぞれの子どもには、それぞれの適時があり、園ではその点に十分配慮しています。以前平井信義先生[1]に、『一歳三か月頃になって尿路の括約筋が発達して、脳とのネットワークができるようになると、一時間以上膀胱におしっこを溜められるようになる。』ということを学びました。生後九か月や七か月といった月齢でも、おまるにつれていけばそこでおしっこをしますが、『脳が排泄をコントロールできないときにするのは訓練であり、無理強いすると、退行現象が起きる』とも言われています。そのような理由により、保育園においては、排泄の自立へ向けた環境を生後六か月くらいから整えていきますが、実際におまるやトイレへと声かけしていくのは、一歳三か月くらいからにしています。ただし、それ以前の月齢でも、赤ちゃんが大きい子の真似をして、自主的にトイレやおまるを使用したがる場合には、子供の意思を尊重し、保育士が手助けをしてあげています。」

（3）　エコニコパンツ導入後の子供の変化について

エミール保育園で、産休明けの三か月児からエコニコパンツを使用した結果、子ども達の中に変化が現れたと言う。保育士さんは、次のように語った。

（1）　平井信義（一九一九―二〇〇六）。児童精神医学者。元御茶ノ水女子大学、大妻女子大学教授。

「エコニコパンツ導入前と比較するために、具体的なデータを取っておけばよかったと後悔しています。だから、数字のデータはなくてあくまで印象なのですが、エコニコパンツを導入する一〇年前と比較すると、現場の保育士たちは、園児の排泄自立時期が早まっていると感じています。また、エコニコパンツを導入した際に、現場の保育士たちが一番驚いたのは、子ども達の動きがよくなったということです。おむつを使っていた時よりも、赤ちゃんたちは明らかに活発に動くようになりました。ハイハイしてつかまり立ちして、という行動を何度も繰り返したり、どんどん部屋中を動き回るようになったんです。子ども自身も、股におむつをあてていた時と比べると、快適そうで、うれしそうな様子です。」

二人の子どもを乳児期からエミール保育園に預けてエコニコパンツを使用した母親は、排泄自立の経験について、嬉しそうに語ってくれた。

「エコニコパンツのおかげで、うちの子供たちの排泄の自立は、なんだか気がついたら、いつのまにか家のトイレでできるようになっていた……という感じです。大変だったという記憶がないんです。だから後になって、他の人から『トイレ・トレーニングは大変で、親子にとって、すごいストレス。』っていう話を聞いて、びっくりしましたよ。エミール保育園に子供を通わせることができて、本当によかったです。」

（4）排泄ケアに関する家庭との連携

表 3–3　エコニコパンツ説明文

エミール保育園の「エコニコパンツ」説明文
モンテッソーリ教育をうける 0〜2 歳の子ども用のトレーニング・パンツです．このパンツを使うことによって，子どもは紙パンツ（石油パンツ）の不快さからのがれ，排泄の自立を気持ちよく成功させることができます．紙おむつは処理するときにダイオキシンを出し，地球の環境を汚してしまいますが，エコニコパンツは簡単に洗濯・乾燥することができ，お母さんや，保育園の先生の育児の手助けをします．

エミール保育園では、家庭でもエコニコパンツの使用を勧めているが、現実はなかなか難しいそうだ。三歳未満児が入園する際に、保護者に対して以下のようなエコニコパンツの説明文（表3－3）を渡し、口頭でも利点を説明するが、家庭に帰ると紙おむつを使用する保護者は少なくない。これに関し、副園長先生は、園の基本方針を以下のように語った。

「子育てに対して、すべての理想を追求すると、親が大変になってしまうことがあります。親にとってストレスになることは、子どもにとってもよくないでしょう。子供も親も、どちらもハッピーになる方法はないものか……と考えて、園ではエコニコパンツを導入しました。ただ、各家庭では、それぞれに事情や考え方があると思いますので、園としては、『お家では、お好きな方法でどうぞ。』とお伝えしています。」

家庭における排泄の自立への働きかけが様々な状況にある結果、保育園では保育士に排泄欲求を伝えたり、トイレへ行ったりできる子でも、家庭では親に伝えなかったり、トイレでできなかったりする子が多いという。このような、家庭での排泄の自立への働きかけと、排泄の自立時期との関係について、保育士さんたちは以下のようなエピソードを紹介しつつ、「家庭との連携はやはり大切なので、家庭でのエコニコパンツの普及を勧めていきたい」と語った。

「排泄の自立が遅めのお子さんは、家庭でいつまでも紙おむつを使っていたり、紙おむつが汚れていても頻繁に替えてあげなかったり、あるいはトイレなどでの排泄の促しをやってあげていないために、自立が遅くなっているようです。」

「保護者の方が排泄に関して意識が高くて、家でもトイレへと促したりしていると、トイレで排泄することを学ぶのに時間もあまりかからなくて、おむつが取れる時期が早くなる傾向にありますね。しかし中には、保育園では排泄の自立は完了していて漏らさないのに、家に帰ると紙おむつをあてているケースもあります。『もう、ちゃんとトイレでできますよ。』とお伝えするのですが、保護者の方は『漏らされると心配だから……。』とおっしゃって、いつまでも紙おむつを使用しているご家庭もありますね。」

「お母さんの中には、『親が何もしなくても、三歳になったら自然にトイレでできるものだと思っていました。だから、三歳の誕生日がきておむつをはずしたら、その時から自然にできるだろうと思っていたんです。でも、いざはずしたら、できないんです……。』と焦って相談に来る方もいます。」

「最近は、『おむつは無理してはずさない。早い方がいいけど、母親や子供のストレスになってしまったら精神的によくないから。』という考え方が強いですね。その結果、日本やアメリカなどでは、母親が楽な方に流れていってしまい、三歳や四歳になっても紙おむつをしていることが珍しくなくなった……と言われています。もちろん、おむつを早くはずすことだけが重要ではないし、現代を生きる母親が色々な意味で大変なことは理解していますから、母親に少しでも楽をさせてあげたい……という考えに賛同する部分もあります。でも、ただ『母親や子供のストレスになるから』といって、子供に何の働きかけをしなくていいものではないと思います。排泄の自立は、無理して教え込むものではないですが、だからと言って、大人が何も教えてあげないで、何年もの間、紙おむつの中で排泄させ続けていていいとは思えません。」

「もともと、モンテッソーリの教育は、身体機能を十分に使っていくことを重視しています。だから、子どもが本来持っている身体能力を一〇〇%活かせるように、赤ちゃんの時から周囲の環境を整えていくことが重要なのです。エコニコパンツもその一環です。ただ、エコニコパンツを使っているからおむつが早くとれるようになるのではなく、その他の活動も含めて、身体機能をしっかり育てられているから排泄の自立も早いのだと思います。排泄をコントロールする括約筋が鍛えられるのは、身体全体の動きからくるもので、身体全体の動きが連動しているということが重要です。赤ちゃんには十分な身体能力があるのに、常に紙おむつを使用してしまうことで、排泄を通じたコミュニケーション能力が十分育たなかったり、おむつをつけているが故に動きにくくて赤ちゃんの運動量が減ってしまうといったことも、排泄の自立が遅れる原因になっているのではと思います。身体の様々な機能には、それぞれ『敏感期』というものがあります。排泄の自立に関連する機能にも『敏感期』があります。トイレット・ラーニングは、一般的には生後一八か月が適切な時期と言われていますから、その頃にちゃんと対応してあげると比較的スムーズにできます。でも、その時期を過ぎると、他の身体機能が発達する時期になってしまうので、『敏感期』を逃してからの排泄の自立の学習には、かえって時間がかかってしまうのです。子供に対する排泄の自立への働きかけを『親にとってストレスになるから』といって何もしないことが『楽な育児』なのではなくて、適した時期に適した対応をすれば、本当の意味で『子育てが楽』になるのだと思います。」

1-2　考　察

エミール保育園という「おむつを使わない保育園」における聞き取り調査結果を元に、「赤ちゃんと排泄」をめぐる以下のトピックスに関しての考察を試みた。

おむつが外れる時期

生後三か月からまったくおむつを使わないエミール保育園では、早い子で一歳、平均的には二歳前後で排泄が自立する。エミール保育園のやり方は、生後三か月からおむつをはずして「エコニコパンツ」という布製トレーニング・パンツをはかせ、おもらししたらパンツを交換して清潔にしてやり、一歳を過ぎて歩行ができるようになると、「トイレット・ラーニング」と呼ばれる、子供が自ら学ぶという主体性を大切にした、排泄自立への働きかけと環境設定をする。この結果、二歳前後で排泄が自立するのである。この排泄自立時期は、第2章のインドネシア農村部でのフィールド調査結果と一致する。インドネシアの伝統的社会でも、おむつはほとんど使わずに子育てをする。エミール保育園とインドネシア伝統社会での調査結果から、生後まもなくからおむつをあまり使わずに育てた場合、一～二歳には排泄の自立が確立すると考えられる。

トイレ・トレーニングの開始時期

エミール保育園では、一歳過ぎて、「一人で歩けて、言葉が理解できて、おしっこを一時間以上溜めることができる」ようになるまでは、〇歳児が一歳児の真似をして、自主的にトイレやおまるを使おうとする場合を除いては、「大人が手をかしておまるやトイレでさせることは、基本的によくない」という考えである。副園長先生の以下コメントにあるように、「専門家」による助言を聞いて、そのような考えを持つに至ったと推察された。

「『一歳三か月頃になって括約筋が発達して、一時間以上膀胱にオシッコを溜められるようになるまでは、排泄の自立はできない。』ということを学びました。生後九か月や七か月といった月齢でも、おまるにつれていけばそこでおしっこをしますが、『脳が排泄をコントロールできないときにするのは訓練であり、無理強いすると、退行現象が起きる』とも言われています。」

上記コメントの中での「……と学んだ。」「……と言われている。」という表現に代表されるように、副園長先生のコメントには「専門家による意見を参考にしている」という気持ちが現れていた。おむつを使わないエミール保育園も、「一歳未満児にトイレやおまるで排泄させるのは、子供の発達によくない影響を与える」という、昭和三〇年代から言われ始めた「専門家」の考えを基本的には支持している。ただ、現代の子ども達のおむつがはずれる年齢が遅くなっている現象に関しては、

「母親や子供のストレスになるからといって、排泄の自立について子供に何の働きかけをしないで、何年もの間、紙おむつの中で排泄させ続けているのが正しいとは思えない。」と懸念を示している。

排泄の自立を促す保育環境

一般的な保育園においては、三歳未満児クラスの排泄時間というものは、保育士が「短時間の間に、いかに多くの子どもをおまるやトイレへと促すか」に追われてしまいがちな、慌しい時間になってしまうことが少なくない。そのような中、エミール保育園のような「三か月児からおむつを使わずパンツをはかせる保育園」があると聞くと、「垂れ流し状態で保育室がとんでもないことになっているか、あるいは、保育士の負担がものすごく大きいのでは……。」という疑問を抱くのが普通であろう。しかし、エミール保育園の現状は、まったく違ったものであった。園では、「エコニコパンツ」という一〜二歳児でも着脱が容易なトレーニング・パンツと、子供の自主的な排泄行為を促すトイレ・コーナーの環境設定によって、乳児クラスの排泄時間も保育士の大きな声での号令を聞くこともなく、保育士と子供たちの動きは極めて自然でゆったりしたものであった。また、エコニコパンツが個人持ちではなく園で管理していて、外部業者に洗濯を依頼しているというシステムも、保育士の心理的・肉体的な負担を軽減していると見受けられた。このような環境やシステムの導入は、一般的な保育園でも決して困難なことではなく、三か月児からパンツを使用することも、さほど困難なことではない。エミール保育園での実践が、他の保育園でも応用できる可能性は高いといえる。

排泄ケアとコミュニケーション

エミール保育園では、赤ちゃんの排泄のケアの時間を「大人への信頼関係と清潔感とコミュニケーションを大切にする時間」ととらえて、そして、おしっこやウンチをしたら、「パンツが汚れて気持ち悪いから、取り替えようね。」と語りかけながら、ていねいに取り替えてあげることを大切にしている。〇歳児では、多い時には一日一〇枚くらいのパンツを交換することもあり、その結果、赤ちゃんとの間での排泄を通じたコミュニケーションの機会が自然にたくさん生まれ、また、衣服の交換や体を拭いてもらう行為などを通じて、保育士である大人に触ってもらう機会がたくさん生まれる。こうしたコミュニケーションや、愛情を込めて体を触ってもらう経験は、乳児期にとって不可欠のものであり、そのような育てられ方をしているせいか、多くの園児が落ち着いて伸びやかにしている印象を受けた。

おむつなしと子供の心身の発達

エミール保育園では、赤ちゃんにおむつを使わなくなって以来、赤ちゃんたちの動きが明らかに活発になり、表情や様子も快活になったと言う。このように、おむつからパンツにすることで、身体の動きが良くなって身体機能も発達し、排泄をコントロールする括約筋の発達もよくなり、結果として排泄の自立が早まったり、排泄の学習が短期間でスムーズに終了できたりするのではないか。逆に、おむつを長期間つけていると、おむつによって身体運動を阻害されるために体を十分動かすことができず、括約筋の発達も遅れてしまい、排泄の自立にマイナスの影響を及ぼすのではないかと考えられる。

おむつと母親のストレス

エミール保育園での聞き取り調査でも、「おむつはずしと母親のストレス」が話題にあがった。エミール保育園では、エコニコパンツを園で管理し、洗濯も外部委託するなど、母親の育児労力軽減に配慮している。また、家庭でのエコニコパンツの使用を勧めつつも、基本的には「ご家庭では、紙おむつでも布おむつでも、好きなやり方で育児して下さい。」というスタンスで、排泄ケアに関連して母親がストレスをためないように配慮している。

その一方で、保育園では排泄が自立している子に対して家では紙おむつを使用し続ける家庭や、紙おむつを使用して汚れてもあまり替えてあげていない様子の家庭や、家でトイレやおまるでの排泄を促さない家庭に関しては、子どもへのネガティブな影響を心配する。そして、「『親にとってストレスになるから』といって何もしないことが『楽な育児』なのではなくて、適した時期に適した対応をすれば、本当の意味で『子育てが楽』になるのに……。」と訴える。

このように、保育園として母親の育児ストレスに十分配慮しつつも、「親にストレスのない育児」

を求めすぎる現代の風潮の中で、本当に大切なことをどのように伝えたら理解してもらえるのかについて、エミール保育園でも苦慮している様子であった。

(和田知代・竹田祐子・吉朝加奈)

2 さくらんぼ保育園——三木成夫の生命形態学

この節では、産休明けからの子供をあずかる保育園のうち、「おむつをまったく使わない保育」を実践する埼玉県のさくらんぼ保育園での聞き取り調査の結果を報告する。また、さくらんぼ保育園のような「おむつを使わない保育園」の考え方に影響を及ぼしているといわれる、解剖学者、三木成夫らが説く「生命形態学と内臓感受性」に関する文献研究結果も併せて報告する。

2-1 さくらんぼ保育園——おむつを使わない保育園における聞き取り調査

さくらんぼ保育園は、埼玉県内の、田園や畑が広がる自然豊かな環境に恵まれた場所にある。園舎は広々とした木づくりの平屋建てで、豊かな太陽の光と自然の風が、園内を気持ちよく流れている。一九六七年に、農村部の季節保育所として開設された後、一九七一年に認可園となって現在に至る。二〇〇七年の園児数は約一一〇名で、産休明けの二か月児から就学前までの園児を預かっている。

さくらんぼ保育園では、自然保育を基本としており、「豊かな自然の中で、人間の五感を豊かに発達させ、自立した子供を育てる」ことを基本的な保育方針としている。この保育園の保育士さん二名に対し、二〇〇七年九月に聞き取り調査(1)を実施した。

質問した内容は「赤ちゃんの排泄の世話」「赤ちゃんに対するトイレ・トレーニング」「赤ちゃんの排泄が自立する時期」等である。

（1）おむつなし保育の実態と考え方

さくらんぼ保育園では、基本的に誰もおむつをしていない。これまでも、「赤ちゃんの自由な動きを妨げないように」ということと、「子供の五感を豊かに育てる」という理由から、赤ちゃんが寝返りをうつようになる生後四か月くらいからおむつをはずして布パンツにしていた。しかし現在では、産休明けで入園してくる生後二か月の赤ちゃんでも、おむつをはずして、普通の幼児用パンツをはかせている。そして、おもらしをする度に、家から持ってきてもらっている各自のパンツに着替えさせている。〇歳児であると、一日一〇回前後パンツ交換するそうだ。赤ちゃんがウンチをした時は、保育室横にある簡易浴槽のような場所で、保育士がおしりをキレイに洗ってあげる。

赤ちゃんがおむつをしていないと、おしっこやウンチが出てもすぐにわかって交換してあげられ、「出たね、替えようね、きれいにしようね。」というコミュニケーションが、赤ちゃんとの間で自然に生まれる。さらに、赤ちゃんも気持ちよくなり、快／不快の感覚がよく育つという。

お昼寝中におしっこをもらして布団を汚した場合は、布団を布でよく拭いた後、屋外に出して、太陽で日光消毒し、自然の風で乾かしている。昼寝用布団は、天気の良い日は毎日外で干す。ただ、三〜四か月に一度程度は、家に布団を持って帰って、丸洗いしてもらっている。

現代日本の多くの産院において、新生児に対し、紙おむつが当たり前のように使用されていることを心配するさくらんぼ保育園の保育士は、次のように語った。

「女性は妊娠した時から、自分の体の自然な欲求や、快／不快を認知する感覚を育てていくことは、赤ちゃんを健全に産み育てる上で本当に大切だと思います。それにもかかわらず、赤ちゃんを産んだ産院でいきなり紙おむつを提供されると、もう、そのまま、紙おむつを使ってしまうのです。産院も今、色々大変な状況にあり、そして、産婦さんの負担やストレスを減らしてあげるために紙おむつを使用しているのだと思います。でも、もう少し、生まれたばかりの赤ちゃんの、健全な心身の発達のことも、考えてあげてほしいと思います。」

そのようなさくらんぼ保育園の園児でも、家庭ではおむつを使っているケースが少なくないそうだ。また、保育園の送り迎えの自家用車の中などでも、車のシートや親の通勤服がおしっこで濡ら

(1)　調査手法として、半構造化直接面接による質的調査を採用した。聞き取った話をメモにとり、インタビュー終了後、すぐに内容をWord文書としてデータ化し、要約的内容分析を行った。

されるのを防ぐために、布や紙おむつを使用するケースが多い。

さくらんぼ保育園は親に対し、「赤ちゃんの自由な動きをおむつで妨げないよう、家でおむつを使う時はなるべく布で、それも、一枚布を折りたたんだものを、股のところにあてる感じの布おむつを使ってほしい。紙おむつは濡れてもわからないし、取り替える回数も減るし、石油製品の使い捨てで、環境にもよくないから、なるべく使わないようにしてほしい。」という指導をしている。しかし、やはり便利さ故に、多くの家庭では紙おむつを使用しており、保育園側も、親に対して「なぜ紙おむつがよくないか」をすっきり説明できないことに、もどかしさを感じている。

そのようなさくらんぼ保育園で、数年前に次のような出来事があった。

「保育園で『おむつ懇談会』という保護者会を開いたことがあります。その時、保護者から『この保育園では、〝紙おむつは絶対によくない〟みたいな雰囲気があって、だから、家で隠れてこそこそつかっていますが、仕事を持って子育てしていると、やはり紙おむつに頼りたい時があるのです。』のような本音が出てきて、とてもよい会になりました。紙おむつをただ一方的に『ダメ。』というだけでなく、親の大変な気持ちとかもちゃんと受けいれてあげることは、とても大切だと思いました。」

（2）　トイレ・トレーニングをしない保育

さくらんぼ保育園では、「欲求をちゃんと持てる子、欲求を伝えられる子どもを育てる」ことを重要視している。さくらんぼ保育園が言うところの「欲求」とは、「物質的欲望」ではない。動物として健全に生きていくための本能的な欲求を指す。それ故、排泄についても、人為的なトイレ・トレーニングは一切せず、決められた時間に集団でトイレに行かせるようなことも、「園外活動のためにバスに乗って遠出をする前」などの特殊なケースを除いて、一切しない。「とにかく、ゆっくりゆっくり、丁寧に、人間として健康に生きていく力を育てる」ことを大切にし、その子の自由意志、自立性に任せている。そういう意味で、排泄も、総合的、全人的人間教育の一環と位置づける。

さくらんぼ保育園の、一見「排泄について何もしつけせず、垂れ流し状態にある」かにも見える保育のやり方は、長い間「排泄のしつけをせずに、だらしない。排泄の自立が遅れるのではないか。」と、外部から強く批判されてきたと言う。しかし、聞き取りをした保育士は、「大人が一生懸命トレーニングしてもしなくても、排泄が本当に自立する時期というのはそんなに変わりません。」と結論づける。実際、この「おむつをまったく使わない」さくらんぼ保育園では、排泄の自立（自分でトイレへ行ける、トイレの欲求を周囲の大人に知らせることができる）時期は、早い子で一歳くらい、平均的には二歳前後くらいであると言う。

しかし、そのようなさくらんぼ保育園でも、最近では排泄の自立期が、以前より遅くなっている傾向にあるという。断言はできないが、紙おむつの影響もあるのではないかと感じている。たとえば、保育園ではパンツで過ごしていても、家で紙おむつを長時間つけっぱなしにされている子は、週末明けに保育園に登園してくると、なぜか頻尿になっていて、おしっこをチョロチョロもらすのだという。月曜日と火曜日の間、この「頻尿でチョロチョロ」状態が続き、水曜日くらいになると、また元通り、おしっこをある程度の量ためてできるようになるそうだ。

保育士は、自分の子供（さくらんぼ保育園に通園した）のおむつ経験も話してくれた。彼女によると、子供が一歳になった頃に、布団を濡らされるのを防ぐために、夜寝るときだけはおむつをさせようと試みたそうだ。しかし、おむつをつけられることに慣れていなかったお子さんは、ものすごく抵抗したという。その結果、「こんなに抵抗するのでは、ホントにいやなのだろうから仕方ないね。」とあきらめて、結局夜もおむつをしないで育てたそうである。

もう一人の保育士さんも、三人のお子さん（三人ともさくらんぼ保育園に通園）の育児と家事と仕事で非常に多忙であった時、便利さに負けて三番目のお子さんに対して外出時に紙パンツを使おうとしたところ、二歳近くになっていたその子は、「こんな気持ち悪いものはきたくない！」というような意味のことを言って、紙パンツを投げつけたそうだ。「ああ、この子は、快／不快の感覚がちゃんと育っているのだな（笑）」と納得して、紙パンツを使うことはあきらめたと言う。この保育士の三人のお子さんは、全員、保育園でも家でもトイレ・トレーニングは何もしなかったが、満二歳になる前には、排泄が自立したそうだ。

そして聞き取り調査をした二人の保育士とも、「三歳過ぎても、紙おむつをしたままで、『イヤだ！』と言わない子というのは、自分の体の快／不快の感覚が適切に発達していなくて、自分の体の自然な欲求を認識するという能力が健全に育っていないのではないですか」と心配していた。

2-2 内臓感受性――三木成夫の生命形態学に関する文献研究

さくらんぼ保育園創設者の斎藤公子氏は、「子供の自然な育ち」を大切に考えた保育や子育てを広める運動をされたことで、日本の保育界では大変著名な方である。斎藤氏は、園内の保育活動のみならず、子供の成長と発達のプロセスを幅広い科学の視点からとらえる活動も行なってきた。斎藤氏自身も、子育てや保育に関する多くの書を世に出すと共に、著名な科学者たちをさくらんぼ保育園に招待して、講演会を開催するという活動も行なってきた。これら講演会の記録は「みんなの保育大学シリーズ」（全一三巻、築地書館）として書籍化され出版されている。その一つである『内臓のはたらきと子どものこころ』は、解剖学者の故・三木成夫氏（以下敬称略）が八〇年代はじめに、さくらんぼ保育園で行なった講演を本にしたものである。初版以来三〇年近くたつ本であるが、そこに書かれてある内容は、今の時代でも色あせることなく先進的で、新鮮で、内臓という視点から、人間存在の本質を明らかにした書として高く評価されている。

三木は、ゲーテ形態学とクラーゲス[1]のリズム概念・生命哲学を受け継いで、独自の「生命形態

---

(1) ルードウィヒ・クラーゲス（一八七二―一九五六）。ドイツの生命哲学者、心理学者。

学」を生み出した。[1] 文豪/詩人ゲーテは偉大な科学者でもあり、生涯をかけて「形態学」について研究し、形態学を「生物の器官と形の命名と、生命形態の変容の法則性の解明」と定義した。[2]

（1）食と性の宇宙リズム

三木が説く「内臓感覚」の重要性を理解するには、まず、氏による「生物の体内に宿された食と性の宇宙リズム」について理解する必要がある。三木は、「すべての生物は太陽系の諸周期と歩調を合わせて『食と性』の位相を交代させる。動物では、この主役を演ずる内臓器官の中に、宇宙リズムと呼応して波打つ植物の機能が宿されている。原初の生命球が〝生きた衛星〟といわれ、内臓が体内に封入された〝小宇宙〟とよびならわされるがゆえんである。[3]」と説く。

睡眠・覚醒という一日のリズムに始まり、私たち人間の基本的な生活リズムも、宇宙リズムと呼応している。

「一分間に七〇回の脈拍、一分間に一五回の呼吸、一日に三度の食事と、一度の排便と数度の排尿から、思春期に性にめざめて、結婚して、妊娠—出産—授乳—育児、子どもの自立までのリズムまで、さまざまなリズムが認められる。これらは、それぞれ、心臓・肺・胃・と大腸・膀胱・子宮・乳房といった臓器の拡張と収縮といった運動によって成し遂げられる[4]」

しかし、現代社会に生きる人間は、自然から切り離され、文明化され、便利になった生活のおかげで、どんな動物よりも「内臓の中の食と性の宇宙リズムが乱れている」と、三木は警告する。

三木による生命形態学では、吸収と排出に関わる、つまり「入口」と「出口」に関わる内臓が、最も敏感な感覚を持つとされ、重要視されている。その「出口」にあたる「排出系器官」の中の「膀胱」についての三木の考え方を見てみる。

(2)　膀胱感覚

三木は膀胱の働きについて、「膀胱は直腸と共に、中身が詰まると収縮する。この感覚は、尿意・便意となって意識に上がるが、幼児は、それを自分で覚えるまでに失敗を積み重ねていく。この中身の刺激による内臓筋の収縮は、内臓感覚の一方の柱をつくるが、これを素直に受けとめる感受性は、この時に養われる。」[(5)]という。

おしっこが膀胱に「充満」してくると、それによって膀胱が「収縮」する。「充満」という「内圧」に対して、「収縮」という「逆圧」が増してくる状態になる。これに加えて、いわゆる「禁尿

(1)　後藤仁敏『唯臓論』風人社、一九九九年、八七頁。
(2)　西原克成『内臓が生み出す心』ＮＨＫブックス、二〇〇二年、四五頁。
(3)　三木成夫『内臓のはたらきと子どものこころ』築地書館、二〇〇六年、六七頁。
(4)　『唯臓論』、一六八頁。
(5)　『内臓のはたらきと子どものこころ』、一三頁。

感（したらいけないとガマンする感覚）」と呼ばれる「括約筋」が収縮するから、おしっこが出ていかない。このプロセスが「不快」といわれる状態である。この「不快」の状態は生まれたばかりの赤ちゃんでも感じるわけで、だから、赤ちゃんとしても、わけがわからないが、不快でイライラしてきて、それを体で表現する。

第4章で詳述するが、今回「なるべくおむつを使わない育児」にトライしたお母さんたちから、「赤ちゃんはおしっこが出て濡れて不快だから泣く、と教えられてきたが、実は、おしっこがしたくて不快だから泣くことの方が多い」という報告を受けている。泣く以外にも、バタバタ暴れるなどして表現するという報告もたくさんあった。

この充満／収縮の「不快」のプロセスを経て、膀胱が極限にきた時、括約筋がゆるんで、膀胱の緊張感がとれていくプロセスが「快」の状態である。よってこの放尿感というのは、人間にとって、心の底から気持ちいい、「快」そのものだそうだ。「なるべくおむつを使わない育児」にトライしたお母さんたちからも、「膀胱におしっこがたくさんたまって、それを、〝おむつをつけない状態〟で、勢いよくシャーっと出させてあげた後は、私の顔を見上げて、〝にっこり〟と、すごくいい顔をする」という報告を受けている。

赤ちゃんの膀胱におしっこがしっかりたまり、いらいらしてきて、最後に出して気持ちよくなる。この、不快から快への感覚を繰り返し十分味わうという、地道な訓練が大切で、この赤ちゃん時代こそが、「本当に素直な内臓感覚の感受性が鍛えられる期間である」と、三木は言う。

今回、「なるべくおむつの中で排泄させない」ことを実践したお母さん達から、「排尿間隔が明らかに長くなり、しっかりためて、しっかり出すということができるようになった」という報告をうけている。「おむつの中でさせない」ということが、排尿間隔の延びにどのように影響したのかについてはわからない。今回の研究に参加した赤ちゃん達が、「おしっこをしっかりためて、おむつをしない状態で排泄すると、カラダがとても気持ち良い」ということを学習したのかもしれない。また、「おむつをほとんどつけない育児」を実践したお母さんの赤ちゃんたちは、下半身が直接空気に触れて、その感覚がより研ぎ澄まされ、そして、おしっこをジャーと漏らすと、視覚でも触覚でもすぐに認知できることから、子ども自身が「おしっこがたまった」「おしっこが出た」ということをより強く認識できるようになったのかもしれない。この「おむつなし」の対極にあるのが、「おしっこが出ても、本人も周囲もよく認識できない〝紙おむつ〟」なのであろう。

(3)　内臓感受性

三木は、既述した内臓にある「食と性の宇宙リズムの波」のことを「内臓波動」と呼び、これこそが「生命の根源」「人間の心の根源」と主張する。たとえば季節の移り変わりを見た時に、「桜が咲いたから春」「赤とんぼが飛んだから秋」というのはあくまで「あたま（大脳皮質）」で考えること。しかし、季節の本当の実感は、「はらわた（内臓）」の底から、しみじみと感じるものであるという違いである。事実、情感を言葉で表現しようと思うと、「胸がおどる」「はらわたが煮えくりかえる」「断腸の思い」など、「内臓感覚」の言葉に頼ることが多い。「内臓の感受性を大切に持つことによって、森羅万象に心をひらく自然人に育っていく」と三木は説く。

さくらんぼ保育園創設者の斉藤公子氏は、「三木先生は、子どもが生まれるや、母の乳房に吸いつき、やがて溢れ出るようになった母乳を十分吸い、六か月頃寝返りができるようになるや、畳を這い廻り、異常な好奇心で畳や手にふれたものをなめ廻し、排泄も膀胱から教わって素直に感受できるように育てられたものは、実に内臓の感受性が豊かに育ち、こうした子どもは満一歳頃から呼称音を伴う指差しが出て、やがて、人間だけがもつ強烈な衝動〝遠くがみたい〟という立上がりの衝動で直立をしてゆく、という。これこそ心のめざめであり、人間らしく脳が育ってきたことをみせてくれることであり、その後は一層の好奇心で、歩いていっては〝コレナーニ〟〝コレナーニ〟をくりかえしいうことばの世界を急速にひろげてゆき、思考の世界にはいってゆける子どもに育ってゆくのだ、と話して下さった。[1]」と、三木による本『内臓のはたらきと子どものこころ』の付言に書いている。

(4)「なるべくおむつに排泄させない育児」を通じて「内臓感受性」を育てる

今回、三木成夫を中心とする研究者の文献研究を通して、私たちは、「なるべくおむつで排泄させない育児」がなぜ本質的に大切かという問いに対する重要なヒントが、いくつか得られたような気がしている。

親は、子どもに対し、「幸せになって欲しい」と願う。それは、近視眼的には「いい学校にいって、経済的に安定して……」という願いもあるが、究極的には、どの親も、「健康で、本当の自分を生き生きと、生きて欲しい」と願っているのではないだろうか。この、「本当の自分を生きる」には、本当の自分が何であるのかを、本質的に感じとれることが重要になってくる。そのためには、「生命の本質」が宿る内臓の感受性を大切に育ててあげて、人生の中で迷った時には、頭であれこれ思い悩みすぎないで、あるがままにものを見て、自然と腹の底からわきあがってきた思いに従うことができる子に育ててあげる必要がある。そして、親の方も、マヒしている自分自身の内臓感受性を取り戻す努力をすると同時に、子どものカラダの声が聴けるようなコミュニケーション能力を磨き、子どもが本当にその子らしく生きられるようなサポートをしてあげる必要がある。

そういう意味では、この「なるべくおむつに排泄させない育児」は、内臓感受性を磨く、一つの大きなきっかけになりうるのではないかと考える。

（和田知代）

(1) 三木成夫『内臓のはたらきと子どものこころ』築地書館、二〇〇六年、二〇七頁。

3　「おむつはずし」をめぐる考察

これまで、「現代の保育園と家庭でのおむつはずしの実態」に関し、三つの異なるタイプの保育園（第2章2節、及び本章1、2節）での保育士さんと保護者に対する調査結果を紹介してきた。これら結果を元に、「おむつはずし」をめぐる以下トピックスに関しての考察を試みた。

(1)　おむつはいつとれるのか？

生後二か月からまったくおむつを使わないで保育するさくらんぼ保育園では、早い子で一歳、平均的には二歳前後で排泄が自立する。さくらんぼ保育園では、生後二か月からおむつをはずしてパンツをはかせ、おもらししたらパンツを交換して清潔にしてやり、そしてトイレ・トレーニングも、時間を決めての集団排泄も一切しないで保育する結果、このような年齢でおむつが外れるのである。この時期は、第2章のインドネシア農村部でのフィールド調査結果と一致する。インドネシアの伝統的社会では、おむつは使わずに子育てをする。さくらんぼ保育園とインドネシア伝統社会での調査結果から、生後まもなくから、おむつをあまり使わずに育てた場合、一〜二歳までには排泄の自立が確立すると推察される。

「おむつなし」で育てられた子ども達は、「おむつの中で排泄する」ことをほとんど学習しなかっために、子供の運動能力や言語能力等が排泄自立可能段階に達する時期（現代の医学では「一歳半から二歳」とされている）から、トイレ等での排泄がスムースにできるようになるのではないだろうか。つまり、「おむつなし」で育てられた子ども達にとって、「一歳半から二歳」という時期は、「排泄自立完了期」なのである。

しかし、第2章の、現代の一般的な保育園の保育士さんやお母さん達の話からも明らかなように、現代日本の多くの赤ちゃんにとって、この「一歳半から二歳」という時期は、それまで「おむつの中で排泄する」ことを学習してきた子ども達が、一転、「トイレやおまる等で排泄する」という学習を新たに始める「排泄自立開始期」なのである。そこからの出発であり、しかも、一度学習した「おむつの中で排泄する」という行動を変更しなければならないのであるから、「排泄自立完了」までには、多くの時間とエネルギーが必要とされるのは当然といえよう。

一方、第1章の「高齢者が語るおむつはずしの経験」での結果においても、現在七〇～九〇代の女性が、「自分の子供達のおむつは二歳までにははずれていた」と話している。しかしこれら高齢者の方々は、さくらんぼ保育園やインドネシアの伝統的社会のように「おむつなし」ではなく、布おむつで育てている。そこで、現在と、高齢者の方々の時代とをくらべて、おむつ使用や赤ちゃんの排泄状況に関して異なる点を以下拾い出してみた。

〈七〇～九〇代女性の子育て時代〉

① 一〇〇％布おむつを使用していた

② 布おむつであったため、汚れたおむつを長時間つけたままにしておくことが物理的に不可能であった

③ 歩けるようになる前から、赤ちゃんの様子やころあいをみて、庭や軒先などで、「しーしー」と排泄させていた

④ 赤ちゃんの排尿間隔が、比較的長かった

右記のうち、「①の一〇〇%布おむつ」という点に関しては、それが要因となっておむつが二歳までにとれるかどうかは断定しにくい。今回聞き取り調査をした母親の中にも、「布おむつを使う方が、紙おむつを使うよりも、おむつが取れるのが早い、とよく言われるが、自分の四人の子を布／紙両方で育てた経験からは、必ずしもそうだとは思わない。」と語った人がいる。

また、現代の日本では右記②や③の状況と異なり、「紙おむつでは汚れたまま、ある程度の長時間使用し続けることが可能」「歩けるようになる前の小さい時に、おむつ以外の場所で排泄させるようなことはしない」という状況にある。そのため、「おむつの中でのみ排泄する」という行動がより強化され、その結果、おむつがはずれる年齢が遅くなっているのではないだろうか。

さらに、④の排尿間隔については、今回の調査での保育士のコメントを考慮すると、現代の子の「昔に比べて短い排尿間隔」も、おむつはずれ時期の遅れに影響しているのではと推察する。

・ 排尿間隔が長い子ほど早くおむつがとれる（A保育園）

・ 最近の子供たちの排尿間隔は短くなっている傾向にある（A保育園）

・園でパンツで過ごしている時は排尿間隔が長い子が、週末家に帰って紙おむつで過ごして週明けに登園すると、二日間くらい頻尿状態になり、チョロチョロおしっこを漏らす（さくらんぼ保育園）

(2) 排泄ケアとコミュニケーション

赤ちゃんの排泄のケアの時間は、大切なコミュニケーションの時間でもある。おむつを使わないさくらんぼ保育園では、赤ちゃんがおむつをしていないのでおしっこやウンチが出たらすぐにわかって、一日に一〇回近くパンツを交換する。その際、「出たね、替えようね、きれいにしようね。」というコミュニケーションが、赤ちゃんとの間で自然にたくさん生まれ、また、衣服の交換や体を拭いてもらう行為などを通じて、保育者である大人に触ってもらう機会がたくさん生まれる。このような、体と言葉でのコミュニケーションを通じて、子供は健全に育っていくと考えられる。

(3) 排泄行為と子供の発達

さくらんぼ保育園では、排泄も含めた体の自然な欲求を「とにかく、ゆっくりゆっくり、丁寧に」育てることを重要視している。さくらんぼ保育園が言うところの「欲求」とは、「物質的欲望」ではなく、動物として健全に生きていくための「本能的欲求」である。生まれたばかりの赤ちゃんにとって大切な「本能的欲求」とは、「気持ちよく食べて」「気持ちよく出して」「気持ちよく眠る」

ことに尽きるだろう。この中の「気持ちよく出すこと＝気持ちよい排泄行為」は、非常に重要な意味を持つにちがいない。

そのような視点から見ると、おむつの中に排泄することは、赤ちゃんにとって、どう考えても「気持ちよい排泄行為」といえない。大人にとって、「紙おむつの中での排泄」が気持ちよくないのと同様である。三歳を過ぎて、「しゃべれて歩ける」ようになっているのに、「大人は〝無理な介入〟をしないで、子供が自らトイレにいくようになるまで、子供の〝自主性〟に任せておく……」という現在の風潮が、子供の心身の健全な発達にとって本当に良いのかどうか疑問である。

（4）　おむつと母親のストレス

紙おむつに対する「手抜き子育て」といったネガティブな印象は、ここ二〇年間でかなりなくなってきており、それは紙おむつの普及状況にも現れている。しかし、さくらんぼ保育園のような「自然育児」的な考えが強い保育園では、「紙おむつはよくない」という考えが強い傾向にあり、このことが、働く母親にとってプレッシャーになっている印象も受けた。子供の体の発達や環境問題などを考慮すれば、「できれば紙おむつは使用しない方が良い」のだが、核家族で多くの労働を一人でこなす母親の負担を考えた場合、紙おむつに頼った方が、総合的な意味では良い状況もあるかもしれない。「できればおむつの中に排泄しないことが赤ちゃんには理想だが、それが不可能なときは『布おむつ』、それでも大変な時は『紙おむつ』もいいですよ」というメッセージも、現代日本には必要である。

(5) 産院と紙おむつ

妊産婦に対するその影響力の大きさを考えると、新生児に対して多くの産婦人科や産院で紙おむつが使用されている現状は、もう少し改善できないものだろうか。産婦人科や産院では、産婦の身体的負担に配慮して、赤ちゃんに紙おむつを使用しているのかもしれない。産婦のストレスだけでなく赤ちゃんの健全な発達のために、妊娠中の母親に対する指導時などに、赤ちゃんの排泄に関するいくつかのオプション(おむつをなるべく使用しない方法、布おむつ、紙おむつ)それぞれの長短所や、使い分け方法について説明し、産後入院中にも、母親がこれらオプションから選択できるようなシステムにできると理想であろうが、現在の多忙な出産施設の現状を考えると困難であることも想像に難くない。

(和田知代)

第4章　快適！　おむつなしクラブ
——四〇組の親子による挑戦

1　「快適！　おむつなしクラブ」とは

二〇〇八年に、実際に赤ちゃんのいるお母さんに、おむつをなるべく使わない育児、すなわち「おむつなし育児」を実践してもらいたいと考えた。「快適！　おむつなしクラブ」をつくり、全五回のミーティングやメーリング・リストによって情報を交換、共有することで、実践してもらった。第一回から第五回までのミーティングについて、その内容についてまとめたうえで、参加者から提出された「振り返りシート」を引きながら、現代のお母さんたちの実践について紹介していく。

NPO「自然育児友の会」に協力を依頼し、実際におむつなし育児に挑戦してくれる妊婦や母親を募集した。自然育児友の会には、もともと母乳育児や自然な子育てに興味のあるお母さんたちが多く集まっておられるので、こういった試みにも興味をもっていただけるのではないか、と考えた。募集内容は、二〇〇八年五月から八月に出産予定、または四月末時点で生後三か月未満の乳児がいて、メールで連絡がとれることを条件に、①二〇〇八年四月から九月の間の月一度全五回、東京都国分寺市で行うミーティングに三回以上参加できる（定員一五名）か、②ミーティングには参加できないが、自宅でおむつなし育児を実践できる（定員なし）である。[1] また、おむつなし育児をすでに自分で体験したことがある方も募り、その経験を共有していただくべく、「おむつなし育児体験者」も、同時に募集した。

その結果、①のミーティング参加登録者は二〇名（妊婦と三か月以下児の母親一七名、四か月以上児の母親三名）、②の遠隔地登録者一六名（妊婦と三か月以下児の母親一〇名、四か月以上児の母親六名）、またおむつなし育児体験者五名、合計四一名が集まった。①②すべての登録者には、連絡先やお子さんのことを書いていただくエントリーシート、毎月の経験を報告してもらう月例報告シート、また①のミーティング参加登録者はさらにミーティングごとの振り返りシートを提出してもらった。また、おむつなしクラブ全体の情報共有の手段としてパソコンのメーリング・リストを立ち上げた。

1-1　ミーティング

（1）　ミーティングの形式

ミーティングは、二〇〇八年四月二五日、五月一六日、六月二〇日、七月一一日、九月五日の五回にわたって行い、いずれも東京都国分寺市内の公共施設内にある和室を借り、午前一〇時三〇分から一二時三〇分の二時間程度行った。参加者は毎回研究班メンバーも含め二五名前後である。全員名前シールをつけ、参加者がコミュニケーションをとりやすいよう配慮した。

和室は、大人二五名程度と乳児たちがゆったりと座れる広さであった。また、参加者がよりリラックスし、和やかにミーティングに参加できるよう、お茶とお菓子を用意し、必要があれば、学生アルバイトが子どもの面倒をみることもあった。出入りは基本的に自由であり、穏やかな雰囲気のなかで行われた。

第一回から第四回までが研究班側からの説明やおむつなし育児の体験談、おまるの使い方の実習、そして質疑応答などであり、最後の第五回ミーティングにおいては、参加者自らが、おむつなし育児の「体験者」としてその経験を発表するという形式をとった。

（2）　おむつなし育児体験談の共有

第一回ミーティングから第三回ミーティングを通して合計四名のおむつなし育児経験者に、その体験を話してもらった。

（1）　自然育児友の会会報、二四二号、三六頁。

伊藤恵美子さんの体験談

第一回ミーティングでは二人に、第三回ミーティングでは一人に、おむつなし育児の体験談を話してもらった。最初に、自然育児友の会の理事を務め、現在四人の子どもの母親である伊藤恵美子さんの体験談を紹介する。彼女は、三番目と四番目の子どもをおむつなしで育てた。

「私には高二、中二、小五、三歳一〇か月と四人の子がいます。第三子、第四子で、おむつなし育児を少し体験しました。

ずっと布おむつで過ごしていて、おむつを替えているときに気づいたのですが、泣いた時にはおしっこしていなくて、その後にしたりする。泣き声も『ぎゃぁー』ではなく『ふえー』と泣いて、それでおむつをあけて、おまるに座らせると、おしっこをしながら『ふーん（ダウントーン）』と泣く。まだ首もすわらない子を、両脇から支えて、おまるにおしりだけつくような感じでやったら、『しー』とするんですよ。これはおもしろい！　と思いました。

朝や、お昼寝から起きて泣いた時は、まずおまるにつれていって、そうするとおしっこをして。そうやっておまるでした時は、まとめてするらしく、次のおしっこまでの間隔が長かった。普通一時間ちょっとくらいでおむつを替えていたとしたら、おまるをした後は二時間くらい、おっぱい飲んでもしない。しかもそのうち、朝おまるでうんちもするようになった。赤ちゃんもちゃんときばってするんです、それがかわいくてね。そうやっておまるでうんちをすると、夕方までうんちをしない。うんちおむつの洗濯がないのは本当に楽じゃないですか（笑）。それで楽しくやっていました。

第四子が生まれて、また当然のようにおむつなしをやってみようと思ったのですが、そのおまるは人にあげて処分していたので、小さな器をあててしていましたね。男の子なので、おちんちんの前におくと、おしっこしてくれましたし。

おもしろかったのは、赤ちゃんって、おむつを替える時とか、着替える時とか、逃げまわっておむつやパンツをはくのを嫌がることが多い。あまりにも逃げ回るし、あたたかい時期だったので、ほったらかしでいいやと思ってはかせないでいると、確実に自分でおまるに座っておしっこをするんですね。それが、パンツ一枚でもはかせているともらす。一枚ついているということは感覚的に違うのかなと思い出しているのですが。たぶん、一歳になっての夏。あたたかくなるからいいや、と全然はかせないでいたら、もののみごとに自分でおまるにしてくれ、パンツをはいているともらす、という時期がしばらくありました。」

齋藤朝子さんの体験談

齋藤さんは特に赤ちゃんのうんちを中心に、ご自身の経験を話された。

「赤ちゃんのうんちってびちゃびちゃだとみなさん言いますけど、全然びちゃびちゃではなくて、驚くことに、一本の黄色のうんちがピョンっとでてくるんですよ。ほんとうに一本長いのが。

うんちの時間も大体決まっていて、うちの子は九時ごろでしたが、外にいてもその時間になると、トイレに連れて行ってみて『うぅんして』っていうと、プルプルプルっと出るんです。そうやって一日一回スポンと出てしまうと、もうその後でないという感じです。それがおむつに出てしまうと、何回もでるんですよ。トイレでするようになって、朝でたから絶対夜はないということがわかっていると、夜だから紙おむつを使おうとか思うこともなくなりました。

普段は帯でだっこすることが多くて、アフリカとかの国の方々じゃないですけど、ずぅっとだっこしていると、なんとなくそろそろかなぁという感じがあります。だっこしているから、手をつっこんでおむつを確認しやすいというのもあるのですが、おしりのかんじを触ってみてまだしてないし、そろそろ出そうだからということで、トイレに連れて行けば案の定出るという感じでした。布おむつを使っていると『外出のときはどうするんですか。』とよく聞かれたりもしますが、トイレでさせる生活をしていたおかげで、うんちもだいたい決まった時間にでるから楽なんだっていう気持ちで過ごしています。」

ニド・神津圭子さんの体験談(1)

第三回ミーティングでは、二人のお子さんをできるだけおむつを使わずに育てたというニドさんにお話を聞いた。彼女は祖母の影響でおむつなし育児をするようになったという。

「私と一代おいて、おばあちゃんが育児に携わっていたわけです。あるとき、おばあちゃんが、布おむつに手をつっこんで、(こういうことは、紙おむつですとしませんね。紙おむつは濡れると色が変わりますから) 私に言うんです。『あら、濡れてないよ。洗面器持ってきてごらん』って。このホーローおまるより、大きくて、浅い洗面器を持ってきて、ぺたっと座って、紙をその中に敷いて、赤ちゃんをささげてみる。『しーっ、しーっ』って一生懸命声をかけてみる。まだ出ない。今度は、おばあちゃん、『濡れた布か何かある？』と言いました。ちょうど水を含ませた衛生綿がありましたから、それを持っていく。そして、衛生綿でちょんちょんちょんっと濡らして刺激してあげるんですね。でも、まだ出ない。今度は、おばあちゃん『蛇口をひねってちょうだい』と。流しでチョロチョロチョロと水の音を出します。そうしたら、赤ちゃんが『しゃーーーっ』っとしたんですねぇ。息子はまだ二か月にもならない赤ちゃんでした。」

「あるとき、息子がやり手水を嫌がることがありました。飛行機に乗り、長い時間車に乗り鹿児島に出かけた時です。いつもと違う環境で落ち着けないだけでなく、母親が肩に力が入り手もガチガチにこっていました。お母さんの手が固くなると赤ちゃんはイヤ。それは大人より敏感に感じとります。やり手水をするときは、お母さんの手が柔らかく、気持ちが柔らかくなくてはいけません。」

体験談に対するミーティング参加者の反応

おむつなし育児の体験談を聞くことによって、ミーティング参加者は、具体的なイメージが湧き、前向きな姿勢を示すことができたようである。振り返りシートからは、「『おむつなし』が本当に可能なのかどうか非常に疑問だったのですが、実際それに近い子育てを経験されてきた方の話を伺って、来る前よりも前向きに取り組めるような気がしてきました。」や、「経験者の方々、実践中の方々から聞くお話は、そのまま今の生活に生かせることばかりで、おむつなし生活一週間目にして、

(1)　ピアニストであり、日本舞踊家、「ニドさん」として運動科学総合研究所の「ゆる体操」をはじめとする多くの身体に関わる指導をしている。おむつなしクラブでも、母親がゆったりとやわらかい手で赤ちゃんにふれられるよう「ゆる体操」の指導を行った。

路頭に迷いかけていた自分はかなり救われました。」など、おむつなし育児が現実的な育児方法であることが認識され、経験談が実践に役立つとの声があった。また、「『布おむつって大変でしょー、えらいねー』など、第一子のころによく言われましたが、実際のところは、楽チンだった上に、なんだか洗濯物におむつが並んでいるのが気持ちよかったような気がします。話を聞いて、それよりも、『楽』ができるのか?!　と思うと、ちょっと今からワクワクします。」など、経験談を聞いたことで、おむつなし育児は大変そう、という先入観から解放された人もいたようだ。

そしてなによりも体験談を聞いたことで、「みなさんの話を聞いて、難しいことではなく『自分でもできるかもしれないぞ』という自信が湧いてきました。」「皆さんの話を聞いているうちにできるんだという思いになれました。」「今回のクラブのお話や体験談を聞いて、まず、やってみたい！という思いになりました。」「次の子どもができた際には、挑戦してみたいと思いました。まず、これから娘のおむつはずしに挑戦したいと思います！」等の、おむつなし育児をしてみたいという、積極的な反応がみられた。

1-2　参加者のおむつなし育児体験談

参加者は、実際におむつなし育児を実践するようになり、おむつなし育児体験談の聞き手から語り手へと変化していった。第五回ミーティングでは、四名の参加者が、自らの体験談を発表した。

堀田史絵さんの体験談

堀田さんは、生後一か月の息子さんとおむつなし育児を体験しており、ミーティングでは、息子さんのうんちサインを中心に語っている。おむつをなるべく使わない育児は、参加者の間で「おむつなしライフ（ONL）」と呼ばれるようになっていった。

「ONLは、『タイミングを知る』ことが最初のステップでした。成功しはじめたのはうんちが先。おっぱいをあげてて目が合う。それがサインでした。でも、二か月目になると、いつも目が合うからサインとしては成り立たなくなってきました。そのころから、うんちの回数が減って、三日に一度とか、七日に一度になりました。でも三か月目からは、今度は一日五〜一〇回もするようになりました。うんちの回数が減っても増えても、『おまるでさせているストレスか』と心配してしまったりしましたが、あとで赤ちゃんの肛門の成長によるということを助産師さんに聞いて知りました。うんちは途中からサインがわからなくなりましたが、四か月目は黄金期でした。朝五時半にうんちをすると、そのあと一日しないので、はだかでいても心配がなくなりました。ただ、五か月目になって、朝一では出なくなって、二日に一回だったりと、またタイミングがわからなくなってきています。

おしっこは、寝起きのときに出ます。おっぱいを飲みながらはしなくなってきました。おまるを使うと、安定感が違いますね。ホーローおまるの場合は、少しぶつかったり倒したりしてもこぼれないからいいです。でも五か月くらいからおまるを嫌がるようになったので、洗面台でやってみたりしています。水を流す音に反応しておしっこが出たりもします。

四か月目に夫の実家（福井）で四泊しましたがそこでもおまるを使いました（先に送っていた）。おまるでしている姿を義理の母にほめられていい気分でした。将来親になったときにこんな光景をみたなと思い出してもらえるよう、姪っ子の前でも何度もおまるでさせてきました。帰りの飛行機では、トイレでのおしっこに成功し、五時間くらいおむつをしていてもぬれていませんでした。赤ちゃんでもおりこうだな～と感心。洗面器を使っていた二か月の頃は、洗面器をお風呂場から持ってくるまで待つこともできたし。おむつなし育児を始めるにあたって必要な情報は『ささげ方とタイミング』でした。これがある程度わかっていれば、取り組みやすくなると思いました。」

近藤知子さんの体験談

近藤知子さんは、生後一か月の息子さんとおむつなし育児を体験し、ミーティングでは、息子さんの月齢に沿って、経過を伝えた。

・一か月目

「一回目のミーティングに参加できなかったので、相変わらず我流で時々チャレンジしていました。主にうんちがしたそうな時に、トイレにささげていましたが、補助便座も使わず、私の手に力が入っていたから？　成功はありませんでした。」

・二か月目

「初めてミーティングに参加し、皆さんの成功報告を聞き、衝撃を受けて帰ってきました。ミーティングの次の日から、補助便座を使い、トイレでチャレンジ。初日でいきなり六回成功しました!!　楽しいし、嬉しいし、すぐにハマりました。足をバタバタさせるサインや、おっぱいの時とおしっこの時の泣き声の違いも分かり、二人目の子どもで、ようやく自分が『母親』になれたと思いました。毎日一〇回前後はトイレで成功するようになり、おむつの洗濯枚数が半減しました。まだこの頃、サインがあったら連れて行くスタイルでした。トイレでさせるようになって、それまで便秘気味で出ないときは二、三日おきだったうんちが、毎日出るようになり、二か月になってすぐにおむつなし育児を本格的に始めて、毎日うんちをするようになりました（毎日うんちが出るので、便秘の時にしていた臭いおならが出なくなりました）。また、『汚れてからおむつ替え』から『トイレでおしっこ、うんち』という変化で、おむつを開けた途中でシャーっとして、布団や服を濡らしたり、お風呂でしてしまったりすることがなくなりました。」

・三か月目

「それまでは外出時には、紙おむつでしたが、トイレでの成功率が上がり、自信がついたので、外出時も布おむつにするようになりました。ミーティングで、手のかたさのことを聞き、手をフワっとさせることを心がけてささげるようにしました。すると、外出先の大人の便座でも成功するようになりました。また、サインがあったとき以外にも、三〇分おき位にトイレに連れて行くようにすると、少ない時では、濡らしたおむつが一日二枚まで減りました。」

・四か月目

「暑くなってきて、おしっこの回数が一日二〇回から一〇回前後に減り、『三〇分おきの法則』があてはまらず、最初は苦戦しました。七月下旬に生まれて初めての発熱で、あまりにもグッタリしていたので、仕方なくおしっこはおむつにさせる形になりましたが、うんちはやはり寝ている姿勢では苦しそうなので、トイレでさせました。ホメオパシーで三日目には熱が下がったので、トイレを再開しました。気温が日中三〇度以上で、夜も二五度前後になると、前日一七～一九時の間に、最後のおしっこをしてから、翌朝五～六時まで一〇時間位おしっこがためられるようになり、夜、おむつを汚さなくなりました。暑い日は昼間も四～五時間外出して（最悪トイレに連れて行けなくても）おむつを汚さず帰宅するようになりました。おしっこ、うんちの回数も少ない時で、七～八回なので、おっぱい後に連れて行けば必ず成功し、おむつの洗濯が一日一～二枚の日々が続きました。そして、ついにおむつなし育児を始めて二か月目、息子四か月にして、初めて一度もおむつを濡らさずにすべてトイレでできた日がありました!!」

・五か月目

「実家に帰省したら、冷房が寒く、急におしっこが近くなり、タイミングがわからなくなってしまいました。珍しく五回以上失敗してしまいましたが、実家では布おむつ四枚を回して足りました。実家から帰宅後、冷えでゆるゆるうんちになり、それまで一日一回だったうんちが何度もでるようになって、久しぶりにおむつをうんちで汚され大ショック!!　私も冷えで乳腺炎一歩手前になり、近所のおっぱいマッサージへ行き、初めて和式トイレに挑戦。おしっこは成功しましたが、うんちは足が浮いて踏ん張れないようで、したそうなのに出なかったです。

待望のエコニコパンツが届き、使い始めました。届いた直後から、急に寒いくらい涼しくなり、夜中におしっこをするようになってしまい、日中はパンツ、夜はおむつをしています。寒かった八月下旬はおしっこが二〇分間隔で、忙しいときは、そんなに何度も連れて行けないので、おんぶしながら食事の支度をしたりして、意図的に間隔をあけ、まとめておしっこさせるようにしていました。九月に入り、幼稚園の二学期が始まった今は、おむつなし育児に慣れてきて、変な気負いが抜けたからか、一学期は失敗続きだった朝の時間帯（娘が起床してから、幼稚園に行くまで、ドタバタで息子の都合というよりは、私の都合でトイレに連れて行っていたような気がします）も、失敗しなくなりました。八月に区の家庭菜園が当選し、先日家族で草取りをして、初めて畑でもおしっこデビューしてきましたよ。」

黒沼晶子さん・寺田麻衣子さんの対談

黒沼晶子さんと寺田麻衣子さんは、対談形式で、自らのおむつなし育児体験を語った。

寺田さん　おむつなし育児（以下ＯＮＬ）を始めるまでの育児生活は、単調でつまらないものでした。「育児を言い訳にしない！」と、掃除も洗濯も頑張りました。でも逆に赤ちゃんが孤独だったのかもしれない。育児を楽しむ余裕がなかった。全部ちゃんとやることはできなくて、家事かＯＮＬかの選択で、家事をリストラしちゃいました。

黒沼さん　ＯＮＬって、「赤ちゃんに対して何かしてあげる」ものだと思ってましたけど、自分自身が一番変わりました。「赤ちゃんを見る」という姿勢が生まれて、赤ちゃんの気持ちを汲み取れるようになって。生活が変わりました。アンテナの全部を赤ちゃんに注ぐ感じで。

寺田さん　赤ちゃんの声を聞こうとする姿勢が身についた。動物の親子のように、寄り添ってる。赤ちゃんのはだかライフも浸透して、ノーブラノーパンライフも実践中です。

寺田さん　やっぱり、一人では大変！　社会が育児を優先してないですよね。情報・考え方・生活スタイルが食い違ってる。だんだんお漏らしもショックじゃなくなって。苦労することもあって、

黒沼さん　「ONLを楽しくする工夫」を考えるようになりました。紙おむつから布おむつへの切り替えがハードル高かったです。一回紙おむつに頼ると、切り替えが難しいです。孤独だと辛い！　ONLのメーリングリストで、発信できること、共感できることにとても救われました。研究チームの和田さんがメールに返信してくださったのも、本当に救われました。

寺田さん　誰かが見ていてくれることの嬉しさがありましたね。滝を上る鮭のような気持ちでやってましたから。

黒沼さん　真面目すぎでトライすると辛くなってしまいますよね。気を抜きながら適当にやることが大切だと思います。

黒沼さん　女の子の立ちションで……小夜子は、立ちの方が気持ちよさそうなんです。お風呂場で上手にするんです。小夜子の立ちション便器があったらいいなと思って、こんな感じの（ここで黒沼さんは自分で考案された女の子用立ちション便器の図を提示）。トイレにおいておけば、連れションのときも便利そうだし。外出時は、親子トイレがあるといいですよね。親子で一緒の個室に入って、トイレが大人用子ども用二つあるんです。実際に、茅ヶ崎のジャスコとかにありますよ。

寺田さん　ビデオを作りたいですね。普及活動しているときも、口頭だけで伝えるのには限界があるんですよね。だから、見てわかるようなビデオを作りたいです。また、駆け込み寺や、何でも相談室のような存在があるといいですね。あとは、裸ＯＫの児童館。ぞうきんとおまるは常備してあって。家でトライするのは懸念がある人も、外で気軽にできる場があれば家でも始められる

表 4-1　おむつなし育児からの10の発見

1)	赤ちゃんはトイレやおまるで排泄できる
2)	赤ちゃんは排泄のサインを出している
3)	ホーローおまるはおむつなし育児の「頼りになる助っ人」
4)	おむつなし育児は家事を楽にしてくれる
5)	生後2か月頃から排泄のリズムができてくる
6)	発達段階で，赤ちゃんの排泄状況も大きく変化する
7)	粗相をされるのは段々気にならなくなる
8)	家族や周囲の理解とサポートはおむつなし育児に不可欠
9)	「うんち・おしっこ」で幸せになれる
10)	おむつなし育児で育児の自信がつく

と思うんです。ONLしたことないママにも、お試しできる環境があるといいなって思います。
「赤ちゃんを見ること」がすべてですね。面白い。世の中はマニュアル社会だけど、赤ちゃんを見て、赤ちゃんが羅針盤となって、ONLをやっていけばいいと思います。また、趣味としてのONLで。楽しい範囲で、快適な範囲でやっていくことに意味があると思います。

黒沼さん

こうしたおむつなしクラブのミーティング、メーリング・リストを通じて得られたお母さん達からの様々な情報を元に、次節では「〝なるべくおむつを使わない育児〟の可能性と課題、及び親子関係への影響」についての分析を試みる。その結果、ほとんどの母親が、程度の差はあれ「なるべくおむつを使わない育児は可能であり、また楽しいことである」と感じていることがわかった。

その他、半年間にわたる「おむつなし育児介入研究」中には、お母さん達からさまざまな気づきが寄せられた。これらのうち「一〇の主な発見」（表4-1）について、お母さん達の実際の声と共に報告してみよう。

（守谷めぐみ）

2　おむつなし育児からの一〇の発見

（1）赤ちゃんはトイレやおまるで排泄できる

「赤ちゃんはトイレやおまるでおしっこ／うんちをすることが可能であるのか？」ということに関しては、頻度や程度の差こそあるものの、研究に参加してくれた約四〇名のお母さんのうち「まったくできない」と報告した人はいなかった。

赤ちゃんをトイレやおまるでさせる方法であるが、新生児で首や腰がまだしっかりしていない時期は、「赤ちゃんの体を下から抱きかかえる体勢（大人のひざの上に寝かせて、おまるを下にあてる形も多い）」「寝かせた状態で『尿瓶《しびん》』のような感じでおまるをあてる（ホーローおまるではこれが可能）」「おっぱいをあげながら、おまるをあてておく」などの方法がある。首や腰がある程度しっかりしてくると、後ろから抱きかかえていわゆる「シーシーさせる」ことが可能になる。お座りができるようになると、おまるやトイレに座らせてさせることができる。

では、いつからトイレやおまるでの排泄が可能なのか？　これについては、生まれたその日におまるに捧げておしっこをさせることができた家庭もあったことから、「個人差はあるが、生後すぐから可能な場合もある」といえる。ただし、この家庭のケースでは、第一子（四歳）の子育て経験があり、かつ妊娠中から、研究チームによる「おむつなしクラブ」のミーティングに通って、おまるに赤ちゃんを捧げて排泄させる方法を見て学び、また、「ホーローおまる」を事前に購入して、ご主人と共に人形を使ってある程度練習していた。

一般的には生後二か月頃から、トイレやおまるでさせることが容易になってくる。この時期になると赤ちゃんの排泄のリズムがある程度できてくることや、赤ちゃんの首がすわりはじめるのでおまるに捧げる時の力が少なくてすむ、お母さんも産後の疲れがある程度とれ、赤ちゃんのいる生活リズムに慣れて余裕がでてくるためと考えられる。結局「いつから可能か？」については、赤ちゃんやお母さんの心身の状態や家庭環境で個人差が大きいので、基本的には「お母さんが『やってみようかな』と思った時」がベストタイミングであるようだ。

ただし、生後六か月以降から「トイレやおまるで排泄」をスタートさせた場合は、それまでに「おむつの中でする」ことを学習してしまっているためか、「トイレやおまるでの排泄」がだんだん困難になってくるようである。もちろん、これはあくまで一般的な傾向で、今回の研究に参加した生後六か月以上の赤ちゃんでも、比較的スムースに「トイレやおまるで排泄できる」ケースもあった。

お母さんの声

「赤ちゃんは夜の一一時過ぎに（自宅で）生まれました。最初のおまるは、生まれて、おっぱいを飲み、助産師さんが帰ったあと……たぶん生後三時間経った位だと思います。寝る前におむつが濡れていなかったので、おまるにささげてみました。『シーシーと声をかけたり、濡れた布で刺激したりするといいらしいよ。』と夫に伝えると、夫は濡れコットンをおまたにちょんちょんとつけ『シーシーシー、トートトー』と声をかけ始めました。少し待っていたら、見事おまるに初おしっこ!!　これは感動しました。」（成田あす香さん：亜宮里《あぐり》ちゃん一か月時）

「本などでは、生まれてすぐから洗面器でする子の例など知っていましたが、実際に体験するまでは信じきれてなかったようです。三か月の子が、おまるでうんちやおしっこをすることができるのだなぁと、深い感動にひたりました。そして二歳、三歳までおむつをしている子に対して、今まではなんとも思っていませんでしたが、もしかしたら、親が、大人が、社会が、子どもの本能や可能性をつぶしてしまっているのかもしれないと悲しみと怒りのような複雑な気持ちになりました。その後、毎日、毎朝のおまるや、日中のおまるが成功し、とてもすっきりと用を足しています。」（長尾典子さん：咲太朗ちゃん三か月時）

「満二か月をすぎてから、『おむつなし』がすごく楽になり軌道に乗ってきた気がしています。」（前田由里子さん：夏子ちゃん二か月時）

（2）　赤ちゃんは、できればおむつの中で排泄したくないと思っている

「赤ちゃんはできればおむつの中でしたくない」と感じているらしいということがうかがわれた。

より正確には、「おむつの中でした後の不快感（おしっこの冷たさ／うんちのべっちょり感）がイヤなのではないか」と推察される。

研究期間中に「なるべくトイレやおまるでさせてみる」ことにトライしたお母さんたちの報告から、「赤ちゃんが最も快適そうで機嫌よさそうにしているのは、おむつをつけないでスッポンポンで過ごし、おしっこ・うんちがしたくなったら自分の好きな場所で排泄し、かつ自分の体を、おしっこ・うんちで汚さない状態」であることがわかってきた。「なるべくおむつを使わない育児」を通じて赤ちゃんにとっての「本当の快適性」を理解したお母さんたちの中には、「夜間や、人の家にお邪魔する時などを除いては、自宅ではほとんどおむつを使わない」、まさに「スッポンポン育児」を開始した人たちもいる。夏の暑い時期であったことも影響している。このような家庭では「可能な限りおまるやトイレ、あるいは洗面所、風呂場で排泄させたり、庭のプランターにさせたり……それでもキャッチできない時は仕方なく床に垂れ流し」という方法をとった。「おむつも何もしないスッポンポン状態の方が、赤ちゃんの排泄のサイン等がわかりやすいし、赤ちゃんも快適そうにしているし、排泄の感覚もしっかりする様子」との報告を受けた。しかし、多くのお母さんたちは、日本の一般的な住宅事情により、「家では通常、布おむつをしていて、排泄時はなるべくトイレやおまるなどでさせている」というケースが多かった。

いずれにせよ、研究に参加したお母さんたちから、生後間もない赤ちゃんも、「自分の体を、おしっこ・うんちで汚さない方が気持ち良い（おしっこ・うんちで汚れたおむつをつけていたくない）」、

「おしっこ・うんちは、布や紙に邪魔されないで気持ちよく出したい」ということを本能的欲求としてもっているのではないかと思わされるような報告が相次いだ。

その一つに、トイレやおまるなど、おむつの中でない方が、うんちやおしっこがたくさん出る、一回に何度も出すというものがある。これにより、「赤ちゃんの便秘が改善した」という報告も多かった。

その他、「赤ちゃんは待てる」という報告も多くあった。これは、生後数か月の赤ちゃんがおしっこ・うんちをしたそうにしている際に、お母さんが「ちょっと待っていてね」と声をかけて、おまるをとりに行っている間、トイレへ連れて行くまでの間、あるいはおむつを外している間、赤ちゃんはある程度の時間、待っていてくれるということである。

また、「おんぶ／抱っこされて母親の体に密着していると、排泄間隔が長くなる」という報告も多かった。これは、おんぶ／抱っこされていると、おむつが強く股間に密着した形になるため、そこへおしっこ・うんちをしたら、おんぶ／抱っこされていない状態の時よりも、下半身がさらに不快な状況になるということを本能的に理解しているのではないか……とも想像できる。また、外出時は自宅にいるよりも、おしっこ・うんちの排泄間隔が長くなるという報告も多かった。

お母さんの声

「トイレでするようになって、それまで、三日に一度くらいしか出なかったうんちが毎日出るようになり、

『うんちはトイレでする』と決めているのか……赤ちゃんだって寝た姿勢でうんちするのは辛いのでしょう……おむつでほとんどうんちをしなくなったので、親子共々気持ちがいいです。今までおむつを交換するときに、ピューっとおしっこをしてしまうことがあったのが、トイレでさせるようになってからまったくなくなり、もちろん汚れたおむつも減り、親子共々楽しいですね。」（近藤知子さん：瑠虹《るか》ちゃん二か月時）

「先月（六月）中旬より下痢が続き、一週間まるまる（乳を）飲んではすぐ下痢をしていたが、おまるでほとんどしていたためか、おしりがかぶれなかったので、小児科の先生が驚いていた……後ろから、太ももを持っておまるにさせると腹圧がかかるのか？　うんちはかなりの量が一度に出て、後ろからダラダラと出ないし、寝たままよりもおしっこも勢いがよく、以前より一回の量も多い気がする。」（北山章代さん：翔一ちゃん四か月時）

「うんちは起床後の授乳後におまるにつれていくと自分でふんばり、『うーん、うーん』とする。だいたい、三、四回ふんばって、十分に排便するとその後は翌朝までしない。起床後にしないときは昼前の授乳後などにつれていくと排便することが多い。うんちの後はとてもご機嫌になり、遊ぶ。」（深山史子さん：航太郎ちゃん七か月時）

「すごいと思うのは、赤ちゃんは待てる、ということ。『これは出そう』と思ってから、『ちょっと待って』と声をかけて抱いたまま、お風呂場まで洗面器をとりにいって、リビングに持って来て、おむつをはずして座ってうんちのポーズをとらせるまで、待てたことが三回あった。うんちサインに気づかずに抱いたままぶりぶりされてしまうことはあっても、私がうんちサインに気づけば、ポーズをとらせるまで、待っている気がした。」（堀田史恵さん：広人ちゃん一か月半時）

「外出もおむつなしで綿ズボンが定番です。外出中は本人が緊張していて、うっかり漏らすということが滅多にないので、彼を信頼しておむつなしでやっています。人様の家へお邪魔する等、粗相が許されない場合（今はそういう外出をなるべく避けているのであまりありませんが）だけが、おむつをつける機会となっています。もう九か月なので彼の膀胱もかなりホールドが効くようです。先日は終日野外コンサートへ出かけたけど、粗相なしでした。『おしっこしたいよ〜』って騒ぎ出しても、『今はあのおにいちゃんが一生懸命歌ってるから一曲歌い終わるまで待っててね』と待たせて、曲間に脇の草地へ連れて行ってかがむと即ショー！　と飛ばす、飛ばす！」（寺田麻衣子さん：百祐ちゃん九か月時）

「おんぶしていると『まだ？　まだ？』と聞きたくなるほど、なかなかおしっこしません。それで夕飯の支度中などはおんぶしていました。バタバタしてサインを出しはじめてから下ろして、おまるにのせて間に合います。」（前田由里子さん：夏子ちゃん四か月時）

「ベビーカーや車のベビーシートではよくおむつを濡らしているので、スリングで抱いているのが良いのだと思います。それを実感してから、抱っこで過ごし家事もこなすことが多くなりました。昔の人が言う『子守をしていて粗相がなかった』というのは、ずっとおんぶしていたからなのだと思いました。抱っこの効用に気が付いてから、家でも抱っこで過ごし家事をこなすことが多くなりました。身体は少々疲れますが、娘の排泄に振り回されることがなく、精神的には楽だと思いました。しかし、張り切りすぎてしまったのか、ぎっくり腰になってしまいました。よくよく考えれば、きっと昔の子育ては、母だけでなく父・祖父母・子守・親戚……とたくさんの人が関わっていて、抱っこ・おんぶやトイレもいろいろな人が交代でやっていたのでしょう。母一人で一日中抱っこしてトイレもやるのは無理がある、がんばりすぎないようにしようと、思いを改めました。」（成田あす香さん：亜宮里ちゃん二か月時）

「抱っこしている間はあまり排泄しない。外出していても、抱っこからおろしたときに、ベビーベッド付きトイレなどで、かなりの確率でおしっこしてくれる。」（鳥海千春さん：志成《しせい》ちゃん二か月時）

（3） 赤ちゃんは排泄のサインを出している

まだ言葉の話せない、歩けない赤ちゃんに、おまるやトイレで、コンスタントに排泄させられるようになるには、赤ちゃんの排泄のサインやタイミングがある程度わかるようになる必要がある。これについても、赤ちゃんが、実に多様なサインを出していることがわかった。その中には、「泣く」というサインを出す赤ちゃんも多かった。このことから、これまでは「赤ちゃんはおしっこ・うんちが出て不快だから泣く」と思われていたけれども、「おしっこ・うんちがしたいから泣く」こともあるのだとわかった。

今回の研究で報告されたサインとしては、以下のようなものがある。

・泣く／甘えた声で泣く（眠たいときほど甘え声ではないが）
・おっぱいを飲んでいる時に、乳首をくわえたり、離したりし始める
・おっぱい／抱っこ／おんぶ中にバタバタあばれ始める
・目が合う
・またのあたりに手をあてる
・おっぱい中にばたばたあばれる

・お喋りで訴えたとき

ただし、このようなサインは月齢と共に変化するため、「先月まで使えたサインが今月は使えない……」ということも報告された。また、サインには個人差があり、サインの分かりやすい子と、そうでない子がいる。あるいは、「先月は分かりやすかったが、今月はよくわからない」というケースも少なくない。

おまるやトイレに捧げてうまくキャッチできる一般的なタイミングとしては、以下のようなものが挙げられた。また、赤ちゃんの中には、「サインもタイミングもわかりにくい」子もいる。

・朝や昼の寝起き後（特に朝起きてすぐのうんちはキャッチできる確率が高い）
・おっぱいを飲んで一五〜三〇分後（月齢や個人で差がある）
・外出先からの帰宅後
・おっぱいを飲みながら（新生児）
・ある程度の時間おんぶや抱っこしていて、降ろした後

特筆すべきこととしては、なるべくおまるやトイレでおしっこ・うんちをさせようと、赤ちゃんをよく見ていると、だんだん、直感的に「あ、でるな……」とわかってくるお母さんがいるということである。

お母さんの声

「一人目のときは『泣く＝おっぱい、もしくはおしっこをした後』と思っていましたが、（そう思っている、お父さん、お母さん、おじいちゃん、おばあちゃん、シッターさんも多いはず）泣くのは、おしっこ、うんちがしたいから、がほとんどなのですね。赤ちゃんの本当の欲求がわかるようになったのは大きな学びでした。夜中も一～二回泣いて起こされトイレでおしっこ。寒いし、眠いし、夜中のやり手水（だっこしてトイレでおしっこさせること）は大変ですが、おむつをぐっしょり濡らされ冷えるよりはいいですし、おしっこしたくて泣いて教えてくれるなんて賢いですよね。」（近藤知子さん：瑠虹《るか》ちゃん七か月時）

「おっぱい中にばたばたあばれる、抱っこ中に泣いたらおしっこということ、昼寝後におむつがぬれていても、おまるに座らせれば残りがでる可能性がある。」（堀田史恵さん：広人ちゃん四か月時）

「今まで、『目が合うな』と思うと、うんちのことが多かったが、生後二か月にもなると、うんち以外でも目が合うようになってきた。目が合って、笑って、コミュニケーションがとれるように。結果的に、うんちサインとしては、『目が合う』が使えなくなってきた。」（堀田史恵さん：広人ちゃん二か月時）

「トイレを教えてくれるように。したくなると、おまるか、トイレの扉をたたいて、私を見て、にこっとする。『私を見てにこっ』がないときは、関係ない。おまるがたまたま定位置になかったときは、かわりにたたんだおむつに触れたり、私が無反応だと、トイレまで行ったりしたことも……毎回教えてくれるのかな……と思ったが、そううまくはいかなかった。時々、という感じ。でも、八か月の子がここまではっきり、トイレでしたがること、それをこんな風に教えてくれるんだということがわかり、その結果、サヨコのもっとわかりにくいサインも、見えるようになってきた気がする……サインを見逃してばかりの鈍い親としては、あんな風に、『私、こうやって教えることできるんだよ』と見せてくれたことが、本当にうれしい。そして、八か月の赤ちゃんの能力を改めて尊敬。ちっちゃくて、しゃべれないけど、筋道立てて考えて伝えようとする。なんて利口な子だろう（親バカ）。『なるべくおむつで排泄させない育児』を通じて、赤ちゃんをしっかり見るようになり、見えていなかった能力が見えてきた、ということなんでしょうね。」（黒沼晶子さん：小夜子ちゃん八か月時）

「自分がおしっこしたいなーと思ったときにおまるに捧げるとかなりの確率でおしっこしてくれます。これが報告でみた、アフリカのお母さんの感覚なのかと思いました。」（宮田さん：敬太郎ちゃん五か月時）

「広人を足元で遊ばせていたら、臭う感じがした。寺田さんが、『うんちがどのへんまで降りてきているか臭いでわかる』と言っていたのを思い出しつつ、トイレにつれていったら、出た。においに敏感になろう、と思った出来事だった。また、太ももに座らせていた広人のおしりのほうが、じわーっと生暖かくなったことがあった。おしっこかと思ったけど、何も出てなくて『何だろう』と思いつつそのままにしておいたら、おしっこが出た。あれはおしっこが出る前触れだったのだと思う。『何だろう』と思ったのならトイレにつれていけばよかった。これからは、もっと五感を総動員して対処しようと思う。」（堀田史恵さん：広人ちゃん六か月時）

（4）　ホーローおまるはおむつなし育児の「頼りになる助っ人」

この研究を通じて「赤ちゃんになるべくおまるやトイレでおしっこ・うんちをさせる」試みを開始した当初、それに適したデザインのおまるがないことが悩みであった。新生児でも、トイレで捧げて排泄させることは可能であるが、新生児でも利用可能なおまるが手軽にあると、なお良い。「研究チームでデザインするべきか……」という話も出てき始めた頃、「快適！　おむつなしクラ

図 4-1　ホーローおまる

ブ」の月例ミーティングに、「おむつなし育児経験者」として話をしにきてくれたお母さんからの紹介で、「ホーローおまる」に出会った。

この「ホーローおまる」は、シンプルでコンパクトなデザインではあるが、生後間もない赤ちゃんを抱っこして「捧げておしっこ・うんちさせる」ためのおまるとしては、大変機能的にできている。また、まだ首が座らない赤ちゃんに、寝たままでお尻にあてることで、おしっこ・うんちをキャッチしても逆流しない作りにもなっている。取っ手もついている。ある程度首や腰がしっかりしてきたら、大人のヒザの上に抱っこして捧げることも可能であり、また、座れるようになったら腰掛けて使用することも可能である。さらに、慣れれば、生後間もない赤ちゃんの授乳時に、お尻にあてて、おしっこ・うんちをキャッチすることもできる。小さくて取っ手がついているので、おしっこ・うんちをキャッチ後に、トイレに流す手間も簡単である。シンプルでコンパクトなデザインで、部屋の片隅においても存在感を感じず、それでいて、一般的なプラスティックおまるにない暖かみがあり、なかなかチャーミングである……と、よいことばかりで、「これぞおむつなし育児の救世主！」であった。

唯一の難点は、無駄のないコンパクトデザインであるが故に、赤ちゃんがこれに腰掛けて用を足す場合は、大人が近くについていないと、子供がおまるの上で動いたりした時に、ひっくりかえってしまう可能性があることくらいである。さっそく研究に参加しているお母さんに紹介したところ、多くの方々が購入し、評判は上々であった。

実はホーローおまるの歴史は古く、日本でも戦前は、このおまるが主流であり、ヨーロッパでも使用されていた文献が見つかるなど、広く使用されていたことがわかってきた。昭和一二年発行の雑誌『主婦の友』中に「おむつを用ひないで済む赤ちゃんの育て方」という特集記事があるが、この中の挿絵に、寝ている赤ちゃんのお尻を持ち上げて「図のように便器をあてがい、うんうんかけ声をかけてやります」という記述がある。この「便器」といわれるものが何であるのか、最初はよくわからなかった。これが、「ホーローおまる」であった。戦後はプラスティック製品の普及と共に、ホーローおまるもほとんど使用されることがなくなり、現在は、ごく一部の保育園などでトイレ・トレーニング用に利用されている。

お母さんの声

「おまるを購入。例のホーローのもの。洗面器と違い、安定感があり、また深さがあるので、おちんちんの先まで隠れるように斜めにしていれるとおしっこもこぼれず、とても快適。」（堀田史恵さん：広人ちゃん三か月時）

「（ホーローおまるが）まず小さくて軽いことにびっくり！　七か月半の男の子ですが、お尻の先をおまるに入れてもおちんちんの前に十分な隙間が空きます。上向きにおしっこが来そうで！　危ない！　ときはおまるの口を心持ち自分たちのほうへ傾けて（赤ちゃんはそのままの角度で）すればまったく安心です。口のカーブがなんともいい塩梅なので、飛び散ったりすることはありませんよ〜。終わったら、お風呂の残り湯を汲み入れてトイレに流してお仕舞いです。小さくて軽くて丸いので、親にとっては扱いやすくて、赤ちゃん側でも気に入ってくれていますよ。」（寺田麻衣子さん：百祐ちゃん七か月時）

（5）おむつなし育児は家事を楽にしてくれる

まだ歩けない赤ちゃんに「なるべくトイレやおまるでおしっこ・うんちをさせる」という行為は、「手間がかかって大変ではないか……」というイメージでとらえられている。しかし、今回の研究で実際にトライしてある程度安定して「トイレやおまるでおしっこ・うんちをさせる」ことが可能になったお母さん達は、「おむつを洗う枚数が減り、特に大変な『うんちおむつ』の後始末をほとんどしなくてよくなって、家事が楽になった！」とまず報告してきた。うんちをおむつでされると、赤ちゃんのお尻がうんちだらけになり、運が悪いと、服や布団などにもはみ出して汚れて大変な後始末をした経験は、皆、持っている。トイレやおまるでさせることにより、そういった大変さからは解放されるのである。

お母さん達からの報告によると、うんちをトイレやおまるでキャッチすることは、おしっこをキャッチするよりもはるかに確率が高いとのことである。「おしっこのキャッチは日によっては上手くいかないこともあるが、うんちのキャッチは九〇％以上、うまくいっている」という報告も多かった。

しかし、ここで気をつけなければいけないのは、おむつなし育児のポイントは「赤ちゃんの排泄の欲求に応える」というコミュニケーションのプロセスにあり、「トイレやおまるで」という「結果」を気にしすぎると、親も赤ちゃんも追い詰められて辛くなってしまい、「結果」も上手くいかなくなる。研究に参加したお母さん達は、色々な試行錯誤の末「洗うおむつの数が、一枚でも減ればラッキー！……というくらいのゆったりした気持ちで、トイレやおまるでさせる方が、結果として上手くいくようだ」と報告している。

お母さんの声

「保健師さんに『赤ちゃんを頻繁にトイレに連れて行くのはつかれませんか？』と言われましたが、おしっこやうんちをおむつにされるまで待ってて、汚れた大量のおむつを洗濯する方が憂鬱です。」（近藤知子さん：瑠虹ちゃん三か月時）

「（トイレやおまるでさせる育児が）安定稼動に入ると、ほとんどおむつが濡れないので、毎日のおむつ洗濯の労苦から解放されて、人生を取り戻した気持ちです。毎日大量に洗っていたのが、今では一日おきに一〇枚程度に！」（寺田麻衣子さん：百祐ちゃん七か月時）

（6）発達段階で、赤ちゃんの排泄状況も大きく変化する

生後スグから一歳くらいまでの月齢の赤ちゃんたちの様子を報告していただく中で、赤ちゃんの成長と共に「排泄状況」「排泄ポーズ」「排泄場所」などが変化していることが明らかになった。

個人差はもちろんあるが、一般的な傾向としては、生後二～四か月くらいまでは、おまるやトイレでのうしっこ・うんちが、比較的容易にできる。しかし、生後四～六か月頃の、首や腰がしっかりしてくる頃から、おまるやトイレですることを嫌がるようになる時期が訪れるようだ。この時期が訪れると、参加メンバーたちは場所を洗面所やお風呂場、ベランダのプランターなど、柔軟に変えたりしてなんとか乗り切っていた。「トイレ・おまるイヤイヤ期」というのは、一時的で終わる場合もあれば、長く続く時もあり、また、終わった……と思ったらまた始まった……という場合もあり、その子によって様々である。

赤ちゃんのケアをする大人が「『なんとしても、おまるやトイレでさせたい。おむつの中でさせたくない。』という気持ちが強くてリラックスしていないと、赤ちゃんの抵抗も強く長くなる傾向にある……あきらめて、そういう気持ちを捨てたら、またトイレやおまるでしてくれるようになった」という報告も少なからずあった。

既述した、「赤ちゃんにとって最も幸せなのは、おむつもパンツもつけないでスッポンポンで過ごし、おしっこ・うんちがしたくなったら自分の好きな場所で排泄し、かつ自分の体を、おしっ

こ・うんちで汚さない状態」であることを忘れないことが、大切であるようだ。

また、生後三か月前後になって寝返りができるようになると、うつ伏せ寝状態での排泄が好きになってきて、うつぶせになった途端におしっこ・うんちをしてしまい、おまるやトイレでキャッチできなくなることが増えてくる。これは、うつ伏せの方が、仰向けの状態よりも、腹圧がかけやすくなるためではないかと推察される。

さらに月齢が進んで、つかまり立ちできるようになると、立った状態での排泄（立ちション、立ちウンチ）を好むようになる。これは、男女を問わず共通している。おそらく立ったままの排泄というのは、内臓にかかる圧力が最も少ない快適な状態でできるため、かつ、立っているために体が排泄物で汚れにくいためではないかと考えられる。

お母さんの声

「……時には機嫌が悪くおまるを嫌がることも出てきましたが、どんなに『今日はうまくいってないな』と思っても最低五回は成功しているので、『まあ、そんな時もあるか』とあまり気にせず、マイペースに取り組んでいます。」（泉祐子さん：愛花《まなか》ちゃん四か月時）

「寝返りが上手になって、とにかく腹ばいになりたがり、長い時間腹ばいするようになってきたので、圧力がかかるらしく、必ずおしっこがでてしまうようになり、バスタオルを布団の上や床の上にしいて寝かせたり、遊ばせたり……。」（北山章代さん：翔一ちゃん五か月時）

「寝返るようになってのうつ伏せで遊びながら『シャーー』『ブリブリ〜』というパターンもお気に入りで、固定化しつつある……コマッタ。おむつなしでフルチンでも、おむつをしていても同じ。仰向けではせず、必ずうつぶせになってする。」（末吉奈緒子さん：啓太《けいた》郎《ろう》ちゃん三か月時）

「一〇日間ほど（トイレやおまるの使用が）うまくいかない日が続いて、私も半分あきらめかけてきたころに、授乳後長めにおまるに座らせると、うんちが出ることに気づきました。あきらめかけていたので私も力が抜けていたのだと思います。長めにおまるに座ってもらうために、歌ったり『今日も暑いねぇ』とか掛け声以外の話しかけもするようになって、だんだんと子も私もリラックスしておまる時間を過ごすようになってきました。悩んでいた寝返りうんちも、授乳後の排泄がリズムに乗り出してからほとんどなくなりました。今は寝起きと授乳後というタイミングで排泄させています。それで大体うまくいっており、少ない日は二〜三回の粗相で済む日もあります。」（谷岡智美さん：翠ちゃん五か月時）

「いろんな音や物に興味津々なので、本当にしたい時でないとなかなかおまるにじっとしていてくれません。おまるにささげると、すとんと座り、用を足してくれていた、用を足すことだけに集中していてくれた頃が懐かしいくらいです。今では、おまるを叩いたり、足をトントンしてみたり、何でもかんでもしたい様子です。」（長尾典子さん：咲太朗ちゃん七か月時）

「自分でおしっこするときは、たいてい決まった場所で、つかまり立ちでしている。また最近、突然、夜泣き？　が始まる。夜中に二回ほど、ひどく泣きわめく。股に手をやる様子は、オシッコしたいようだが『おまるに座らせられるのはゼッタイ嫌だ』と訴える。横抱きにしても、『させよう』とするとだめ。すごい泣き方になる。風呂場で、立って抱っこしながらさせるしかない。オシッコが出ると、とたんに落ち着く。『おしっこしたくて、夜中に目が覚めて、でも、どうしていいのか分からない』といった感じ。……

朝、目が覚めたときは、風呂場に連れて行き浴槽につかまらせてみた。すると、上手に前に飛ばして立ちションし、嬉しそうな顔で『にっこり』と、私を見上げて笑った。トイレやおまるより、断然、『風呂場で立ちション』がいいらしい。とてもいい顔をする。習慣づいたら困るとも思うが、（家の）外ではトイレでしているし、幼児期くらい、家で立ちションしていてもいいかな、と。それがきっと、彼女にとっての気持ちのいい排泄なのだろう。存分に、気持ちよさを味わわせてやることが大事だと考えることにした。」（黒沼晶子さん：小夜子ちゃん一〇か月時）

（7）粗相をされるのは段々気にならなくなる

赤ちゃんの様子をよく観察し、「なるべくおむつの中で排泄させない育児」をしていると、お母さんたちの多くは「赤ちゃんにとって最も幸せなのは、おむつもパンツもつけないで、おしっこ・うんちがしたくなったら自分の好きな場所で排泄し、かつ自分の体を、おしっこ・うんちで汚さない状態」であることに気づくようになってくると言う。そして、「……でも、そうさせてあげられない今の日本の住宅事情」に、優しいお母さん達は程度の差はあれ、悩んで心を痛めるのである。

そんなお母さん達の中には、意を決して、「夜寝る時や他人の家へ行く時」を除いては、生後一年未満の赤ちゃんにおむつをつけずに、あるいは、おむつの代わりに幼児用の布パンツをはかせて、育児を始めた人も少なからずいる。中には、夜寝る時もおむつをさせないで、濡れても良い敷物を布団の中に敷いたりして育児するようになった人もいる。そのような方法の育児をしていると、トイレやおまる等でキャッチできる時も多いが、「一〇〇%」というわけにはいかず、当然、「おもらしして、床や畳・カーペットを汚してしまう」事態が発生する。ところが、不思議なもので、「赤ちゃんが床をうんちやおしっこで汚してしまう」ことは、慣れてくると、当初よりも気にならなくなると言う。また、「なるべくおむつで排泄させない育児」を通じて、赤ちゃんのおしっこ・うんちに正面から取り組むようになった結果、以前よりも「おしっこ・うんち」が、「不潔で嫌なもの」ではなくなってくるのだと言う。

しかし、そうはいっても、やはり多くのお母さん達にとって、日本の住宅環境で「おしっこ・うんち」を床にされると、後始末は大変であり、できれば避けたいと考える。そこで、お母さん達は、赤ちゃんの快適性と、自分の生活の質のバランスを最大公約数的に保つために、以下のような色々な工夫をした。

- 古布／防水布などをあたりに敷いておく
- 「漏らしてもOKな部屋／OKなスペース」と腹を決めて、そこにいるときはおむつを外してあげる
- 「漏らしてもOKな時間」を決めて、その時間はおむつを外してあげる
- 赤ちゃんや自分の体調が悪い時は、「おむつなし育児」は中止する

お母さんの声

『『裸育児』の本を読み、また、暑くて可哀そうなので（八月）、家ではほとんど裸んぼか、オシリ丸出し。丸出ししていても結構平気でおしっこやってくれる。でも、サインはおもしろいほどわかるようになった。排尿間隔記録をつけることで、時間的な要素とサインをあわせると、かなりよく分かる。でも、目を離したときや、間に合わなくてしてしまうことはまだまだ多く、タタミはもう大変な状態。あまり気にならなくなったけど……。」（黒沼晶子さん：小夜子ちゃん一〇か月時）

「おまるにささげているときは、すべての動きをとめて踏ん張ってうんちする姿がとてもかわいいですが、うっかり排泄サインを見逃してしまって何度も床に排泄されてしまう事態が発生し、困りました。そこで、みなさんの意見を参考に、七月一七日からは粗相をしてもフローリングの床に飛びションウンチができるように、座布団を移動して寝かせるようにしてみました。座布団には、汚れてもいい布を敷いておきました。粗相をしても、床なら『拭けばいいので簡単』とようやく思えるようになり実践してみました。」（西山由紀さん：義堂《ぎどう》ちゃん三か月時）

（8）　家族や周囲の理解とサポートはおむつなし育児に不可欠

研究に参加してくれたお母さん達の報告から、頻度や程度の差はあるものの、「なるべくおむつで排泄させせない育児」は可能であり、慣れて生活のリズムになってしまえば難しいことではなく、「逆におむつを洗う枚数が減って家事も楽になる」などの、多くのメリットがあるという報告を紹介してきた。同時に、「なるべくおむつで排泄させせない育児」を継続的に実施していくには、家族や周囲の理解とサポートが不可欠であることも浮かび上がってきている。

現在、日本の多くの家庭は核家族であり、生後間もない赤ちゃんがいる家庭では、昼間お母さんが一人で育児をしているケースがほとんどである。このような状況の中、お母さんにかかる家事・育児の労働負担は大きい。諸事情でお母さんが「なるべくおむつで排泄させない育児」をできない時に、代わりにやってくれる人がいると理想であるが、現実的には困難な場合が多い。お母さんがどうしても忙しい時、お母さんの体調が悪いときなどである。また、体調が悪い家族（実親や義理の親など）がいて、お母さんがそのお世話をしている場合も、赤ちゃんに十分な注意を向けることが物理的に難しくて「なるべくおむつで排泄させない育児」の継続実施が困難になってしまったケースもある。

家族や周囲のサポートという意味で欠かせないのが、夫の理解とサポートである。今回研究に参加してくれたお母さん達のご主人の中には、当初「なるべくおむつで排泄させない育児」などという「得体の知れない？　育児方法」に否定的な方も、当然いらっしゃった。「夫が理解・協力してくれなくて、自分ひとりでやっているので大変」という報告も少なからずあった。このようなご主人を、どうやって味方につけていくかについて、一時、お母さんたちのメーリング・リストで話題に上ったことがある。その時の結論は、結局、「ご主人を責めず、焦らずに、『なるべくおむつで排泄させない育児』の良い現実を見てもらって、時間をかけて理解してもらうしかない。」であった。実際、「なるべくおむつで排泄させない育児」を各家庭で開始後、数か月経つと、ほとんどのご主人は、「なるべくおむつで排泄させない育児」の利点を理解し、自分でもトイレやおまるにささげてみて成功すると、さらにモチベーションがあがり、協力的になっていったそうである。実親や義理の親など、夫以外の家族の場合も、同様であった。

「なるべくおむつで排泄させない育児」で育った赤ちゃんの月齢が上がってくると、次に重要になってくるのが、保育園の理解とサポートである。残念ながら、現代の日本において、「なるべくおむつで排泄させない育児」を実践する保育園はほとんど存在しない。第3章で紹介した「エミール保育園」や「さくらんぼ保育園」は、非常に特殊なケースである。実際、生後まもなくから「なるべくおむつで排泄させない育児」を始めてうまくいっていたが、保育園入園と同時に、継続が困難になってしまったケースもあった。逆に保育士とのよりよいコミュニケーションのきっかけとなり園で対応してもらえたケースもある。

お母さんの声

「ぼーっとしていた朝、階段から落ちた。三日目くらいに腰が痛くて広人をおんぶできなくなって母にSOS。母は五日間いてくれた。私がタイミングを教えておいたら、言わなくてもそのタイミングでさせてくれるようになり、出先の喫茶店でも成功。かえってきてからもおむつをぬらさず、（母のおむつなし育児も）かなりうまくなっていた。また（母が広人を）おんぶをしていると色々わかるようで、『おならが出たからうんちが出るかも』とつれてきて、そのときには私がトイレに座らせてうんち成功。母にやって

もらえばよかった（そしてさらなるやる気につなげればよかった）、と反省。」（堀田史恵さん：広人ちゃん六か月時）

「一〇月後半、娘のおたふく風邪が、私にもうつり（発熱三九度）、その時は、六か月の息子をトイレに連れて行くのがつらかったです……八キロの息子が暴れると尻もちをついてしまうし、微妙にタイミングが遅かったりして、夫のいない昼間に誰か、『やり手水（トイレやおまるでおしっこ・うんちをさせること）』のできる人がいてくれたら!!　と思いました。」（近藤知子さん：瑠虹ちゃん六か月時）

『布おむつで育児したい』と主人に伝えると、『そんなこと聞いてないよ』と嫌な反応。『おむつなし育児ってあるから私も挑戦したい』と話すと、また、嫌な反応。そこからスタートしましたが、『おしっこしたくて泣いてるよ』と私が主人に話し、本当におしっこすると主人はびっくりしてました。その頃から主人も布おむつを嫌がらなくなり、うんちをしてもトイレでうんちを洗い流してくれたりするようになりました。」（伊藤朱美さん：琉成《りゅうせい》ちゃん二か月時）

「生後一か月のころから、おまるやトイレでさせていました。毎日様子を見て、順調にきていました。息子も私がトイレにささげると、みずから力をいれておしっこをしようとしているくらいにまでなり、一日の布おむつ使用量は一、二枚、夜のみ、というかんじでした。しかし今では、夜の授乳時に起きてきた時にするくらいで、昼間はほとんどできません。挫折の理由は仕事の開始です。秋頃より仕事をはじめ、保育園（生後五か月から）にあずけることになりました。保育園では紙おむつで、やはり感度が劣るのか、いまでは休日にささげても昔のようにはいきません。仕事の疲れもあり、なかなか昔のように息子のサインを見て……ということができなくなってしまいました。」（宮田さん：敬太郎ちゃん九か月時）

「今、困っていることは、赤ちゃんをトイレにささげられる保育関係者がいないこと。息子を妊娠してから、ベリーダンスのレッスンを託児付きレッスンに変えたのですが、シッターさんは息子が明らかにトイレに行きたくて、泣いていても、トイレでさせることができない。させ方を実技試験とかにして欲しいですね。そして、将来『うちの子は三〇分おきにトイレに連れていってくださいね』と、気軽に頼めるようになったらいいなぁ。」（近藤知子さん：瑠虹ちゃん七か月時）

「パンツ・ライフは順調です……保育園の先生でも（おしっこ・うんちの）サインが分かる方が出てくるようになり、その先生がいれば大体成功です。ベテラン先生は『じっとこっちを見て何か言いたそう』が分かるそうです。これなんです。」（齋藤朝子さん：ゆずちゃん一歳六か月時。生後六か月から「なるべくトイレやおまるでさせる育児」を実践）

（9）「うんち・おしっこ」で幸せになれる

「なるべくトイレやおまるでさせる育児」を通じて、赤ちゃんのおしっこ・うんちに関して、正面から真面目に真摯に取り組んだ結果、お母さんたちの、「おしっこ・うんち」に対する考え方が大きく変化してきた。

一つには、「おしっこ・うんち」という、一般的には「下劣な排泄物の話」として敬遠されることを、研究チームによる毎月一回のミーティングや、メーリング・リスト上で堂々と話すことによって、お母さん達の間で不思議な開放感や高揚感が生まれたのである。これにより、知り合って数か月しかたっていない、しかも、月に一度しか会わない「快適！　おむつなしクラブ」のお母さん達の間で、とてもオープンで深い人間関係が構築されていくようにみうけられた。

もう一つは、「なるべくトイレやおまるでさせる育児」を通じて、特に最初の頃は、苦労しておまるにキャッチしたおしっこやうんちに感激して、排泄物がなぜだか愛しくなる経験をしたという報告が沢山寄せられた。今まで、特に紙おむつを使用していた頃には、うんちやおしっこは「見たくない汚いもの」であったのが、おまるにとったおしっこやうんちを見て、お母さん達は幸せを感じるようになっていったのである。これは、お母さん自身も認める、非常に大きな変化であった。また、おむつでなくおまるなどにうんちをさせることにより、大量のうんちが一本のバナナ状に、あるいはトグロを巻いて出るのを見たりすると、変な話ではあるが、「トグロを巻いたうんちが美しい」とまで感じるようになるそうだ。

お母さんの声

「（おむつなし育児のミーティングは、）カミングアウトしにくい内容（おしっこ・うんち）を話せるメンバーが集まってとても楽しい。赤ちゃん同士も楽しそう。児童館などにも行くが、この（おむつなし育児の）集まりは気の置けなさが他と違う。育児に対して同じ考えを持っているからかも。」（黒沼晶子さん：小夜子ちゃん九か月時）

「（おむつなし育児のミーティングに参加して）とても納得できたのは、『おシモの話は盛り上がる』ということです。大人になって常識がついて、頭で会話することが多くなっても、おシモの話は老若男女問わず、体が喜ぶ、体が本音を語ってしまう分野なのだと、そして、それは、本来とても本質的で大事なことなのに、一般的に下品なものとして、一様に覆われてしまっているのは、残念だし、もったいないと思いました。しかしながら、私自身もそう思っていて、おシモの話は何となく、避けてきたことも事実。ただ、妊娠・出産を経て、どんどん性や排泄の類にオープンに、また自信を持って話すことができるようになっています。これは、もはや女の恥じらいを捨てた麻痺した現象なのかと、疑ってしまいましたが、そうではないことが今日わかった気がします。私は本質的な喜びを知り、子育てでさらに広がり、体の声に耳を傾けることが快適であるに違いないのです。」（岡本寛子さん：玖太郎《きゅうたろう》ちゃん一歳二か月時）

「主人も、うんちをしてもトイレでうんちを洗い流してくれたりするようになりました。長男もはじめはうんちをしたおむつを見て『きたなぁい』と言っていたのが、今では『琉成（弟）うんちしたね』『おしっこしたよ』と反応が変わりました。『おむつなし育児』は家族の和を深めてくれるものかもしれません。」（伊藤朱美さん：琉成《りゅうせい》ちゃん二か月時）

「裸のまま、おまるのフタをはずし、おしりの下においたまま母乳をあげてると『う〜』と言ったと同時にうんちが!!　うれしすぎてすぐ捨てず、うんちをながめていました。」（伊藤朱美さん：琉成ちゃん一か月時）

「うんちの形状はこれまでつぶつぶ状でしたが、九月二〇日には、おまるになんとなくクルッと巻いて五センチくらいのうんちが出たので感動しました。こんなことはおむつだったらわからない、おまるならではの喜びです。」（西山由紀さん：義堂ちゃん五か月時）

「離乳食が始まったからか、うんちが固形になりました。どなたかが書かれていましたが、おまるやトイレで出すと、きれいなバナナうんちなんですね。感動しました。」（山藤有加さん：広子ちゃん九か月時）

「途中から紙おむつをやめて布に、ゴミが減って気持ちよいです。紙おむつにうんちだと、汚いもののように感じていたのが、布にすると汚いと感じないのが不思議です。」（佐竹るみ子さん：水雪雨《みゆう》ちゃん六か

月時)

(10)「おむつなし育児」で育児の自信がつく

研究に参加し、赤ちゃんを「なるべくおまるやトイレで排泄させる」ために、赤ちゃんの排泄サインやタイミングを読みとろう/感じとろうと、赤ちゃんにしっかり意識を向けて真摯に向き合ってきたお母さん達の中に、「なるべくおまるやトイレで排泄させる」という、本研究の目的を超えた、大きな意識変化が生まれた。

その一つは、赤ちゃんの排泄のサインやタイミングをとらえて、おまるやトイレに赤ちゃんをささげ、赤ちゃんがそこでおしっこ・うんちをしてくれることによって「排泄コミュニケーション」が成り立つと、お母さんがとても深い幸福を感じるという事実である。これは、まだしゃべれない赤ちゃんとの間での、言語に頼らない、より根源的、動物的なコミュニケーション体験であったと、お母さん達は報告してくれた。そして、この「排泄コミュニケーション」をきっかけとして、研究に参加してくれたお母さん達は、言語に頼ることなく、赤ちゃんの気持ちや欲求を感じ取れるという、「非言語コミュニケーション能力」を、どんどん研ぎ澄ましていったのである。

また、「なるべくおまるやトイレで排泄させる」ことを通じて、赤ちゃんのみならず、お母さん自身の「排泄」についても意識を向けるようになった結果、お母さんと赤ちゃんの排泄のタイミングが、あるいは他の家族との排泄のタイミングが同調している事実に気づくという報告も沢山寄せられた。

さらに、「当たり前」と思ってきた「赤ちゃんには二四時間おむつが必要」が、実はそうではなかったと気づくことをきっかけに、「赤ちゃんにとって本当に必要なこと」について、周囲の情報に惑わされずに、自分の赤ちゃんをよく見て、お母さん自身で考えるようになっていったことも、大きな変化であった。このような変化がお母さんの中で起こった結果、目的の「なるべくトイレやおまるで排泄させる」ということは、当初ほど重要でなくなっていき、最終的に「自分の子どもを理解する自信」「子どもに対して何をどの程度サポートしてあげれば良いかを見極める自信」など、自身の育児に関してゆるぎない自信を身につけていったのである。そして親がこのような自信をつけてくると、子どもも落ち着き、結果として育てやすい子になっていったと多くのお母さんたちが感じている。

お母さんの声

「四か月半になる頃から息子のコミュニケーション能力がさらにUPしてきて、より人間らしい反応をするようになってきたので、先月までは排泄に対してどう感じているのか、おまるやトイレでするのはイヤじゃないかな？　など、いろいろ気になっていたのが、よく笑って、できると『ハァ〜』と一息ついたりしてかわいさも増して、こちらもさせるのがより楽しくなりました。何より、息子もおまるやトイレでするのを楽しんでくれていたようなのがわかって、ホッ。息子にとってはおまるに座るのも、排泄も遊びの

一種のようで、座るのもいまのところ嫌がったりはしません。」（末吉奈緒子さん：啓太郎ちゃん四か月時）
「松戸までの小旅行を二回、やむなく紙おむつで行く。洗えないので仕方ない。昔は移動時どうしていたんだろう。中国からの引き上げとか……など考えてみる。紙おむつでも、よく見てタイミング良く連れて行けば、ちゃんとトイレでする。しかし、問題は紙を使っていると、だんだん私の方がおむつから意識が遠のくということ。おむつだけでなく、赤ちゃんのことを思いやる気持ちが欠落していくのだろう。これが一番の『紙おむつの弊害』ではないかと思う。」（黒沼晶子さん：小夜子ちゃん八か月時）
「おまるでしてくれる度、うれしいので苦になりません。（すごい!!）自分でもびっくりです。子供との一体感、というのか、愛しさがどんどん大きくなります。始めた頃は、私にもわかるようになるんだろうか？　と疑問でしたが、完璧ではないものの、おまるで、または洗面所でトイレで成功を重ねるうちに、第一子とは比べ物にならないくらい子供の状態が把握できて楽しいです。通じ合ってる感覚というのでしょうか。」（北山章代さん：翔一ちゃん四〜五か月時）
「何となく『出そうかな』と感じてタイミングが合った時、子供とのコミュニケーションがとれていることへの大きな喜びを感じます。」（泉祐子さん：愛花《まなか》ちゃん三か月時）
「父と子のふれあいの機会が増えたと思います。夫の膝に抱かれた我が子が、にこ〜っと実にいい顔をするのです。長男のときも、おむつ替えはしてくれていましたが、『おまるにささげる』というのは、もっと前向きなふれあいに感じます。我が家は、赤ちゃんの排泄サインは全然つかめていなくて、おっぱいのあと、目覚めのあと、泣いたとき、など、出そうなタイミングでとにかくおまるにささげているだけで、ささげても出なかったり、逆におむつでしたりすることもしょっちゅうですが、その笑顔を見ると『まあ

これでいいか』と思えてきます。」(成田あす香さん：亜宮里ちゃん三か月時)

『おむつなしクラブ』には、『今度はなるべく早くおむつがとれるようにしたい』と思って参加させてもらいましたが、思いがけずいろいろな気付きもあります……また、排泄を察知しようと努力することによって、赤ちゃんをよく観察するようになりました。上の子のときは『泣いたらおっぱい』と赤ちゃんの気持ちも考えずにむやみに飲ませていたことを反省しています。それから、赤ちゃんにおまるでしてもらうには、赤ちゃんに生活のリズムをつけてあげると排泄の欲求も感知しやすい、と思うに至り、生活リズムについて気を配るようにもなりました。あまり真剣につきっきりにやりすぎてストレスになってもいけないので、楽しんでやれる範囲でこれからもつづけていきたいと思います。」(西山由紀さん：義堂ちゃん二か月時)

「母と子のおしっこの共時性について……自分がしたくなると、『あ、小夜子もかな』と考えるようになった。こんな風に、子の感じていることを感覚的にとらえようとするような心の動きは、母として、いいことなのではと思う。(小夜子が)トイレで遊んでいるので、おしっこは出ないのかな……と思い、そのまま(小夜子を)床に転がして私がおしっこしていると、床で同時にする。必ずする。」(黒沼晶子さん：小夜子ちゃん七か月時)

「おしっこ、うんちの家族の同調、ますます増えています。夕方の三〇分の間に家族四人が、次々うんちしたり、夫が夜中トイレに起きようとしたら、瑠虹が(おしっこしたくて)泣いて先にトイレを取られてしまったり。面白いですね。」(近藤知子さん：瑠虹ちゃん七か月時)

「今までは(上の子のときも)このように、飲んでから出る、とか、朝起きてすぐ出る、とか赤ちゃんにリズムがあることをまったく知らず、泣き声に右往左往したり、まだ足りないのかと悩んだり……。今は、結構な大泣きをされても『おしっこ？　おなかすいた？』とか子どもの要求が理解できて、安心していられるので、精神的にも育児に余裕が出来て楽になった気がしています。」（北山章代さん：翔一ちゃん二か月時）

「大きく変わったのが赤ちゃんの声への対応です。以前なら赤ちゃんが声を出して何か言っていても、『おっぱいヨシ！　おむつもクリア！　じゃあ何でもないんだ。』だったんです。声が物理的には聞こえても、脳には届いていないこともままあったはずです。今では、それがどんな声の調子であっても、しゃがんで赤ちゃんの顔を覗き込み、何が言いたいんだろうって全身で彼のメッセージを受け取ろうという姿勢が自然と身につきました。すると、ただ抱っこして欲しい、膝に乗せて欲しい、という要求が一定のインターバルであるんだと分かりました。応じて抱き上げて膝に乗せ、五分もすると満足してまた一人遊びへと旅立っていきます。こんな簡単なことに気づくのに八か月もかかった鈍いママでごめん！　と反省でいっぱいです。『おむつなし育児』に出会う前の半年って、一体なんだったのか。」（寺田麻衣子さん：百祐ちゃん八か月時）

「（私は子供に）一年間もおむつに排泄することを教えてしまったわけですから、こうなる（トイレやおまるでの排泄がスムースにいかない）のも当たり前かと思いますが、そう考えると初めが肝心という気がすごくするのです。思い返せば、私は初めからつい食べさせること（母乳）ばかりに気をとられていて、排泄はおむつにするものだと思い込んでいました。排泄も食と同じくらい大切なものなのに。おむつに頼る前に、母親が排泄までマルッと含めて赤ちゃんの体の声を聞こうとすることは、どれだけ濃いコミュニケーションを生むのか。また、それがダイレクトに赤ちゃんの体を通じて伝わって、本人にどんな良い影響をもたらすか……。早くにおむつがはずれるのは、あくまでそうした結果の副産物的なものなのかなあと、

今になって思っています。」（岡本寛子さん：玖太郎ちゃん一歳時）
「とても育てやすい子になっている気がします。食べたい、出したい、寝たいという基本的な要求にこちらが応えられるので、それ以外にどうして泣いているのかわからない、という時間はあまりありません。電車や飛行機、バスに乗ってのお出かけも『泣いてうるさくしちゃったら……』という心配がありません。」（堀田史恵さん：広人ちゃん七か月時）

(11)　非言語コミュニケーションを取り戻す

今回、約四〇名のお母さんに参加してもらった介入研究の当初のメイン・テーマは「赤ちゃんはトイレやおまるなど、おむつ以外の場所で排泄できるか？」であった。果たして結果は、「なるべくおむつの中で排泄させない育児」を超えて、「言葉の話せない赤ちゃんとの間での、非言語コミュニケーション能力の向上」へと発展していったのである。

「コミュニケーション」とは、知識、感情、意思などの情報を、「伝え／受け取る」行為である。そして、伝え／受け取るための方法として、人間は「言語メッセージ」と共に、言葉によらない「非言語メッセージ」も使う。非言語メッセージの分類には様々な学説があるが、マジョリー・F・ヴァーガスは、「人体（年齢、性別、体格、皮膚の色など）」「動作（姿勢や動き）」「目」「周辺言語（話ことばに付随する音声の性状と特徴）」「沈黙」「身体接触」「対人的空間」「時間」「色彩」の九つに分類する。(1)

この「非言語メッセージ」に関する研究の歴史は比較的浅く、過去約五千年の記録された歴史の中では、ヒューマン・コミュニケーションの研究は、「言語コミュニケーション」に集中していた。一八世紀になってようやく、コミュニケーション研究者たちが「非言語メッセージ」にも注意を向け始め、二〇世紀半ば頃になると、「非言語コミュニケーション」は多くの学問分野の中で、強い興味を引き付ける対象となっていった。これら言語メッセージと非言語メッセージとを絶対的に区分するのは困難である。なぜなら、人間同士が相互作用する場面においては、言語要素と非言語要素の両方がとても重要であり、通常、伝えられる意味はどちらか一方の要素にだけではなく、二つの要素の相互作用に依存しているからである。(2)

これが生まれたばかりの赤ちゃんとのコミュニケーションとなると、我々は、「赤ちゃんは言語能力が未発達であるし、非言語メッセージで欲求を伝える能力も未熟であるから、赤ちゃんとの間で深いコミュニケーションを図ることは、困難に違いない。」と考えてきた。生まれたばかりの赤ちゃんの「コミュニケーション能力は低い」と決めつけて、赤ちゃんが発信する「表情と視線行動」「音声行動」「ジェスチャーと動作」などの豊かな非言語メッセージを十分受け取ることを最初

(1) マジョリー・F・ヴァーガス著、石丸正訳『非言語《ノンバーバル》コミュニケーション』新潮選書、二〇〇六年、一一〜一二頁。

(2) V・P・リッチモンド他著、山下耕二編訳『非言語行動の心理学』北大路書房、二〇〇六年、四〜一三頁。

から放棄していたのである。

しかし、今回「なるべくおむつの中で排泄させない育児」に参加したお母さん達は、半信半疑なまま、言葉を話さない赤ちゃんの「表情と視線行動」「音声行動」「ジェスチャーと動作」などの非言語メッセージのみから、排泄のサインやタイミングを読み取ること/感じとることにトライした。それは、実は、お母さん達にとって初めての、本格的な「非言語コミュニケーション体験」であった。今回の研究に協力してくれたお母さん達の中で、特に夏の間、おむつを完全にはずしての子育てにチャレンジした人々にとっては、非言語コミュニケーションがうまく成立しないと、床や畳におしっこ・うんちをされてしまうのであるから、必死である。そのようなお母さん達にとっては、この夏の「なるべくおむつの中で排泄させない育児」は、喜びや発見も多々あったが、一方で、「マニュアルの存在しないおむつなし育児――非言語コミュニケーション体験」は、まるで夏の甲子園での過酷な戦いのようでもあったという。

そのような過酷？　な体験をした結果、「快適な排泄をさせてあげたい」という気持ちが通じて、言葉の話せない赤ちゃんとの間で「排泄コミュニケーション」を確立することに成功したお母さん達は、「赤ちゃんと根源的/本質的につながった」という、深い喜びを経験していった。マニュアルのない中で葛藤し、自分で答えを見つけていったのである。そして、「排泄コミュニケーション」をきっかけとして、人間が本来持っている非言語コミュニケーション能力を取り戻し、向上させたお母さんたちは、排泄以外の事象についても、言葉の話せない赤ちゃんとの間でスムースな「非言語コミュニケーション」を確立していった。この結果、赤ちゃんの欲求や気持ちがよく理解できるようになり、育児に関する自信がついて精神的に安定し、その結果、赤ちゃんも落ち着いて育て易い子になる……という、良い循環を生み出したのである。

本来育児とは、誰にでもあてはまる「正解」など存在しない、生々しい営みである。「正解」は、その親子によって異なり、また、親子の成長と共に、「正解」も変化していく。「なるべくおむつで排泄させない育児」において、赤ちゃんのサインやタイミングがその子によって異なり、また同じ子でも月齢と共に変化していったことと同様である。そのような「生々しい育児」と正面から向き合っていくことは、「喜び」と共に「悩みや葛藤」も大きい。しかし、そうして、親子が悩み葛藤した結果獲得していくものこそが、その親子にとっての「正解――最適な育児方法」であり、同時に、そのようなプロセスこそが、育児の本当の喜びなのではないか。ところが、ともすると我々は、「悩みや葛藤」を避けて早く正解にたどり着きたいために、手っ取り早い育児方法――専門家に依存して知識を分け与えてもらう方法――に頼ることに慣れてしまってきている。専門家に依存する、育児書のノウハウに従う、あるいは、一見うまくいっていそうに見える他の親子のケースを無批判に真似るなどの育児方法は、手軽ではあるが、同時に多くの危険をはらんでいる。このような育児方法について、児童精神科医の石川憲彦氏も警告する。

「……どこかで自分に無理をしている生き方、それが、とても窮屈な育児につながっているのではないでしょうか。一度いつわり始めると、次から次へと無理を重ねる。そんなふうに、窮屈さは雪だるま式に増加してゆきます。今日、育児が難しいといわれる原因の一つは、こういった窮屈さにあるのではないでしょうか。」(1)

もちろん、子育てで大きな壁にぶつかり、どうしても専門家等のサポートが必要になる場合はある。しかし、専門家に行き着く前に、あるいは専門家によるサポートを受けていたとしても、親が五感を総動員して自分の子供をしっかり理解把握することで、「答え」が見つけられることは、意外に多いのではないか。「答え」は、専門家ではなく、自分自身や子供自身の中にあるのではないか。

子育ては、親が全責任を負って、親から子へと一方通行的にするものでもない。子育てはコミュニケーションと同じように、双方向なものである。様々な葛藤を経て、親が子を育て、子が親を育て、そうして互いに成長していくのである。それが育児の醍醐味でもある。

そのような意味で、自分の子に真摯に寄り添い、五感を総動員して行なう「非言語コミュニケーションによる育児」は、子育てで最も大切なことを学ぶことができる育児方法なのかもしれない。そう考えると、赤ちゃんが言語を獲得する前の時期というのは、「非言語コミュニケーションによる育児」を理想的な形で実施できる「黄金の時期（Golden Timing）」であり、その中でも「排泄コミュニケーション」は、非言語コミュニケーション能力を磨く「黄金の機会（Golden Opportunity）」といえるのかもしれない。この時期に赤ちゃんとの間での、言語だけに頼らない五感を総動員しての深いコミュニケーションを確立することで、その後の長い年月にわたる育児の「ぶれない軸」のようなものを形成していくことが可能になるのかもしれないと考える。

人間は、大人でも子供でも、一人では決して生きていけない。そのような「人間」にとって、「他者と深くつながる」「他者に深く受け入れられる」ことは、生命の本質に関わる喜びである。「なるべくおむつで排泄させない育児」が、実は「排泄」を超えた深い意義を持つ試みであるということを、今回の研究に参加して下さったお母さん達から学ばせていただいた。（和田知代）

3　おむつなし育児から得られる「育児力」——愛情の底力を鍛える

（1）おむつなし育児へ至る動機づけを振り返って

一年間の文献や聞き取りによる調査によって浮かび上がってきたのは、どうやら赤ちゃんはほん

（1）石川憲彦『子育ての社会学』朝日文庫、一九九〇年。

とうにおむつ以外でも排泄できる身体技法をもっているということであった。かつて日本人が生活習慣、育児技法として行い、今も一部の国や地域で伝わる育児技法を知ることで、この思いは限りなく確信に近づいた。そして二〇〇八年五月よりスタートした母子による実践においては、いかに同じ土台に立ち、テーマを理解し、なおかつ日々の子育てや暮らしを楽しみつつ参加してもらえるかが課題だったといえよう。

しかし、この課題は簡単に越えることができた。それは最初から研究のねらい等を明らかにし、そこに興味を持った母親が自ら応募してきたことが大きい。「昔ながらの育児技法」「赤ちゃんのもつ能力を生かす」「おむつを使わない」というキーワードに何かしら興味を持ち応募してきたメンバーたちである。個々に動機の違いはあれ、第一回のミーティングに参加した面々には、これから開始される取り組みへの期待感が溢れていた。

動機は、上の子を育てる中で、おむつはずしが遅れたり紙おむつの弊害を感じたりしたことだったり、お産や母乳育児で赤ちゃんに寄り添う中で「これはおもしろいに違いない」と感じたためだったり、さまざまであった。ただ、かつての大きな動機だった「おむつの洗濯を減らしたい」という人は、布おむつ使用者が多い中でもほとんどいなかった。それは、洗濯機もなければ、おむつカバーもなく、おしっこ・うんちを漏らせば即大量の洗濯となった時代との違いだろう。

主に募集をかけた対象がＮＰＯ自然育児友の会の会員だったということも動機のはっきりした方が多かったことにつながった。もともと自然なお産や母乳育児、自然育児に興味をもった母親が中心なので、赤ちゃんに寄り添った育児技法や、よりエコロジカルな方法に関心が高かったのだ。

こうして、実践に参加する動機付けについては、こちらが積極的に働きかける必要がほとんどなかった。ミーティングに参加してレクチャーを受け、研究の成果や体験談を聞いて、「うわぁ、赤ちゃんもできるんだ！」と驚きつつ、確かな気持ちで赤ちゃんに向き合えたにちがいない。そして、「よし、やってみよう」という行動につながっていった。自分の目の前の赤ちゃんがおまるに排泄してくれることについては、どこまでリアルに想像できていたかというと疑問だが、おそらく多くのメンバーは「ほんとうにできるか」と、はやる気持ちと不安半ばに赤ちゃんを見つめていたにちがいない。

(2) 私自身の体験を語ってみる

筆者（伊藤恵美子）自身、第三子と第四子で、少しだがおむつなし育児を体験した。私の動機はと言えば、例の「アフリカの女性は布一枚で赤ちゃんを抱いておむつもしていないが、おしっこやうんちの際はそれを感知して、パッと抱きかかえて排泄させる」という話を聞いたことくらいだろう。思い起こせば、ニキーチンの本や井深さんのトイレットトレーニングの本も手に取ったことはあったので、そうした記憶も動機付けの一部になったのかもしれない。とにかく、生まれたばかり

(1)『ニキーチン夫妻と七人の子ども』暮しの手帖社、一九八五年。
(2)『胎児から』徳間書店、一九九二年。

の赤ちゃんと片時も離れずに赤ちゃんに気持ちを向けて過ごしていると、やれるかもしれない、やってみようという気持ちになったのだった。

第三子は自宅での出産だった。生まれた直後からずっと隣で過ごしていると、上の二人に比べて泣くことが少ないように感じた。そして、どうも泣いて目覚めたあとにおしっこをするようだと気づいた。「赤ちゃんはおむつが濡れて気持ち悪いから泣く」と聞いていたのに、まったくその逆のように感じたのだ。そして、アフリカ女性の話を思い出し、たまたま上の子のおまる（いわゆるスワン型）が部屋にあったので、その上にささげてみた、というただそれだけのことだった。泣いて起きたが、見ればおしっこはしていない。そこでおまるにささげてみるが、どうもそのまま（激しくはないが）泣き続ける。なおも、しばらくそのまま待っていたら、なんとおしっこをしたのだ。みごとにおまるにおしっこがたまっている。この時の感激は今も憶えているほどだ。そして用をなし得た赤ちゃんは「もういいの」とばかり泣きやんだ。

それは次の動機付けになるには十分で、寝起きや授乳後をねらってはおまるにささげてみた。成功するたびにうれしかった。日に何度か挑戦するだけだったが、それでも、繰り返すうちに、朝一番のおしっこの時には首もすわらない赤ちゃんがいきむようにしてうんちをしてくれること、おまるでおしっこをすると、まとめてするのか量が多く、その後しばらく時間があくことなど、一日のリズムがかなりわかってきた。また、首がすわり、腰がすわると、おまるでの排泄も格段にやりやすくなり、うんちおむつの洗濯が減るというご褒美と共に、二歳前後でおむつがとれるまでは、おまる（トイレ）とおむつの併用で過ごした。

第四子はこうした体験があったことと、やはり自宅で出産したので、出産後すぐからの様子を離れることなくみていることができたので、同じようにおむつなし育児を取り入れた。ただ、一日に何度もおまるでおしっこをする生活は、産休明けで保育園に入園したことですぐに終わりになってしまった。研究に関わるようになってからおもしろく思い出したのは、二歳になったばかりの夏、パンツをはかずにいるとほとんど漏らさずおまるでおしっこができるのに、パンツをはかせるとそのまま漏らす時期があったことだ。股にあたっているのと何もあてていないのとでは、何か感覚的な違いがあるのではと思わされた一件だった。

たったこれだけのおむつなし体験だが、同じ母親としてこれから挑戦するメンバーの前で自分の体験を語らせてもらった。そして実際に首のすわらない赤ちゃんをおまるの上でささげる姿勢を実演した。実際に見聞きしたり体験を聞いたりすることは、ただの情報と違って身体を素通りしない。腑に落ちること、血肉化された知恵として取り入れることにつながる場合が多いので、少しでもメンバーたちの後押しができればという思いでもあったし、「洗濯が減ったらもうけものという気軽さで」「布おむつはきちんとたたんでなくたって大丈夫」といった気楽さを伝えたいという研究チームのねらいでもあった。

（3）　初めての成功体験の喜び

そして挑戦した初めて赤ちゃんをささげてのおしっこ、うんち体験。メーリングリストには開始直後から成功体験の報告が次々と入ってきた。そして、私もそうであったように、初めておまるでおしっこやうんちをしてくれた時の感動はとても大きい。それほどこの「おむつ以外に排泄してくれる体験」は母親に無条件に喜びをもたらす。これは理屈ではなく、体の底から湧いてくる喜びである。

この初めての成功体験を報告から拾ってみよう。

「試しにトイレに連れて行ってみると、見事に成功したので、本当にびっくりした。私の『おちっこ、ちー』という呼びかけに対して娘がおしっこで応じる、とまさにコミュニケーションできたことに、とても感動した。」

「初めて試みたところ、本当にトイレやおまるにおしっことウンチをしてくれました！　感動です!!　こんな小さな子でもおまるでできるなんて！　あまりの驚きにそれから毎日、寝起きや授乳後をねらっておまるにつれていっています。」

「二回目でさっそくしーっとしてくれて、ドキドキワクワク胸が高まったものです。」

「おまるが届き、朝起きてすぐの我が子をおまるにささげると、しばらく（一分以内）したらブーっとよい勢いでうんちをすることができました。わー、やったね、やったね、すごいね、すごいねと母子二人で大喜び。夫に写メールをし、母に見せに行きました。」

「裸のまま、おまるをお尻の下においたまま母乳をあげてると『う〜』といったと同時にうんちが!!　うれしすぎてすぐ捨てず、ウンチをながめていました。(1)」

「初日でいきなり　六回成功しました!!　楽しいし、うれしいし、すぐにハマりました。」

どの報告も喜びにあふれている。

おむつなしクラブのスタート時に妊娠中だった人の場合は、かなりのメンバーの成功体験を聞いて（読んで）からスタートしているわけで、それだけ「できる」ことへの確信は高まっていたにちがいないと思うが、それでもこの「初めての成功体験」がもたらす喜びは大きかった。研究チームのひとりが同じ年に出産、ひと月ほどしておまるにささげてみたのだったが、やはり初めて成功した時は大変な感激だったようだ。「実は今、初おまるおしっこに成功しました。とてもうれしくて。興奮気味の私です。」と写真を添えて携帯メールが届いたくらいである。たくさんの母親たちの体験を聞き、報告を読み、実際にも目の前で見てきていても、それでもうれしいのである。

こうした成功体験の感激が、ぐんとおむつなし育児への動機を高めてくれる。目の前の赤ちゃんが母親を導くのだ。

---

(1)　この、うんちを母に見せにいったり、うれしくて捨てずに眺めていたり、そういう観察は研究期間を通じて参加者から絶えず報告されていた。

（4） 喜びとその根源をさぐる

初めての成功体験に限らず、我が子がおむつ以外におしっこ、うんちをしてくれることがなぜこれほどまでに喜びにつながるのだろうか。喜びがなければ、次へ、よりもっと成功させたい、という行動へとは継続しないだろうから、ここは重要なポイントである。

その鍵は、どうやら母子のコミュニケーションにある。我が子がおまるでおしっこをしてくれた時の喜びは、「まだ言葉も出ていない、動作でのやりとりも成立しない赤ちゃんが、私がおまるに抱え上げると、タイミングをはかったようにおしっこやうんちをしてくれる」ことで、我が子とのコミュニケーションが成立した（かのように思える）ことへの喜びだったのだと、自分を振り返ってみて思う。自分の働きかけに対して、赤ちゃんが応えてくれたことがうれしい。そういった意味で赤ちゃんが小さければ小さいほど喜びは大きいとも言えるが、月齢が高いからといって喜びが小さいかというとそうではないところがおもしろい。やはり、目の前の我が子と心の通じる喜びなのだ。

「うんちなりおしっこのサインを読み取って洗面器でさせることに成功したときは、赤ちゃんと心が通じたような気がして、とても幸せな気分になります。それが、『次もキャッチするぞ』というモチベーションにつながりますし、赤ちゃんのことをよりかわいいと感じることに繋がっていると思います」という報告にもあるように、初めての喜びが二回目以降に消えてしまうわけでなく、毎回うれしい。そのことが次へのモチベーションにつながっていくのだ。「一日全部のおしっこのタイミングを感じとってあげられた日は、子供がわかってくれてありがとう、と言ってくれているような表情をみせます（そんな気がします）。なんか幸せな気分になります。」この幸せ感が子育てには必要なのだ。

「息子とのコミュニケーションが密に取れていることを実感しています。生まれたばかりの赤ちゃんでもコミュニケーションを取ろうとしているので、すごいです。赤ちゃんは皆天才です!! それを見過ごしている大人はもったいない。二か月の頃、私が台所に立って息子の姿が見えないときに、『おしっこしたくなったら叫んで教えてね』と頼んだら、その通りにして教えてくれました。今でも朝おっぱいをあげてトイレでおしっこをさせ、二〇〜三〇分後にはうんちが来るとわかっていても私が寝てしまっている時など、息子が蹴飛ばして起こしてくれます。」という母子もいる。赤ちゃんとコミュニケーションできたという喜びにあふれているではないか。

成長につれて排尿や排便の間隔が変わったり、サインが変わったり、いやがったりして対応にとまどう報告も多い中、一方で「おまるにささげ『しーしー』や『うーん、うーん』と私が掛け声をかけていましたが、一緒に『うーん、うーん』と言うようになりました！ 一緒に何かをやりとげているようで、ますます楽しいひと時です。おまるの上でまんざらでもなさそうな表情がよいです。」といったように、成長に伴っての新たな喜びもあって、それが次へとつながっている。

二次的な喜びもある。昔ほどではないにせよ、「洗濯が楽になる」というご褒美がついてくるからだ。

いくら洗濯機があるとはいえ、他の洗濯物と一緒には洗わないことで一回分増え、干す手間、取り込んで片づける手間を合わせると、それなりに時間がかかる。とりわけ、うんちおむつの処理から解放されると、その楽さ加減は大きくなる。「トイレでするようになって、それまで、三回に一度くらいしか出なかったうんちが毎日出るようになり、うんちはトイレですると決めているのか（赤ちゃんだって寝た姿勢でうんちするのは辛いのでしょう）、おむつでほとんどうんちをしなくなったので、親子共々気持ちがいいです。もちろん汚れたおむつも減り、親子共々楽しいですね。」「おまるでのうんちはおしりが肛門付近しか汚れないので拭くのも楽で驚きます。」という報告もあるように、うんち後の赤ちゃんの処理も、おむつの処理も格段に楽なのである。おまるでしてくれた時は、何もおしりふきなど用意する必要もなく、私などトイレットペーパーでそのまま拭いて終わりにしていたくらい、赤ちゃんのお尻だって汚れない。当然おむつかぶれなど無縁になるだろう。

母親へのごほうびは、洗濯が減ることだけではない。たとえば、外出時のおむつの荷物が減ることもまた母親を楽にする。

「外出時は緊張するためか、おしっこの間隔が空くので、ほとんどおむつを汚すことがないです。」「ベビーカーだとすることもあるのですが、おんぶやスリング抱っこで出かけるとほとんどしていません。」「一〜二時間の外出ならおむつを汚さなくなりました。」といった感じで、散歩程度の外出ならば、おしっこをせずにいてくれることがわかり、気軽に散歩に出かけるようになる人も多いようだ。また、外のトイレでも用が足せるようになると、おまるの調達さえ考えなくてもよくなり、ほんとうに身軽に出かけられる。

「デパートなどで、子ども用の便座のある所では外出先でも成功しています。遠出の場合は念のため、三〜四枚おむつを持っていくのですが、汚しても一枚です。」この人は一か月後には、「外出時もおっぱい↓トイレでおしっこの習慣が定着して、今では大人用のトイレでささげるのが一番やりやすくなり、外出先でもどこでも大丈夫です！　念のためおむつを一枚持っていくのですが、ほとんど使ったことはありません。」という具合だ。

また、帰省先で祖父母に感心され、滞在中は祖父母がせっせとやり手水をしてくれるようになったという報告もある。祖父母にとってもただ抱っこしているよりもやり甲斐があることだろうし、母親の休息にもなって一石二鳥というものだ。

（5）　赤ちゃんのサインを読み取る

おまるやトイレ等で排泄させることに挑戦し始めたメンバーは、次の排泄のサインをキャッチしようとし始める。一時期、時間を計っては排泄させるメンバーもいるが、赤ちゃんの膀胱も時間帯や授乳間隔によっていっぱいになる時間が変わり、なるべく「したい時にさせる」ことが大切だと気がついていく。そして、まず泣き声に注意を向けるようになる。どうやら泣き分けをしているらしいと気がつくのだ。

「排泄を察知しようと努力することによって、赤ちゃんをよく観察するようになりました。上の子のときは泣いたらおっぱい、と赤ちゃんの気持ちも考えずにむやみに飲ませていたことを反省しています。」

今はひと昔前よりは母乳の指導がなされるようになったこともあり、「泣いたら飲ませて」と指導されることが多い。しかし、赤ちゃんの泣きはそれだけではない。にもかかわらず、泣いたら何も考えずに授乳していることがあまりに多く、結果飲み過ぎになっているケースも多いと聞くほどだ。まずは、赤ちゃんの要求を察知しようとする姿勢が育児力を育てると言えるかもしれない。

また、赤ちゃんのサインは泣きだけではない。生後まもなくであれば、授乳中に飲みが浅くなる、授乳中にジタバタし始める、バッチリ目が合うといったサインを読み取っていたメンバーもいるし、少し月齢が高くなると、動きがとまる、股に手をやる、(親の声かけをまねて)「しーしー」と言おうとするなどのサインをキャッチして連れて行っている。すべてのメンバーが毎回のサインを確実に受け取っているわけではない。けれども、おむつなし育児がいわゆる今まで言われてきた〝トイレ・トレーニング〞と大きく違う点は、まさにここで、決して赤ちゃんをトレーニングするのではない。赤ちゃんの要求を受けとめようとして母親たちの赤ちゃんへの集中力やまなざしが変化し、育児力が培われていくところにあると思う。

「足をバタバタさせるサインや、おっぱいの時とおしっこの時の泣き声の違いもわかり、二人目の子どもで、ようやく自分が『母親』になれたと思いました。」という報告には喜びと自信があふれている。

（6）赤ちゃんとの響き合いから感じ取る

赤ちゃんの排泄のサインを読み取ろうとする時に、泣き方や動きといった目や耳でキャッチできるサインだけではなく、第六感といった感覚的な受け止め方もある。妊娠中に胎盤と臍帯を通じてつながっていた母と子は、誕生によって二つに分かれたわけだが、とりわけ乳児の時代には母子は一体なのだと感じることが多い。「寝かしつけた後であれとこれをしなくては、と思っている時に限って赤ちゃんが寝てくれない」というように、自分の精神状態によって赤ちゃんの様子が変わる体験は多くの人に覚えがあるだろうし、逆にいやな予感がして赤ちゃんを振り返ると、赤ちゃんに何かしら起こっていたということもあるだろう。

こうした言葉にできない響き合いが母子間では日々行われているわけだが、排泄サインを読み取ろうとする時もこの響き合いを感じることが多い。

「赤ちゃんがいつ排泄するのかについては、アフリカのお母さんが『自分がおしっこするのがなぜわかるのか』といったというエピソードがなるほどと思えるようになりました。第六感というか、何となくそうかなと思って座らせると成功することが多いです。逆に、まだあまり時間がたってないとか、この仕事をすませてとか、頭で考えると失敗します。」

「いっぱい体を触って遊んで満たしてあげて、その流れでおまるに乗せるとほぼ一〇〇％してくれます。赤ちゃんに背を向けて家事をしていて、『あっそろそろ時間じゃない？』って赤ちゃんに駆け寄っていきなりおまるしようとしても、うまくいかないんですよね。」

「何としてもトイレでさせなきゃ!!　とお母さんがキィー!!　としているより、お母さんの心も体もゆるんで、少しぽわーんとしている時のほうが、サインがなくてもそろそろかなと本能的にわかり、成功率がアップするみたいです。」

これらは排泄のタイミングを母子間の共鳴作用によって感じ取っているかのようだ。

こうした体験を経て、ますます我が子をいとおしく感じたり、母子のつながりについて興味深く感じたり、より柔軟に感覚をとぎすませていったりなどの変化がみられ、それらが積み重なり、〝育児力〟が培われていくのだと思う。

(7)　おむつなしで変わる赤ちゃんへの集中力

赤ちゃんのサインを読み取り、おまるやトイレでの排泄が増えていくと、メンバーたちは次第におむつの存在自体に疑問の目を向け始める。これは赤ちゃんのためのものではなく、親の都合でさせているに過ぎないと気がつく。折しも夏で、カバーなしやパンツ、あるいは裸にしておくにはうってつけの季節だった。そうして文字通り「おむつなし」で過ごし始めると、母親たちの集中力が俄然ちがってくるという結果になった。

「粗相をされないように、と私が気をはるためか、うまくおしっこをキャッチするタイミングをつかめ、一日で洗濯するおむつがぐっと減りました。」

「緊張感が違います！　それまでは、うっかりして忘れてもおむつが濡れるだけで済んだけど、今度はどんな場所を濡らされるか判らないのですから。すると、私の意識がいつも赤ちゃんのほうに向くようになりました。面白いことに、意識だけでなく体も赤ちゃんのほうにくっついていきました。いつしか、赤ちゃんが私の膝の上で過ごす時間が圧倒的に増えました。」

おむつなしに取り組むと、いつおしっこやうんちをするだろうと赤ちゃんに絶えず気持ちを向けている状態が生じる。母乳育児をする中でも（人工乳に比べて頻回に授乳しないといけないので）それに近い状態になるが、ここに排泄が加わると頻回どころの話ではない状態になる。

それではあまりに手がかかりすぎるのではと思われるかもしれない。しかし、ヒトの子育てというのは元来そういうものなのではないだろうか。哺乳動物でもヒトに近い種では、常に身にまとうように赤ちゃんをいつも傍らにおき世話をする。サル山のサルを思い出してみるとわかりやすい。ヒトの赤ちゃんも、そういう状態でいることで安心感を得るようになっている。一人では生きていけないが故に親が隣にいないと生命の危機を感じて泣く。これは本能に組み込まれている仕組みで、成長と共に「親が側にいるか否か」から「親の注意がこちらにむいているか否か」に切り替わるものの、親との要密着時代がかなり長い間続く。

いずれにしても、ちょうどおむつなし育児をしている期間の赤ちゃんは、親が側にいるか、注意を向けてくれていることで安心したい時期にあたる。だから排泄がきっかけにせよ、親がそういう状態にいてくれるほうが都合がいい。逆に、親が離れがちだったり、注意を向けていない状態だと赤ちゃんが不安がちでよく泣いてはしじゅう抱っこせざるを得なかったりする。そして母親のほうも何で泣くのかとますますわからなくなり不安になったりしがちなのだ。結局のところかける手間は変わらないのではないかと思う。かえってむやみに不安になることがない分だけ、母にとってはおむつなしのほうが楽だと感じるのではないか。

「今までは（上の子のときも）赤ちゃんの排泄にリズムがあることをまったく知らず、泣き声に右往左往したり、まだ母乳が足りないのかと悩んだり。今は結構大泣きされても子どもの要求が理解でき安心していられるので、精神的にも育児に余裕ができて楽になった気がしています。」

また、とりたててベビーマッサージをしたりベビーサインを習ったりしなくても、おむつなし育児に取り組むことで、（上の子の時の子育て体験と比べても）十分密接な関係を築けると振り返っている人も複数いた。

「上の子のときには毎日ベビーマッサージをしていましたが、今回は上の子のときよりももっと赤ちゃんをよく見たり触ったりすることが多くなり、密接な関係が築けているような気がします。」

「長男のときは、赤ちゃんのためにと、ベビーマッサージやベビーサインなど熱心にやっていましたが、二人目となるとなかなか時間もとってあげられません。このおむつなし育児との出会いは、そういう点で、とても助けられています。トイレがコミュニケーションの時間になり、おむつが減れば家事も楽、そして、少しでも早くおむつが取れたらますます楽になると思います。」

こうして見てくると、スキンシップやコミュニケーションの機会にもなり、赤ちゃんも要求に応えてもらえて、なおかつ身体が快適に過ごせ、洗濯も減るというおむつなし育児のよさが鮮明になるように思う。

(8)　暮らしを赤ちゃんモードにシフトする

「おむつなしの緊張感の中で赤ちゃんに心と体を向けると、これまで見えていなかった赤ちゃんの様子が見えてきました。母親の触覚を一〇〇%使って体で感じ取るコミュニケーションが、おむつなし育児の極意ではないでしょうか。これまではちゃんと見ようとしていなかったのだなぁ。赤ちゃんではなく自分を中心に考えていた育児の間違いに気づくことができて、私たちはなんとも幸せな母子です。」

この母親のように、子育てのスタート時には自分のペースで動こうとして失敗することが多い。それまでの人生で体験のないことなのだからもっともである。この母親は生後八か月余りでこのことに気がついたことを喜び、「幸せな母子」と記している。

子育てのスタートでは、いかに本能のままにぼんやりと過ごし、生活の変化や赤ちゃんのペースにはまりこむことができるかが大きな分かれ目だと思う。そうしたゆるやかな順応性を保てれば、赤ちゃんとの暮らしは楽しい。産後しばらくの間は、一日見ていてもあきない、と言われる赤ちゃんの顔を日がな一日ながめながら寝て過ごし、幸せな気分に浸りながら、自分の体もよく休めること、それが大切なのだ。いわば、赤ちゃんモードにシフトするわけだ。

ところが、計画的な一日を自分の思い通りに動くことを訓練されてきた私たちは、どうかすると、シフトチェンジすることなく、そのままのペースで育児もこなそうとする。とたんに赤ちゃんとの日々はぎくしゃくする。疲れる。疲れるのに休めない。そのために母乳もよく出ない。赤ちゃんは泣く。よけいに疲れる。よけいに母乳も出なくなる。こうして産後鬱に一歩踏み込んでしまったりする。

赤ちゃんのペースに合わせることが心地よくなってくると、暮らしのリズムを赤ちゃんに合わせようという気持ちにもなってくるし、おむつなし育児をしていると、親の都合につきあわせた日は、排泄のリズムが多大な影響を受けていることに気がつく。連れ歩くこと、夏エアコンに頼ること、夜型の生活時間になること等、いずれもゼロにすることは難しいにせよ、赤ちゃんの様子をみながら加減することはできる。

「紙おむつの頃は平気だった、親の勝手な遠出をなるべくしないようにしたいと思うようになった。落ち着いて子どものリズムを確立させてあげたい。」

「おまるでしてもらうには、赤ちゃんに生活のリズムをつけてやると排泄の欲求も感知しやすい、と思い至り、生活リズムについて気を配るようにもなりました。」

「日の出日の入りとともに寝起きするように努めているので、排泄が大変規則正しくなった。早朝、寝起きの小・大・小（一五分おき）のコンビネーション技が定番化。自然のリズムに乗って、母子ともに感度上昇。」


やはり自然なリズムに添うほうが赤ちゃんの機嫌もいいし、身体のリズムも整うのだろう。子育てのスタートでこのことを実感できると、そのあとはスムーズである。そしてメーリング・リストでは夜遅くまで電気を煌々とつけて起きていることの弊害が語られるようになり、ついには「旅行中、森林の中でカーテンをせずに太陽の運行とともに暮らしてみたところ、赤ちゃんの生活リズムが自然のリズムにすっかり一致しました。感動！　赤ちゃんはほうっておけば、太陽と共に起きて寝るのですね。毎朝四時半ころにまとめてたくさんおまるでうんちが出ていました。」という報告まであって、これには本当におそれ入ったとしか言いようがない。

赤ちゃんモードは、現代社会の有り様とあまりにちがうため、そこへシフトすることは大変に思われるが、子どもの幼少期だけでも合わせることで、子どもの育ちは健やかになり、子育ては格段に楽になり、ひいては自分も健康に過ごせるというご褒美もついてくる。ある意味、育児力の前提とも言うべきものかもしれない。

(9)　おむつなし育児は大変か

子育ては大変とよく言われる。それはそうだろう。これだけの手間暇をかけることが大変でないとは言わない。しかし、それは出産がつらい、というのと同じことで、陣痛が痛いのは事実だが、それはお産のすべてではない。陣痛の痛さは生まれたばかりの我が子を抱いたとたんにすでに忘却の彼方へという人も多い。誕生の喜びが痛みに勝るのだ。子育てだって同じ。確かに、現代社会ならではの障壁は手強い。それでも我が子の愛おしさ、子の成長、そういった喜びのほうが子育ての大変さを補って余りある。

が、しかし、である。育児支援の名の下に「子育てって大変」と刷り込まれている多くの人にとって、「よけいな手間暇をかける」事柄は、イコール「子育てをつらく大変なものにする悪者」に見えるらしい。おむつなし育児は、紙おむつが大勢を占め始めている昨今のおむつ事情の中で、手間暇のかかる最たるものということなのだ。ほんとうにそうだろうか。

報告の中にこんな話がある。「先日、息子の三か月健診でおむつなし育児の話をしたら、保健師さん（五〇代くらい）に驚かれてしまい、逆にびっくりしてしまいました。赤ちゃんを頻繁にトイレに連れて行くのは疲れませんか。と言われましたが、おしっこやうんちをおむつにされるまで待っていて、汚れた大量のおむつを洗濯する方が憂鬱ですよね。」この保健師は、今の子育て支援の方針通り、子育ては大変だから、いかに母親の負担を軽くしてやれるか、という姿勢で話を聞いてくれたにちがいない。けれども、「おむつにされるまで待っていて、洗濯する方が憂鬱」という話は、おそらくメンバーの多くがうなずいてくれるはずだ。

「息子とはお腹にいるときから、『胎話』をしていたので、もともとあまり泣かない子だったのですが、トイレに連れて行くようになって、更に泣かなくなり、（泣くのは夜寝る前、眠いし、おしっこもしたい時くらい？）本当に楽です。外出先で泣くこともまずないので、どこへ行っても手がかからないし、まだ離乳食も始まっていないのにトイレでできて優秀と言われます！」

いずれトイレ・トレーニングをしなくてはいけないのであれば、小さいうちにやっても同じことというのがメンバーたちの意見で、小さいうちに取り組むほうが楽だと思う、とみんな言う。確かに、生後まもないうちほど、赤ちゃんはそばにいることを要求するので、どのみちそばにいるのならば、おしっこやうんちのサインに注目してやるのもたやすい。逆に、大きくなってイヤイヤ期に差しかかったり、慣れないものへの抵抗を示すようになったりした時期にあたると、おまるにも抵抗したりするので、排泄を誘うこと自体が大変という報告が多かった。

それを思えば、コミュニケーションが取りやすくなるとか、母子共に安心感があるといった、おむつなし育児を試みることでの収穫のほうが大きかったと述べ、「おむつなし育児は大変なだけだった」と語る母親はどうやら今回はいないようだ。その上、洗濯が減る、外出時のおむつが減る、エコロジーに貢献できる、といったご褒美もついてくるのだから、決しておむつなし育児は大変という断定はできないだろう。

「おむつなし育児をして色々な気づきがありました。始めてからというもの、どんどん子供が可愛く、愛情があふれてくるようになりました。失敗しても成功しても、排泄を気にかけるということは、より子どもを見てさらには心と通じ合おうとするわけで、愛情の底力が鍛えられているような気がしてなりません。」

愛情の底力が鍛えられる……そんな貴重な機会を手間暇がかかるというだけの理由で放棄するのはもったいないのではないか。

(10)「快適おむつなし育児」への近道

とはいえ、おむつなし育児の大変さがまったくないわけではない。それを大変と思うあまり、はたまた完璧を期してしまうがために、過度に緊張し、イライラし、母子共にちっとも心地よくない、という場合もありうる。それでは本末転倒である。

早期のトイレ・トレーニングについては、まだ発達がその段階に達していない時期によけいなプレッシャーを与えてはいけない、という理由を添えて、やんわりとやめるように書いてある育児本なども多い。けれども、時期はいつであれ、「ねばならぬ」という大人の思いがある限り、子どもによけいなプレッシャーを与えるにちがいない。むしろ、二〜三歳で入園を目前にしていて、いつまでにトレーニングを終了しなくてはと期限が切られる場合、また、会話も成立し生活行動も確立されてきて、親のほうもできて当たり前と思ってしまう場合などは、親の態度もどうしても強くなりがちではないかと思う。

私たちのおむつなし育児の取り組みでは、当初から母親たちが「おもしろそう」と思えるような動機づけを意識的に取り入れてきたし、メンバーが「ねばならぬ」という姿勢に傾いている様子があれば、注意して見守り、言葉かけをするように努めてきた。第一回のミーティングでは、三砂によるこれまでの研究成果にもとづく興味のつきない身体技法のレクチャーを入れたり、「布おむつなんて、干しさえすれば、乾いた順に取り込んで赤ちゃんにあててもいい、きちんとたたんでおかなくてもだいじょうぶ。」という話も体験談に盛り込んだりして、スタート時点で、この取り組みの姿勢のあり方を示すように心がけた。結果としてそのレクチャーを受けたメンバーは、第二回以降のミーティング時や報告書でも、おおむね楽しそうに取り組んでいる様子が感じられた。

一方で参加できなかったメンバーの中には、若干緊張したまま取り組んでいる人もみられた。第二回のミーティング時も、体験談は、「うまくいってもいかなくても楽しい」と語ってくれる人に依頼した。グループワークの時間に「なぜ、うちの子はうまくいかないんだろう」という思いが発言の中にみられた人がいたので、研究チームメンバーがその場でフォローし、気をつけて見守っていくように話し合った。その後も、遠方のためメーリング・リストを通じてのみ参加している人にも、ミーティングの報告書を読んでもらうなどして、フォローするよう留意した。

それでもなおメンバーたちの間では、当初の成功体験のあと思うように成功率が上がらない、失敗して服や部屋を汚す回数が増えてくる、といったことで、挫折感や壁を感じることもあったようだ。報告会でも語ってくれたように、「おむつなし育児の壁を乗り越える」という時期がどのメンバーにもあったにちがいない。ただ、そこで乗り越えるやりかたが重要で、より徹底し、原因を追求して、という方法ではなく、慣れと「まぁいいか」と思える寛容さ、時にはあらたなアイデアで乗り越えたというところがすばらしい。すっかり紙おむつに慣れきっていたところからスタートしたメンバーは、当初、布おむつに代えることにさえハードルの高さを感じていたのに、おむつなし育児を始めてみて、今度は「娘の粗相にも慣れた」という変わりぶりだった。子育てはまさに日々の暮らし。毎日繰り返すことなので、慣れという要素は大きい。

また、お漏らししても「まぁいいか」と思えるようになるには、環境等の条件を整えることも必要で、たとえば洗濯を減らすために赤ちゃんが身につける衣服を減らす（これは夏期にはほとんど裸育児になっていった）、床材を掃除の楽なものに変える、匂いの問題を解決する方法について情報収集する、などそれぞれのやり方で母親たちは取り組んでいった。衣服の工夫もメーリング・リスト等で情報交換しながら、ネットで海外の情報も収集したり購入したり、はたまた自分たちで作ったり、そうして楽しみながら自分たちのおむつなし育児に工夫を重ねていった。金太郎腹当て、おむつバンド、おまるカバー、股われパンツなど様々なグッズが登場した。

なかでも仲間の存在は大きく、月に一度のミーティングで実際に会えることやメーリング・リストで常につながっていることで挫折感やしんどさから救われた人も多いようだ。メンバーの行き詰まった投稿に対しては、すぐに何通もの励ましやアイデアを盛り込んだり、自分の体験を綴った返信があった。また、少なからず見守っている研究チームがいることを心強く感じたという感想も聞かれた。家族や地域での語り伝えがない中でおむつなし育児を復活させるためには、今回おむつなしクラブが果たした役割は大きかったと言えよう。

「いつも心を穏やかに向き合うことが大切だなぁと痛感しています。」と自分たちが心穏やかに、寛容な態度で向き合うことが、結局はおむつなし育児への近道でもあるのだという気づいていく。それを助けるのが仲間の存在や研究チームのサポートだったと言える。

(11) 育児しにくい社会を乗り越える「育児力」

おむつなし育児は、気づきのきっかけであり、学びの場である。しかも、生後まもなくから開始するわけで、まさに子育ての入り口での学びである。そして、ここで培われたことがそのままその後の子育てを支える育児力となっていく。育児書やハウツーに習って、頭で理解したとおりにしようとしてはつまずく母親は多いが、それは当然で、「目の前の赤ちゃんを感じ、そこから学ぶこと」それが子育てのすべてであるからだ。頭ではなく、感性のアンテナを最大限のばして赤ちゃんの今を感じ取り、それに応えていくこと、その繰り返しが赤ちゃんとの毎日だし、そうすることで子育てはうまくいくことが多い。そして、おむつなし育児の中にはこうした育児力を培うヒントがたくさん散りばめられている。

「（おむつなし育児を知って）子育てが格段にエキサイティングになってきました。」「排泄という切り口から、子育てがこんなにがらりと変わってしまうとは！」というほどのきっかけになり得るのだ。

今の我が国では、一〇〇年前の育児技法は知られることもなく、たった二～三世代前の母親たちがしていたはずのことさえ、ともすれば非難の対象となる。この間に社会の様相は激変していて、ひょいと赤ちゃんを抱えてその辺でおしっこさせられるような家でも地域社会でもなくなったし（公園の植え込みで乳幼児におしっこをさせることへの周囲の目は、この二〇年の間に大きく変化したと実感している)、床にはじゅうたんやカーペットが敷かれるなど、お漏らしをした時の処理も大変になった。祖父母や叔父叔母、年の離れたきょうだいがいた大家族から、核家族どころか、父親もほとんどの時間を家では過ごせなくなり、産後まもなくから赤ちゃんを抱っこしつつ家事をこなさざるを得ない母親が増えた。

その結果、赤ちゃんをおむつ以外で排泄させるというただそれだけのことで、多くの母親たちが壁にぶつかることとなる。こうしたおむつなし育児をしていてぶつかる壁は、何もおむつなし育児に限ったことではない。現代日本は子育てしにくい社会であると言われて久しいが、少子化が進み、大人中心の社会では「汚い」「うるさい」と半ば子どもの専売特許そのものが非難の目にさらされることも多いのが現実だ。人目にさらされるところでおもらしをさせたら後が大変と思えば、外出時にはおむつ、それも漏れない紙おむつをさせようと思う親も多いに違いない。

そんな中、メンバーの母親たちも、自分たちが壁にぶつかることで、あらためて今の社会構造や家族のあり方にまで思いをはせていく。「私の両親が日帰りで遊びに来た日、息子に集中できたので七～一七時まで一〇時間失敗なしでした。つきっきりで、とまではいかなくても、一日家にいて家事や上の子の世話を祖父母にお願いできる大家族のような環境なら、もっと成功率が上がり、短期勝負でパンツにできるかもしれないなぁと思った一日でした。昔の人たちは、それができる環境があったから可能だった、という面もあるのかもしれませんね。」

現実は現実、ここで自分たちが悩んでもしかたがない、というのは一種あきらめのように聞こえるかもしれないが、決してそうではない。「(家族構成もちがうのだから）昔と同じにはできなくて当たり前なのだ」「(母親だけで頑張るのでなく）できる範囲でやってみよう」という姿勢を持って前向きに取り組み、その中から赤ちゃんの代弁者として語る発言も多くみられた。そうさせたのは、おむつなし育児が快適だったからに他ならない。

おむつなし育児に取り組むことで、赤ちゃんにより近くなり、赤ちゃんの要求を感じようと心がけるようになり、そうした変化から、「本来赤ちゃんとはこういうもの」「現代の社会のあり方のほうがおかしい」と気づきを得、自分たちはできる形でやっていくというしなやかさを身につけつつ、子育てをめぐる環境や社会を変えていこう、という思いに至っている。

たとえば、赤ちゃんの父親である夫の参加を得る試みをしたメンバーも多い。中には生まれる前からささげ方を伝授し、産後は自分が休んでいても休暇をとった父親ができるように準備し、自宅で迎えた第二子の生後三時間後の初おしっこを、なんとおまるでみごとにとってもらったというメンバーもいる。ただ、最初からそんな父親ばかりではない。メーリング・リストでも頼りにならない夫のことをなぐさめあったり、助け合ったりしながら、挑戦し、ついには父親の参加を得たという喜びの報告がなされるようになる。母乳育児とちがって、おむつなし育児は父親も同じように挑戦できる。きっとこの先多くの父親たちが、おむつなし育児によって赤ちゃんとのコミュニケーションに目覚め、子育てを楽しんでいくことだろう。

また、保育園やベビーシッターという壁もある。いざ仕事に復帰しようとすると、いくら0歳でおまるに排泄できていても、そのまま受け入れてくれる状況はなかなかない。メーリング・リストでもそういった場合のやりとりの工夫などがアドバイスされていたが、ここで一つ一つの壁を乗り越えていくことが、赤ちゃんに寄り添った育児技法を社会に認知してもらうことにつながり、そうした一つ一つの行動が、大人の都合よりも子どもが大切にされる、ほんとうに子育てしやすい社会への一歩であり、一番の近道と言えよう。

さらに、今の社会が、子どもにやさしくない社会、子育てしにくい社会ならば、自分たちがそれを変えていけばいい、そのために、自分たちがおむつなし育児をきっかけに得た気づきを、多くの母親たちに伝えていこう、自分たちにできることをしていこう、と意識は広がっていった。あくまでも前向きである。それは当然と言えば当然のことなのだ。目の前に赤ちゃんがいるのだから。自分たちが楽しかったから、こんなに素敵な楽しいことは、もっとたくさんの人に聞いてほしいし、体験してほしい。ただ、それだけのことではある。子育て中の母親たちが集まる場におまる持参で行ってみることから始まり、「話を聞かせて」という声に応え、自分たちの体験を語るに至り、そして、そうした集いの場を今度は自ら作っていこう、パンフレットを作って渡していこう、とあっという間に広がっていった。

母親たちがこうした行動をとっていく原動力になったのは、おむつなし育児で培われた「育児力」であると思う。赤ちゃんに寄り添い、感性と共感で受けとめ、あくまでもしなやかに、ゆるやかに、ときには「ま、いっか」と笑いながら、日々の暮らしを重ねていく力である。今、メンバーたちは、育児しにくいと言われるこの社会で、こうして培われた力を生かしながら仲間たちと一緒に快適な子育てを探っていこうとしている。

（伊藤恵美子）

終　章　知恵の伝承

1　語りの場としてのおむつなしクラブ

第4章で「おむつなしクラブ」のようすについて紹介してきた。この節では、語りの場、知恵の伝承の場という視点から「おむつなしクラブ」の実践について第2章、第3章の文献研究や聞きとりをもとに、考察を試みたい。

(1)　おむつなしクラブ参加者の気づき

第4章1節で詳述した五回のミーティングを通して、参加者は自分自身の身体のことや、子どものことについてさまざまな発見をしている。第一回ミーティングは、「一人目、二人目（現在三人目のお子さんと参加）は見ているようで赤ちゃんのことをきちんと見ていなかった気がします。今は体の感覚や心を察知する感覚も希薄になってしまっているのかもしれませんね。」と、これまでは身体や心に意識が向いていなかったことに気づいている。さらに、第二回、第三回とミーティングの回を重ねていくうちに、『赤ちゃんのおむつ』を通して、自分自身の体についても考え、布ナプキンを自分で使ってみたり、体質改善の良い機会になりました。」、「赤ちゃんと自分の体の連動のことなど、とても興味深いので自分もよく観察してみたいと思います。」と、自分の身体と向き合い、さらに子どもともさらに深いところで向き合おうという姿勢をうかがうことができるようになった。

また、第四回ミーティングでは、「排尿・排便の欲求が満たされている子は、機嫌が良いように思います。」と、他の子どもについても観察を行ったり、「どんな時代にあっても感覚をとぎすまして、カラダとココロの声を聴いて、正しくバランスをとっていくことが、私達に求められる資質なのかなという気もします。」や「本質的な喜びを知り、子育てでさらに広がり、体の声に耳を傾けることが快適であるに違いないのです。」と、語りの内容は深くなっていく。

最後の第五回ミーティングになると、「始めた頃は、私にもわかるようになるんだろうか？　と疑問でしたが、完璧ではないものの、おまるで、または洗面所でトイレで成功を重ねるうちに、第一子とは比べ物にならないくらい子どもの状態が把握できて楽しいです。通じ合ってる感覚というのでしょうか。きっと虐待されたり、とかの不幸な子どもが世の中から減っていくと思うのです（強く!!）それくらい、革命的なおむつなし育児です。」、「おむつなしクラブの未来の明るい構想にはワクワクしています。とにかく、みなさんＯＮＬを通じて、生き生き元気にしているそのエネルギーを受けるだけでも意味があった!!　と毎度のことながら思います。それにしても、本当にこのおむつなしクラブから日本が、世界が変われるかも……というくらい、このおむつなし育児には未来を感じます。おむつなしクラブに出会えて、皆さんに出会えてよかったです。」など、おむつなしミーティングによって、ひろがった喜びと希望が語られるようになった。

(2) 知恵の伝承、穏やかな語り場としてのおむつなしクラブ

第一回ミーティングから第五回ミーティングまでを通じ、大きな発見が二つあったといえる。一つは、第一回ミーティングではおむつなし育児の体験談の「聞き手」だった参加者が、第五回ミーティングでは、「私たちのおむつなし体験談」として「語り手」に変化したこと、もう一つは、参加者が、研究チームの期待する以上に、自ら育児の喜びと学びを体験していた、ということである。

知識だけでは行動変容にいたらないことについてはすでに多くが語られている。参加者が、おむつなし育児を実践し、自らがその語り手となりえたのは、ミーティングでおむつなし育児の方法を勉強し知識がふえたからだけではない。ミーティングによって、おむつなし育児についての情報は十分に得ることはできたのだが、それは決して学術的な知識としてではなかった。

ミーティングにおいて、おむつなし育児についての情報は、体験者の語りによって伝えられた。マニュアル的な文書などは配布されず、体験談についても、あくまで「一人の母親のお話」として語られた。語り手が黒板に説明を書いたり、聞き手側がメモをとったりする、ということもまったくなかった。

ミーティングは、専門書や医療的な数値による「科学的根拠」に頼らず、母親が自分自身で感じ、実践したことを、自分自身の言葉によって語るいわば、「知恵の伝承の場」であったといえよう。

また「うんち」「おしっこ」といった、普段は声をひそめなくては話せないようなことを、オープンに楽しく語ることができる場でもあった。こういうことを笑って話せるほど、ミーティングの場が仲間としての連帯感と、何を話しても大丈夫、という安心感に包まれていた。だからこそ、自分の感覚に正直になることができ、自らの育児体験を自らの言葉で表現することができたのだろう。

研ぎ澄まされた感覚と安心感のなかで、体験として語られたおむつなし育児は、聞き手の母親たちに大きな影響を及ぼしたと考えられる。三砂は、記憶が世代を超えて共有されることを指摘している。[1]「関係性の中に『穏やかで受容的な語り口』が包含されていれば、経験は継承される」[2]のであり、「語り口によって伝承される経験の共有、そこから生まれる行動変容」[3]がある。おむつなし育児の体験者による語りが、参加者へ「おむつなし育児」という具体的な行動変容を促したとすれば、ミーティングは、まさに記憶の共有を実現する場であり、「穏やかな語りの場」として機能していたといえよう。

参加者はおむつなし育児を実践するだけではなく、自分の子どもや育児に対して、大きな喜びや学びを発見し、自らもおむつなし育児の語り手に変化するまでになっていた。「おむつなし育児は、ただ単におむつを早くはずそう、というのではなく、赤ちゃんとお母さんのコミュニケーションだと思います。マニュアル化した育児論にとらわれず、赤ちゃんの欲求に耳を傾けられるようになっていきたいです。」「私も、おむつなし育児普及運動していますよ！　妊婦や赤ちゃんのいる友人に話しています。」といった、参加者の声からもそのことがうかがえる。

穏やかな語り場として、女性たちの子どもを育てることについての喜びと知恵の伝承が行われたミーティングの場の雰囲気は、世代間伝承の可能性を新たに示唆するものであったように感じている。

（守谷めぐみ）

2　排尿間隔と身体技法

第1章1節に記述している九〇代女性の聞き取りを行った際、彼女たちはこどものころに子守をしていたとき、「ほとんど背中を濡らされたことはない。まったくなかったわけではないが、あのときと、あのとき、と今でもはっきり覚えているくらい、背中を濡らされるのはめずらしいことだった」といった内容を語っていた。よい品質のおむつも存在しなかったころ、赤ん坊を背中におぶっている子守はいつも背中を濡らされていただろうと思っていたのだ。それがほとんどなかったと

（1）赤坂憲雄・玉野井麻利子・三砂ちづる『歴史と記憶――場所・身体・時間』藤原書店、二〇〇八年、九五頁。
（2）同前、一九二頁。
（3）同前、同頁。

いう。これはいったいどういうことなのだろう。私たちは当初理解できなかった。

おむつなし育児を実践してみたお母さんたちの話をいろいろ伺うことができた今、この九〇代女性の語っていた「おんぶしていると背中を濡らされない」という経験が、おむつなし育児を実践されているお母さんたちにも共有されていることがわかる。おむつなし育児をやったお母さんたちは、おんぶするとき兵児帯を使った高おんぶをされる方が多かったのだが、おまるにささげてもらっている赤ちゃんは、おしりをしっかり密着しておんぶされると、おんぶされている間はおしっこをしない。だから、家事からちょっと手を離せないときには、赤ちゃんをおんぶしていた、と言う声も聞かれた。やり手水をして排泄させてもらっている赤ちゃんは、おんぶをされている間はおしっこをしない。なぜなのか、というメカニズムはわからないが、どうやらそういうことなのである。

おんぶをされている間、おしっこをしない、というのは、赤ちゃんの排尿間隔が比較的長いということではないだろうか。それでは、その排尿間隔とは何時間か、何時間まで大丈夫か、といわれると個人差もあるのでわからないし、詳細な量的データを今回とったわけではないが、だいたい一時間から数時間くらいは大丈夫なようである。九〇代の女性たちのころは、子守は、おっぱいのときに母親のところに赤ん坊を連れて行き、赤ん坊はそこでおっぱいをもらって、排泄もしていたということらしい。現代の保育士や母親とのインタビューで、紙おむつを使うとちょろちょろとおしっこをして、排尿間隔が短くなっていることが伺われた。なぜ紙おむつだと排尿間隔が短く、やり手水してもらっていると長くなるのか今のところきちんとした理由をつけられないが、経験的に、そういうことのようである。

また、おむつなし育児をやってみたお母さんたちの多くが、赤ちゃんとずっと一緒に暮らしていると、赤ちゃんと母親の、あるいは赤ちゃんと一緒に暮らしている家族どうしの排泄に共時性がみられることを報告している。つまり、自分がおしっこしたいときには赤ちゃんもおしっこしたいことが多いらしく、また、上の子と、赤ちゃんの排泄のタイミングが同じだったりするらしい。赤ちゃんにやり手水をしていると、赤ちゃんがいつおしっこをするかわかるので、このタイミングにも気づくことになる。つまり、排尿間隔にもある程度の共時性があるのではないか、とも考えられる。そう考えてみると、紙おむつをしている赤ちゃんだけでなく、現代日本に住んでいる私たち自身も、排尿間隔は比較的短いのではないか、ということに気づく。研究班会議では「大陸間の長時間のフライトでは、日本人乗客が多いとトイレが混む。一二時間くらいのフライトでも隣の西洋人の人は一度もトイレにたたなかったりする。日本人が少ないと、トイレが混まない」という話も出た。私たち自身のことを考えてみても、頻繁にトイレに行くことを習慣にしている人が多い。トイレに行きたいからいく、というよりは、出かける前だから、会議が始まるから、電車に乗るから、などの理由で「あらかじめ」トイレに行くことが多い。このようにしていると、膀胱がいっぱいになって排尿する、ということは実はあまりないのかもしれない。私たち自身も紙おむつの赤ちゃんのように「ちょろちょろ」と排尿しているのかもしれない。九〇代の方が赤ちゃんを子守していたころはどうだったのだろうか。おそらく当時の女性たちは、今の私たちよりも排尿間隔が長かったのではないか。そして、それは何らかの形で赤ちゃんにも影響を与えていた可能性はないのだろうか。

高齢の女性たちのことを考えるとき、思い当たることがある。現在四、五〇代の女性で地方に住んでいた人は、祖母の世代が「立小便」していたことを覚えている人が多い。畑仕事の合間におしりをからげて、勢いよく排尿していた。自宅でも、男性用小便器の「あさがお」に、やはり背中を向けておしりをからげ、排尿していたようである。これは、すこしかんがえればわかるが、大変勢いよくやらないと、「ちょろちょろ」とやっていたのでは、足や衣服を汚してしまう。よく発達した骨盤底筋があり、排尿間隔も長く、いっぱいたまったおしっこを勢いよく出すからこそ、「立小便」が可能だったのではないか？　また大人の側が排尿間隔が長かったことが、赤ちゃんにも影響していたことは考えられないか。様々な疑問が立ち上がってくるので今後の課題としたいが、「女性の立小便」そのものが、「おむつなし育児」と同様、実は忘れられた身体技法のひとつなのではないか、と考えた。断片的な情報ではあるが、系統立てて記述しておくことの必要性を感じたため、赤ちゃんとおむつのことと同時に、「女性の立小便」についても文献研究を行うこととした。

2-1　日常的に見られた女性の立小便

現在、排尿姿勢といえば、男性は立って、女性はしゃがむ、あるいは座るのが〝常識〟として受け止められている。ところが、今から三〜四〇年ほど前の日本では、女性が立小便をする姿が日常的な光景だったようである。

たとえば、建築史家の井上章一は、一九六〇年代初めの頃、京都・嵯峨野の田園地帯では、田んぼのあぜ道などで着物の裾をまくった女性が白昼堂々と立ったまま放尿していたと記している[1]し、生活文化研究家の山路茂則も、一九七〇年代中頃、三重県伊賀上野周辺で、農家の外便所や田んぼで女性が立小便をしているのをよく見かけたと、当時の様子を述懐している[2]。

一言で立小便といっても、その姿勢は男性と女性では微妙に異なっている。男性の場合、立位で正面に向かって放尿するが、女性の場合、小便器に背を向け、中腰で前屈みの姿勢をとり、着物の裾をまくり（もんぺを下ろし）、勢いよく後に放尿するのである。

こうした体位も地域によって若干差があり、手塚正夫の『臍下《せいか》たんでん』（光源社、一九五九年）によれば、着物のまくり方が東北と九州では違いがあるのだという。つまり、暖かな九州では「着物を少し尻のうえにたくし上げ、前こごみになって、両手を膝の上におき、体をささえながら放つ」のに対し、寒い東北では、「尻のうえの着物を片手で持ち上げたままの姿勢」で放尿するのである。このちがいについて、南国と北国の身につけた着物の量の違いによるとあるが、冷たい空気に触れる肌の面積をなるだけ小さくする姿勢とも考えられる。

また、中腰姿勢をとらない体位も見られたようで、川柳研究家の渡辺信一郎は、明治生まれの母

（1）　井上章一「立小便」『性の用語集』講談社、二〇〇四年、一六〇頁。
（2）　山路茂則『トイレ文化誌』あさひ高速印刷（株）出版部、二〇〇一年、二九頁。

親が故郷の山形に帰省した際、「小便桶を真上から跨いで、着物を太股までたくしあげ、股間から真下に放尿」する姿をよく見ていたといい、特に「叔母の立ち小便は豪快で、音高く、太い尿線を真下にほとばらせた」と述懐している。(1)

ところで、女性の立小便は農村や山村地域のいわゆる地方の田舎だけでなく、街中でも見られた光景であった。一九五〇年代前半、一橋大学のキャンパス内で、老女がお尻をまくって立ったままシャアシャアと池の中に放尿する姿や、(2)一九六五年頃の白昼の銀座で、人目もはばからずに壁に背を向けて勢いよく立小便する女性の様子が目撃されている。(3)

筆者（松本亜紀）の記憶にも、大正一二年生まれの祖母が庭奥の草むらに隠れて立小便をする姿がある。昭和六〇年頃のことである。水洗トイレが完備された家に住みながら、なぜわざわざ外で放尿するのだろうかと不思議に感じたことを覚えている。

2-2　文献資料にみる女性の立小便

文献資料をひもとくと、女性の立小便は古くは平安時代から行われていたことがわかる。平安末期に成立した『今昔物語』（巻二十九）には、「築垣に向かいて南面に突き居て尿をしける」身分ある若い女が登場したとある。その習慣が後の時代にも行われていたことは、『新撰犬筑波集』（室町時代後期に成立）の冒頭の連歌に、「霞の衣すそはぬれけり」「佐保姫の春立ちながら尿《しと》をして」とあり、春霞でにじんだように見える山裾は、春の女神の「佐保姫」が立小便する姿と詠まれていることからも偲ばれる。

ところが、江戸時代に入ると、女性の立小便に関する記述にある特徴が見られるようになる。それは、江戸の住人達が京女の立小便姿を驚嘆の目で記録していることである。

渡辺信一郎『江戸の女たちのトイレ』（TOTO出版、一九九三年）によれば、たとえば、享和二（一八〇二）年、京都を訪れた曲亭馬琴の『羇旅漫録《きりよまんろく》』には、京の家々の厠の前には小便の担い桶が置いてあり、裕福な家の女房でもそこに立ってするのが普通であったと記されている。当時、江戸の町では女性の立小便は行われていなかったので、従者を二、三人連れた婦人が、立ちながら道端の小便桶に尻を向けて放尿するのに恥じ入った様子もなく、また笑う人も居なかったことを驚きながら報告している。

また、江戸後期の随筆集『松屋筆記《まつのやひつき》』（巻五十七）には、「婦女の立小便は田舎に限らず、京大阪にもおほかり」とあり、文政一三（一八三〇）年に喜多村信節が編纂した分類体の事典『嬉遊笑覧《きゆうしようらん》』（巻一上）には、「蹲《うずくま》りてすることは今にては江戸のみや、其外は大かた立てする也」とあり、女性の立小便が江戸以外では当たり前に行われており、しゃがんで小便をするのは江戸の女性たちだけ

（1）　渡辺信一郎『江戸の女たちのトイレ』TOTO出版、一九九三年。
（2）　井上章一『パンツが見える』朝日新聞社、二〇〇二年。
（3）　村松友規「男と女の立小便」平成厠研究会編『トイレでホッ！』TOTO出版、一九九二年。

であることを嘆いている。

京女の立小便が江戸の住人にとって関心事であったことは、江戸時代に刊行された川柳集『誹風《はいふう》柳多留《やなぎだる》』に多くの句が多く載せられていることからもわかる。ここで、その一部を紹介する（なお、引用は渡辺信一郎『江戸の女たちのトイレ』TOTO出版、一九九三年による）。

京女立ってたれるが少し疵《きず》

立ち居振る舞いや容姿が美しい京都の女性も、立って小便をするのが残念であるという。都の上品さとは違い、京女が立小便をする姿に、驚きと幻滅を抱いたのかもしれない。

富士額《ふじびたい》担桶《たご》へまたがる京の嫁

富士額とは美女を形容しており、美しい京の嫁も道端にある担桶《たご》（肥桶）をまたいで立小便をしている姿を描いている。

小便をすわってしろと女衒《ぜげん》いひ

女衒《ぜげん》というのは江戸時代に遊女奉公する娘の勧誘と店への斡旋（いわゆる人身売買）を行っていた仲介業者である。ここでは、田舎娘を江戸に連れていく最中に、小便はしゃがんでするもんだ、と教えなければならないほど、立小便が普通の行為であったことがわかる。

黒木売り小便するに所作があり

黒木とは、三〇センチメートルぐらいに切った生木をかまどで蒸し焼きにして黒くしたもので、薪《たきぎ》として用いられていた。京都の北の八瀬・大原あたりで作られ、それを女性たちが頭にのせて京都市内を売り歩いていたのである。彼女たちもやはり立って小便をするが、頭に荷物を乗せたままなので、独特の姿勢で行うという指摘である。

平安末期頃まで、庶民は便所を持たず、人々は道路で排泄行為におよんでいた。特に、京の錦小路は「糞の小路」と呼ばれていたほど汚染されていたが、人間の屎尿が肥料として有効であることを経験的に知った人々は、それまで垂れ流し状態であった屎尿を活用すべく、家の前や辻々に小便担桶を設置して貴重品として取引するようになる。それは、囲いも何もなく、ただ単に路上に置かれた桶であったが、男女共用のいわば公衆便所の機能を果たしていた。

なぜ、これほどまでに京女の立小便が話題になるのか。元禄年間、百万人を超える人口を抱えていた江戸では、日々、膨大な量の屎尿が排出され、農家も個別に汲み取り契約をしていたので肥料としても十分な量が確保されていた。よって、町中で屎尿が回収されることはなかったが、一方、江戸の五分の一程度の人口であった京都では、汲み取り先の争奪や代金を巡っての争いが絶えず、屎尿が競って収集されていたのだという。また、尿は速効性があるため、京都では大根や葉野菜などに好んで使用され、貴重な尿を無駄にしないよう人通りの多い場所に担桶を設置し、通行人からも尿を回収していた。その際、男女ともに立小便をする姿が江戸の人々の目には奇異に映ったのだと思われる。[1]

時代が下っても女性の立小便は見られた。小野清美の『女のトイレ事件簿』（TOTO出版、一九九三年）に紹介されている明治四一（一九〇八）年七月の東京日々新聞の記事によれば、「福岡県の女子教育関係者の会議があり、学生風紀の振粛の第一に、女子学生の立小便を廃止するよう注意した云々」とあり、当時、女性の立小便も日常的に見られたようである。

また、大正末期の新潟県柏崎を舞台にした自伝小説『越後・柏崎・風土記』（北川省一、現代企画室、一九八一年）には、

便所は小と大との区別はあったが、男女の区別はなかった。なるべく大便所では小便はしなかった。水が溜まると困るからだ。小便だって畠にやるこやしがあれば充分だった、それ以上の汲取りはありがたくなかった。だから小便は外でした。（中略）男も女も外で立ってした（後略）

とある。

昭和六（一九三一）年に論文「厠の習俗」を著した金城朝永（琉球方言研究者）によると、「現今では関東以北よりは、以西の方に、女の立小便は多いように見受けられる」とするが[2]、実際には、大正末期から昭和初期に至っても、関東以北でも立小便は行われていたようである。

こうした女性の立小便風習は長く残り、例えば、谷崎潤一郎の『蓼喰う虫』(一九二九年)には淡路島の人形芝居小屋に作られた便所が登場するが、それは、桶を二つ三つ並べただけのもので、男女とも立ちながら用を足すスタイルになっている。また、太宰治の小説『斜陽』(一九四七年)には、上流階層の婦人である主人公の母親が庭先で「しんから可愛らしい感じ」で立小便をする場面が書かれている。昭和初期の東京の山の手の住宅地でも、この風習が残っていたことを知ることができる。

2-3 肥料としての屎尿

見てきたように、かつての日本では、女性が立って小便をすることは日常的な光景であった。ここで着目したいのは、屎尿が農作物の肥料として利用されていた点である。排泄姿勢やその方法は、便所のあり方や糞尿の利用、処置の仕方に大いに関係すると思われる。そこで次に、肥料としての屎尿が便所のありかたにどのような影響を及ぼしていたのかを見ていくこととする。

(1) 山路茂則『トイレ文化誌』五八頁。
(2) 金城朝永「厠に関する習俗」『犯罪科学』一九三一年、礫川全次編『糞尿の民俗学』批評社所収、一九九六年。

かつての日本の様子を写真に収めた『すまう　写真で見る日本生活図引　四』には、「便所」という項目があり、そこには次のような解説が記されている[1]。

> 便所は屋内にある内便所と、戸外においた外便所があった。今の便所は屋内にあるのが普通だし、外便所もなくなったわけではないので、両方とも現存するといっても間違いではない。また母屋《おもや》の出入口のところに小便所を設けた家もある。これを男専用と思うのは間違いで、外で働く女の立小便のためでもあった。そのいずれも溜桶《ためおけ》に大小便をするもので、いっぱいになると汲出して肥料にした。（中略）化学肥料が普及するまで、便所は単に体内の不用物を排泄するところではなく、むしろ作物への肥料を生みだすところという考えの方が強かった。風呂場と一緒なのは、その垢の混ざった湯水を取り込むため、厩と並ぶのは馬糞などと調合しやすくするためという、いずれも肥料の効率を考えた上での策だった。（傍点は筆者による）

解説を読む限り、便所の設置場所やその構造が肥料としての人糞尿（下肥）と深く関わっていることがわかる。

先述のとおり、近世日本において人間の糞尿は肥料として用いられ、化学肥料が手軽に手に入るようになるまでは、取引の対象とされるほど貴重なものであった。江戸時代、武士の屎尿は野菜の育ちが良いとされ、武家屋敷の汲取りを誰もが望んだと言われるほどである。

作物によっては小便を畑に直接捲いたが、一般には屎尿を肥溜めに入れて腐敗させてから使用した。糞と尿では成分が違うため、作物の成長に合わせて基肥と追肥を使いわけるのが一般的であった。大便を基肥に、小便を追肥に使用する。それゆえ、農家においては大便と小便を分けて溜める必要があったのである。

これは一般的な農家の便所であって、地域によっても違いがあり、昭和初期の青森県東通村には、二〇畳敷きの広大な共同便所があり、村の肥料を集団で生産していたという。(2) つまり、肥料を確保する上で便所の構造が決められており、小便は男女共用の外便所を使用するため、女性も立小便をするようになったと考えられる。

また、同書には、普段の排尿姿勢を再現したと思われる立小便姿の老女の写真(岡山県阿哲郡、一九七一年撮影)が掲載されており、女性の立小便の姿勢を知る上でも興味深い。写真には、次のような解説が付されている。

老女　立小便をする。こうした光景は近年までよく見られた。着物の裾《すそ》と腰巻を捲り上げ、尻を後に少し突き出し、足を広げて用を足す。終わると尻を少し振るだけで紙は使わない。小さいときからやっているので、穴をはずすようなことはない。

(1) 須藤功編『すまう　写真で見る日本生活図引 四』弘文堂、一九八八年。
(2) 金城朝永「厠に関する習俗」。

写真には、手拭を被った着物姿の老女が腰を曲げ、尻を後に突き出して立小便をする様子が映っている。老女の後には、小便が家の板壁に掛からないように小便板が立て掛けられ、そこに小便穴があいていて、この穴を通して小便をするのだという。この穴の下に溜桶《ためおけ》が設置されており、排出された小便はそこに溜められるのである。

驚くのは、板壁に立て掛けられた小便板にあけられた小便穴が、非常に小さいことである。正確な大きさはわからないが、A5サイズ（一四八㎜×二一〇㎜）程の穴に後ろ向きで放尿するのだという。先掲の解説文には「小さいときからやっているので、穴をはずすようなことはない」とあるが、小便穴に背を向けて、ねらいを定めて放尿するのは、相当熟練された難易度の高い身体技法であると思われる。

筆者自身も後方に放尿する立小便を試みたが、両足の開きが難しく、腰や太ももに負担がかかるため、中腰姿勢を保つことだけで精一杯であった。また、排尿後に尻を振って尿を振り切ったものの、尿量も少なく勢いもない排尿であったため、余滴は皮膚を伝わってしたたり落ちてしまい、あやうく下着を湿らすところであった。写真の老女は、排尿後に紙を使わず、尻を少し振るだけで処理していたようだが、切れの良い放尿をするためには、ある程度の尿量と勢いが必要になると思われる。

実際には女性が立小便をする際に、写真のように小便板を立て掛けて小便穴に向かってするやり方を筆者は見たことがない。小便板を立て掛けるのは、小便によって家の板壁を腐食させないための防御が目的だと思われるが、これほど小さな小便穴に放尿する理由は現段階では不明である。推測の域を出ないが、もしかすると、近年、飛散防止目的で開発された立小便器用ターゲットシールの高い効果が話題になっているように、小便穴を設けることで排尿する人の集中力を高め、尿の回収率を上げる効果があるのかもしれない。

しかし、一般には男女とも外便所のアサガオと呼ばれる小便器で放尿していた。ちなみに、その形がアサガオの花に似ているところから名付けられたこの口広小便器は、尿だけを回収する目的で滋賀県の信楽で開発されたものである。それまでは、便壺や小便桶に放尿していたが、受け口の広さが女性の立小便に好都合で、主に北陸から山陰地方にかけた農家に出荷されていたという。(1)『すまう　写真で見る日本生活図引　四』本文中にも、小便器について「アサガオ。外で小用を催したとき、男も女も立小便をする。」と解説されているとおり、女性が男性用小便器や桶に立って小便をすることは、極めて自然な生活習慣であっただけでなく、尿を肥料として溜める農村において必須の技術であり、マナーだったとも言えよう。

---

(1)　山路茂則『トイレ文化誌』一七〇頁。

2-4　排尿姿勢としつけ

一九五三（昭和二八）年に在野の経済人類学者・安田徳太郎が著した論文「肥料と女の風習」によれば、関西地方ではたいていの女子の場合、幼い頃は大便所でしゃがんで小便したが、年頃になると小便所で後ろ向きに小便するようにわざわざ訓練されたという。さらに安田は、立小便ができるようになることこそが一人前になった証拠であり、文化的な誇りであって、娘がしゃんで小便すれば「何だ子どもか」と男からも馬鹿にされるような行為だったとも述べている。[1]

また、民俗学者の向山雅重は、「しつけ」という論文の中で、昭和二〇年頃の長野県下伊那郡清内路村下清内路集落では、葉煙草の耕作に必要な下肥を作るために、女性は大便所での小用を禁じられ、男性と同じ小便器に背を向けて立小便をするようしつけられていたと報告している。[2]

興味深いのは、大便と小便を分けて溜める理由として、下肥の水分を少なくするためとしている点である。向山によれば、葉煙草の耕作には、大小便を混ぜた下肥を用いるが、この清内路村は渓谷の谷底近くに村落があるため、山畑までの急坂を下肥を背負桶につめて運搬するのは非常に困難な作業であったという。そこで、大便と小便は分けて回収・運搬し、現地に着いてから水でうすめて利用したのである。

かつての日本の伝統的な村落社会では、地域社会や職業集団などにおいて、生活環境に即した一人前の基準というのが明確に規定されていた。たとえば、男子が三斗俵の米を負って町まで売りに出るようになると一人前とか、女子は一日二石の田の草を取り終えれば一人前などである。これらは主として、労働量の基準を示しているが、実際には社会性や人付き合いのあり方などにまで及んでいた。その条件に地域差はあるものの、それぞれの生活環境に応じた生活行動を体得することが、「一人前」の基準だったのである。(3)

現在の我々の常識で考えるならば、女性の立小便は違和感を覚える行為である。だが、歴史的に調べてみると、今「当たり前」のことが、じつは近代特有の特殊な現象だったりすることも多い。実際、私たち大人は、幼児に排泄習慣を教える際、男の子には「立って」、女の子には「しゃがんで」おしっこすることを当たり前として教えているが、昭和三〇年頃までの日本の一部地域では、今とは違って、女性が立って排尿をする、いわゆる立小便スタイルが生活環境に即した正しい排尿姿勢だとしつけられ、それが「一人前」の基準となっていたのである。

（1）安田徳太郎「肥料と女の風習」『人間の歴史』第三巻、光文社、一九五三年、礫川全次編『糞尿の民俗学』批評社所収、一九九六年。
（2）向山雅重「しつけ」『講座日本の民俗三　人生儀礼』有精堂出版、一九七八年。
（3）野口武徳・白水繁彦『日本人のしつけ　その伝統と変容』帝国地方行政学会、一九七三年。

2-5　女性が立小便しなくなった理由

見てきたように、女性が立小便をしていた理由は、屎尿を肥料として利用するため、糞尿を分けて確保する必要があったからである。しかし、化学肥料の進出に伴って、糞尿の肥料としての商品価値は失われ、それに伴い、便所の溜め置き場としての役割も失われることとなる。加えて、便所の形態も汲み取り式から水洗式となり、排泄姿勢もしゃがんで用を足す和式便所から、座る姿勢の洋式便所へと変化した。立小便をする場所も、その必要もなくなったのである。

一九六四（昭和三九）年の東京オリンピックを契機とした浄化槽付き和式便所の急激な普及により、それまでの汲み取り便所特有の臭気と不潔さが改善され、便所は居住空間と同様に快適な個室となった。その結果、人々は排泄物を不浄のモノとして〈清潔〉を重んじるようになり、さらには、排泄の姿を人目にさらすこと自体が不浄で恥ずべき行為と考えるようになっていく。つまり、個人が析出されていく過程において、羞恥心や衛生観念が生まれ、女性も立小便を恥ずべきこととして行わなくなったと考えられる。

また、女性の衣服の変化も理由として挙げられよう。民俗学者の南方熊楠は、論文「立小便と蹲踞姿勢」（一九一九年）において、「熊野の山中で頭に物を戴いた婦女が立小便を常とするなど、職業上止むを得ぬことだが、一つはわが邦の衣装にして始めてできる芸当だ」と言及している(1)。文中の「わが邦の衣装」とあるのは労働着としての着物だと思われる。

そもそも、着物は前を重ね合わせて腰帯で留めているだけなので、容易に捲り上げて立小便をすることができる。さらに、着物に腰巻というスタイルなら、裾を少しまくるだけで他人に臀部を見られることなく用を足すことができるのだ。

ところが、一般に洋服を着て、下着のパンツをはいている現代の女性が立小便をするには、スカートを捲り上げるか、もしくはズボンやストッキングを下ろして、下着のパンツを脱いで用を足さなければならない。さらには、下着のパンツを付けている場合、それを汚さないように気を付けなければならず、うまく振り切らないと排尿後の残滓で衣服を湿らせてしまう。

先述の井上章一によれば、日本人の女性が下着のパンツをはく習慣は一九三〇年代後半から五〇年代にかけて全国に広がっており、これは洋服が普及していくのと同じ時期であるという(2)。洋服が定着した今日では、女性達はもはや腰巻きを常用しない。今でこそ、女性は排尿の後にトイレットペーパーで尿を拭くが、このような習慣は比較的新しいもので、下着のパンツをはくようになってからのことだという。

そう考えると、かつての女性達は、着物を身につけていたからというよりも、下着のパンツを着用していなかったからこそ、立小便が可能だったのかもしれない。

(1)「立小便と蹲踞姿勢」一九一九年『南方熊楠全集』第五巻、平凡社所収、一九七二年。
(2) 前掲『パンツが見える』一四八頁。

さらには、こうした身体技法のベースとなる「しゃがむ」あるいは「かがむ」であるという動作が日常生活の中から減少したことも、女性の立小便が行われなくなった理由のひとつに挙げられよう。

近年、咳やくしゃみなど腹圧が急に高まる動作をした時に少量の尿が漏れてしまう腹圧性尿失禁が、若い女性にも多く見られるようになってきたという(1)。一般に、高齢者と産後の女性に多いとされる腹圧性尿失禁だが、その主な原因は骨盤底筋力の低下とされており、治療法として骨盤底筋体操等が有効とされている(2)。

現在のように家電製品が普及する以前の女性たちは、水を汲む、風呂を焚く、たらいの前にしゃがんで洗濯をする、田畑を耕すなど、日常生活や家事労働において今よりもはるかに労力を必要としていた。このように、安定した足腰が必要な生活スタイルは、股関節や足首を柔らかくし、腹筋や骨盤底筋をも強化していたようである。

ところが、明治以降、積極的に西洋文化を取り入れるようになった頃から、床に座る「坐」の生活は、椅子に「腰掛ける」生活に変わることとなる。さらには、一九五五年に発足した日本住宅公団が提案したダイニングキッチンの誕生が、一般家庭にも椅子式の生活を普及させる決定打となり、日本人の姿勢や身体の使い方は変更を余儀なくされる。

日常生活の起居動作の変化は、女性の骨盤底筋力を低下させた可能性もあり、尿漏れや頻尿などの問題を結果としてもたらしたと推測される。さらに、排尿間隔は短くなり、膀胱容量も低下するため、尿を膀胱に溜めることも、一気に排尿することもできなくなってしまったのではないか。つまり、ある程度の尿量と勢いが必要とされる立小便を、現代の女性の身体で行うのはおそらく困難であると考えられる。

同じような身体の使い方は、月経においても言えるようである。かつて着物を日常着としていた女性達のなかには、股に布を当て月経血を垂れ流すのではなく、自らの骨盤底筋をコントロールして膣奥に溜め、排泄時に腹圧をかけて出す処理方法を身に付けていた人たちがいたという。[3] そして、実際にその身体技法を身につけていた女性たちも、月経血をコントロールしている、という意識は希薄であり、着物を汚さぬよう〝気を付けて〟〝意識〟することで、結果としてコントロールできたのだという。ところが、日常的に下着のパンツをはいている現代の女性達は、尿漏れや月経の際にあて布を必要とする。そうすると、自分の排尿や月経血の処理を尿漏れパッドや生理用ナプキンに依存するようになり、結果としては垂れ流しの状態になる。そうやって、かつての女性たちのように股を意識することなく、粗相をせぬよう気を付けることを必要としない生活の結果、現代女性の身体は、立小便や月経血コントロールができないだけでなく、もはや自分の身体を快適に保つことの

（1）　小澤秀夫「腹圧性尿失禁――女性ならではの悩みに迫る」『泌尿器ケア』メディカ出版、二〇〇八年冬季増刊号、一四九頁。
（2）　関口由紀、関口麻紀「腹圧性尿失禁に対する保存療法」『看護技術』五一巻四号、メヂカルフレンド社、二〇〇五年、七四八頁。
（3）　三砂ちづる『昔の女性はできていた』宝島社、二〇〇四年。

とも困難な状況になってしまってきているといえないだろうか。

以上のように、女性が立小便をしなくなった背景には、①化学肥料の開発に伴う便所の構造の変化、②便所の個室化による羞恥心と衛生観念の発生、③洋服の着用とそれに伴う西洋下着の常用化、④起居動作の変化による骨盤底筋力の低下の可能性、などの理由が挙げられる。

言うまでもなく、「立小便」とは個人的な行為であり、他人とは比較できないプライベートな領域に位置づけられる。よって、あまりにも当たり前のことと認識されていたこれらの身体技法は、言語化されず、記録されることもなかった。しかし、見てきたように、その身体技法が衰退した背景は実に社会的なものであり、今後、意識的な伝承をはからない限り忘れ去られていくものであろう。

近代化によって、日本人の生活は、便利で快適で合理的なものとなった。言うまでもなく、この便利さは我々が選び取ってきた結果である。しかし一方では、我々が失ってしまった身体技法や置き忘れてきた身体の感覚も、多いのであろうと思われる。かつての日本の女性たちが日常的に行っていた立小便は、生活様式の変化とともに忘れ去られ、今となっては一部の人にとっての「昔なんとなく見た光景」になってしまった。

そもそも、現代を生きる私たちが立小便をしたところで、合理的であるとは言えないし、わざわざする必要があるとも思えない。むしろ、公序良俗に反する行為であるとして罰せられる可能性もある。だが、かつて身につけていた身体技法を手放した背景に、もっと別の、失ってはならない大切なものを手放しているかも知れないということに、思いを向けることも必要だろう。たとえば、生活習慣に根付いた身体技法や労働の所作は、本来、先の世代から伝承され次世代へと受け継がれるものであった。特に女性の場合、月経や妊娠・出産などの身体に関わる知識は、集落内の月経小屋や子安講などの世代を超えた女性同士の語りの場を通して学ぶことができたし、たとえ直接に教わらなくとも、日常生活の中で覚えたり、伝承など（妊婦に便所掃除を奨励するなど）を通じて学ぶことができた。そうやって、身体の共感能力ともいうべき感覚を身に付ける一方で、集落内で生きていくうえでの生活の知恵のようなものを学んでいたのであろうと思われる。

姿勢や身体のありようは、それだけの問題にとどまらず、心のありようまでをも規定していくことも考えられる。自分の身体を快適に保つための意識は、自らを取り巻く環境や他人との関係をも大切にする気持にも広がっていく。「近代化」「合理化」と個々に折り合いを付けながら、おむつなし育児や女性の立ち小便といった失った身体技法を取り戻すことに意味があるとすれば、おそらくそういうことであろうと思う。

（松本亜紀）

3　失われた知恵を未来へつなげるために

3-1　育児しにくい社会における育児支援のあり方

現代は「子育てしにくい社会」と言われる。確かに、かつてのような大家族も地域社会も失われた現在、中心になって子育てする母親を手助けする周囲の手は多くない。父親も長時間労働にしばられがちで、祖父母も就労しているか、遠距離に住んでいるケースも多く、母子が孤立しやすい条件はあまりある。それより何より、社会に占める子どもの割合が減っているがために、子どもの存在自体が善し悪しは別にして注目されやすい状況が生まれ、どちらかというと大人だけ集団での子どもは「うるさい」「きたない」と批判的な視線にさらされることが多い。筆者（伊藤恵美子）自身、子育てしていて一番しんどく感じるのは何だろうかと問われれば、大人中心社会の目だと答えるのではないかと思う。

そこで登場してきた子育て支援は、国、自治体共、予算のない中で知恵をしぼってはいるのだろうが、痒いところに手が届かないといった観をぬぐえない。現に、子育て支援センター等で聞かれるのは、「こうした場所ができて便利になった」「利用しやすくてうれしい」という声であって、

「子育てがしやすくなった」という声にはつながっていないのではないか。

それはなぜだろう。原因の一つは、ハード面、物的支援が少なからず進められてきた一方、ソフト面というか、人と人とのつながりといった面では、まだまだこれからだというところが多いためではないだろうか。同時に、子育ての文化や知恵といった日々の子育ての、柱になるべきものが欠如したままであることに原因があるように思える。

かつては、親から子へと、暮らしの様式と共に育児技法や知恵、文化といったものも伝承されていたのであろう。それが今では、時代の変化が大きすぎて（それでも変わらない土台となるべき文化や知恵はあるはずなのだが）、親たちは子どもにそうしたものを伝承しなくなった。また、身近で子育ての姿を見聞きできる叔母や年の離れた姉がいるということもない。かといって、同じ母親の先輩たちと井戸端会議をしながら伝承が行われていた時代はとうの昔で、今ではそんな場は少ない。

親や親族からの自然発生的な伝承が無理なのであれば、ネット社会を逆手にとって、自分がまねてみたいと思える先輩像を地域の母親たちからマッチングし、そこで伝承していくような形が用意できれば、少しは解決するのかもしれない。実際にＮＰＯ自然育児友の会では、「自然な子育て」という志向を共有する母親同士が、ネットや会報をきっかけに出会い、全国各地域で集う場を設けている。ここでは、子育ての悩みや迷いを思う存分話すことができ、少し先輩の母親（必ずしも母親の年齢に限らず、子どもの年齢が上の場合が先輩にあたる）に相談し、その人の子育てを間近に見聞きすることで、子育ての知恵や技法といった子育て文化としか言いようのないものが伝承されている。

それは一九八三年の創設以来、連綿と続いている。

もう一つ、現在の子育て支援は、とかく「子育ては大変」だから「少しでも代わってあげる方法を用意する」という流れとなっている。しかし、多少の時間や場面でどんなに代わってもらったにしても、哺乳類である人間の子は、母親（やむを得ない場合にはそれに代わる人）の労苦なしには育たない。確かに「大変」であるが、それだけに、そこに喜びを見いだせることも事実である。その「喜び」を見いだす方法や「喜び」そのものを伝えることこそ大切に思える。

まだ笑うこともしない、生まれて間もない赤ちゃんと一日向き合っていると、おっぱいとおむつとであっという間に一日が終わってしまうように感じることがままある。そんな一日の徒労感に襲われる夜も、おっぱいを力強く飲みながら、安心し信頼しきって自分に体を預ける我が子の顔に、ふと幸せを感じる瞬間は多くの母親たちが体験していることだろう。人の喜びは物差しで測れるものではない。ほんの小さな幸せ感が、多くの労苦を労苦と思えないほどに癒してくれるということが確かにある。

そのことを考えるにつけ、子育て支援は「いかに母親に代わってやるか」ではなく、「いかに母親が安心して赤ちゃんと過ごせるか」を大切にする以外にはないのだと感じる。密室育児の大変さは認めるが、穴ぐらに閉じこもって母子で過ごすというのは哺乳動物の産後の母子にはよく見られることで、私たち人間の母親も、そうした環境にあった時代や社会もかつてはあったのだと言う。筆者自身、そういった感覚に浸るような時間が何度もあった。とはいっても、現代では穴ぐらにこもるどころか、母子で密着して過ごすことに安心して向き合えなくなっているとしたら、そのほうが大きな問題なはずで、安心して向き合えるようにするためにはどうしたらいいのかを真剣に検討すべきだと思う。

安心して向き合えるようにするための支援のあり方としては、たとえば地域の中で先輩母親なり、助産師さんなりが、伴走者のように定期的に子育ての話を聞いたり相談にのったりするなど工夫の余地はあるだろう。しかし、何よりの支援は、父親のいる家庭には父親を母子のもとに返してあげることではないかと思う。実際、幼い赤ちゃんを連れて講座等に集まる母親に聞くと、おおむね父親の帰宅は遅い。なおかつ休日も少ない。結果、父親はほとんど母子と共に過ごすことがないのが実態である。核家族と言われて久しいが、その「核」さえなくなっているのだ。母子家庭の場合はまた異なる支援が必要だが、まずは母親を支えることの重要性を妊娠中からそのパートナーたちに啓蒙し、父親がかたわらにいられる時間を増やすこと、そこから始めるべきなのだ。この時期だけでも父親に短時間労働を選択できるような職場環境を社会がこぞって用意することができたら、それが最高の育児支援ではないだろうか。

3-2　手間をかけない「楽」な子育ての中で

こうした「子育て支援」のかたわらで、たとえば育児商品などの開発が向かっている方向をみていると、いかに手間をかけずに済むか、いかに合理的にこなすか、という方向に向かっていることがわかる。子育ては大変でしょう、だから、なるべく手間のかからないモノを、合理的なハウツーを、提供する。それを企業のみならず、母子の周囲がこぞってやっているように感じる。しかし、手間をかけないことはほんとうに楽なのだろうか。

たとえば今では多種多様の大量のベビーフードがある。かつてないほどに市場規模は拡大し、量販店のベビーフードコーナーは、カートにたくさんの瓶やら箱やらを詰めこんだ赤ちゃん連れでにぎわっていたりする。確かに、離乳食を用意するために長時間台所に立ち、かたわらで赤ちゃんが泣き叫ぶよりは、パッと用意されたベビーフードを使う方が楽で、手間もかからず、その分赤ちゃんのためにより多くの時間をかけられるかのようにみえる。外出時のことを思えば、ベビーフード持参の方が便利という選択もあっていいだろう。

しかしそうした「離乳食」はほんとうに必要なものなのだろうか。昔から離乳食といえば、親の食卓から取り分けて与えては育ててきたのではなかっただろうか。そうすることで、各家庭の味や食習慣をも伝える場になっていたはずである。そう思えばベビーフードが伝えるものはいったい何なのだろう。離乳食から自然に我が家の味を伝えることに比べて、ある時期になると今度は我が家の味に強制的に移行せざるを得ず、それに慣らしつつ残さず食べることをしつけようとするほうが、二重に手間がかかるといえないだろうか。目先の手間は省けても、長い目で見ていくと、かえって手間のかかる育児をしているのではないかと思うことも多い。そういった子育ての知恵や技法が世代間でほとんど伝えられていない。

このように手間をかけないために用意されたモノやハウツーが、ただ、手間をかけない手助けをするだけでなく、本来ある子育ての流れや文化を、知らず知らずのうちに（もしくは作為的に）断ち切ってしまっている例は多い。確かに手間をかけない、イコール時間をかけない分、その時間をゆっくり赤ちゃんと向き合えることはいいことなのだと思う。産育休明けには職場に復帰するというワーキングマザーも増えているわけだし、仕事と家事をやりくりする上で、手間を省くことは必要不可欠でもある。何も昔のように、家事に大変な時間と労力をかけざるを得なかった時代に戻れと言っているのではない。けれども、昔なら手間をかけながらもおぶって家事をこなしていたように、その時間が赤ちゃんとのコミュニケーションやスキンシップの時間になっていた側面もあるのではないか。少なくても何もかも手間をかけないことが最良の選択でないことだけは言えると思う。

そう考えてみると、手間をかけない方法を選択する時には、その選択が本来必要なものを省くことにはなっていないか、入念にチェックする必要がある。モノが手間を省く手助けをするだけならいい。しかし、そうした商品開発の方向など、母子を取り囲む周囲の傾向によって、手間暇をかけないことがあたかもいいことであるかのように、知らず知らずのうちに価値観を植え付けられてしまうことに危惧する。ある意味、手間暇をかけても惜しくないと思えるほどの気持ちがあってこそ、小さないのちは育まれる。小さな赤ちゃんのうちにかけた時間は決して無駄にはならず、きちんと積み重ねられた時間として、赤ちゃんの育ちの土壌を豊かにしてくれる。

もともと、赤ちゃんという存在は、合理的ということとは対局にある存在である。ときに、「赤ちゃんって、全てのことが自分の思い通りにはいかないことを親に教えるためにやってくるのかもしれない」と思えるほどだ。それまでの人生を思い通りに生活してきた人であればあるほど、思い通りにいかない日々にいらだつこともあるにちがいない。けれども、それは赤ちゃんが自然な存在であるからで、ほんとうは、妊娠や出産を経る過程で、決して思い通りにはいかない、体という自然に向き合うのだと思う。思い通りにはいかない、手間暇をかけさせる、きわめて非効率な非合理的な生き物である赤ちゃんの存在を、まるごと受けとめることで、育児力は培われ、親は人としても成長を遂げる。手間をかけない「楽」な子育ての中で、今母親たちはもがき苦しんでいるとはいえないだろうか。

3-3　「誤った」紙おむつの使用法の危険性

こうした流れの中に、紙おむつ開発も存在している。「紙おむつを使うことで空いた時間を、赤ちゃんのために使う方がいい」、確かにそれはそうだろう。布おむつを使った場合に必要な洗濯の手間は、決して直接赤ちゃんに向けられるものではないし、いくら全自動洗濯機があるとはいえ、下洗いや干してたたむ手間がかかるものだ。産後すぐに手伝いの手がない場合や自分の体調の悪い時、外出や外泊時に、紙おむつに助けられることは多い。また、赤ちゃんの体調が悪い時など片時も赤ちゃんのそばを離れることができず、それこそ洗濯の手間をすべて赤ちゃんに注ぎ込まざるを得ない時にも紙おむつに助けられる。そうした必要があっての使用には、弊害は少ないと思う。

しかし、今では誕生と同時に病院で紙おむつの使用を開始、退院時におみやげももらって帰り、おむつを卒業するまで紙おむつや紙パンツを使用するケースが増えていて、一時的な使用だけを前提に話はできないのが現状だ。

そうした中、紙おむつの開発が向かっている、たとえ（何回）おしっこをしても、赤ちゃんが快適に過ごせること、漏れないこと、という方向が母子に及ぼしている影響はなんだろう。

赤ちゃんは、常に親の気持ちが自分に集中していることを要求する。そうでない状態にある時は本能で察知し、泣くなどの親の注意を喚起する行動に出る。決して一人では生きていけないことを本能で知っているからだ。親の気持ちが向いている状態が保たれることで、安心感に包まれ、育ちにもいい影響を及ぼす。

おむつなし、もしくは布おむつやパンツで漏れやすい状態の時、親は必然的に常に赤ちゃんに注意を向けざるを得ない。一方、今の紙おむつは「性能がいい」ために、ほとんど漏れることがない。漏れないために、出てすぐ替えることにつながりにくく、時々様子を見ては（多くはおむつの外側から色の変化を見るか、おむつの感触の変化で察知するのだが）、「あ、してる」ということで替えるのだ。どうしても「おしっこをしたかな」とキャッチする親のアンテナは鈍感になっていく。おしっこは別にしても、常に赤ちゃんに注意を向けているという状態が保てればいいのだが、そうできない人も多いのではないか。そうすると、それは赤ちゃんにとって安心できる状態ではないために、泣く。そして親は抱っこするなり別の形で、結局は安心感を与えざるを得なくなる。

また、排泄のたびにお尻を出しておむつを替えてやることは、スキンシップとコミュニケーションの機会になるし、まして、おむつなしの場合は、お尻を出した上で親の手で抱きかかえてやるのだからスキンシップの度合いは大きい。確かに紙おむつも、排泄のたびに替えるようにパッケージにも注意書きがされているから、その都度替えてやれば布おむつと変わらないのかもしれない。けれども実際は、多くのゴミを出すことやお金を右から左へとゴミにしていくことに耐えかね、また、それだけの機能を持たせてあるが故に、どうしても排泄のたびに紙おむつを替えることをしなくなりがちだ。実際、母親たちや保育士の聞き取りからも、何回分かの尿を貯め込んだまま、重そうな紙おむつをしている子を見ている人は多いし、一日の消費枚数からとうてい一回の排泄のたびに替えているとは思えない人も多い。おむつ替えは、おむつの洗濯とちがって無駄な手間暇ではなく、赤ちゃんと直接スキンシップなりコミュニケーションする時間である。おむつ替えの回数が少ないということは、そのスキンシップの回数が減っているということなのだ。

さらに、「（おしっこやうんちが）出た」→（すぐに）「取り替える」というやりとりがなされないことの影響はないだろうか。入院時からずっと紙おむつを使用していると、赤ちゃんがどのくらい（頻回に）おしっこをするかということすら知らずに、紙おむつをあて続けているケースも出てくる。そこには、（便の場合以外）排泄によるやりとりはなく、紙おむつをあてておいて、親の都合で（時間で）取り替える図式が生まれる。発達途上にある赤ちゃんの排泄が垂れ流しになることには弊害が多いのではないか。股周辺の快適さはどうなのだろう。さらに、垂れ流し状態で育った子どもが、いざトイレ・トレーニングの段になって急に排泄を自覚することは果たしてスムーズにできるのだろうか、親にとってそこでのハードルは高くないだろうか、と心配はつきない。

そして、この対極にあるのが、おむつなし育児なのである。出そうなサインをキャッチしてすぐにおまるやトイレにささげる必要があるし、出てしまったら、すぐにパンツを替える、もしくは粗相のあとを始末する必要があるので、常に意識は赤ちゃんのほうへ向いている。そのことで赤ちゃんの精神状態は安定する。ささげる、もしくは替えるという一連の動作は、日に何度も繰り返され、そのたびにスキンシップとコミュニケーションがはかられる。股周辺はすぐに快適な状態に保たれる。ただそれだけではある。片や、排泄が一方的に繰り返され、何回かに一度、親の都合で替えてもらうといった、おそらく本来の使い方とは離れた紙おむつの使い方をして、しかもその状態が一〜二歳、もしくは三歳以上まで続くとすれば、その影響がないと考えるのは楽天的過ぎるのではないか。

3-4　今、失われた知恵を問うことの意味

様々な流れの中で、かつてあったはずの育児技法も知恵も文化も、いつの間にか失われてしまっ

た状況に私たちはいる。私たちが今さらながらにこうして知恵や育児技法を問い、取り戻そうとすることに、いったい意味があるのだろうか。おむつなしの育児技法を中心にしてあらためて考えてみよう。

第一に、たとえ無駄な努力だとしても、万が一失われた知恵や育児技法が復活できたとすると、今よりも快適に過ごせるだろうということがある。赤ちゃんの排泄が大人の介助によって処理されれば、おそらくは不快な感覚を味わうことが減少するはずだ。また、そのことによって、今よりも早期に排泄の自立がなされれば、親にとっても子にとっても、不快な体験が減るにちがいない。

第二に、環境負荷の少ない暮らしに近づける。来たる将来を見すえて考える時、現代生活は環境問題を抜きには語れない。少しでもエコロジカルな暮らし、持続可能な育児を志向しようとすると、膨大な紙おむつの消費は頭の痛い、心の痛む問題である。筆者自身も、一回の排尿ごとにとり替えていると一日に一〇枚以上を消費する外泊時の紙おむつのゴミの山に閉口すると同時に、罪悪感を拭いきれなかった。これは日本社会全体のゴミ問題として考えても決して小さくはない。筆者自身は、そういった環境問題への意識もあって布おむつにしてきたが、洗濯すら必要がないおむつなし育児は、そういう意味では最もエコロジカルな排泄処理方法と言えよう。

第三に、これはとりわけ赤ちゃんの排泄介助に関して言えることだが、この取り組みによって赤ちゃんと母親（もしくは父親等）のスキンシップやコミュニケーションの機会を増やす可能性が広がることだ。赤ちゃんとのスキンシップやコミュニケーションの機会を増やす方法は、何もおむつをしないことに限らないが、これをすることによって易々と、半ば必然的に手に入れられるようになる。生後まもなくの頻回な排泄に気を配ることで、母親の注意は常に赤ちゃんに向かい易くなり、図らずとも赤ちゃんは安心感に包まれて過ごすことができる。また、排泄介助のたびにおむつをはずし、下半身を裸にし、手が触れ、言葉をかける時間と機会の増大することで、紙おむつで交換回数が減りがちな場合や、布おむつで抱きかかえないまま替える場合などに比べても、スキンシップの機会が増える。子育ての過程で、これだけのチャンスを逃す影響は決して小さくないだろう。

こうしてみてくると、こと赤ちゃんの排泄に関する失われた育児技法や知恵を問い続けることの意味は決して小さくはないと思えてくる。

3-5　失われた知恵を語り継ぐ担い手に

子どもは未来そのものである。私たちの子育ては、いつもこの子たちが成長したあかつきにどんな人になっていくのか、どんな暮らしや社会を築いていくのか、そのことを抜きには語れない。地球上のあらゆる生命と共生し、持続可能な社会を模索していくべき未来に、この子たちは生きていく。

現在の紙おむつは、石油製品、ポリマーの吸収力に頼るものとなっている。この先、違う素材が開発される可能性に期待をかけて、持続不可能なエネルギーに頼るのも一つの道だろうが、この危機に直面した時代だからこそ、営々と受け継がれてきたはずの子育ての知恵を蘇らせていくのも一つの選択である。そうした技や知恵の中に、これからの時代を生き抜いていく助けになるものがきっとあるはずなのだ。同時に、いわゆる発展途上国における営みに、たくさん学ぶべきものがあるのだと思う。私たちは失われた、失われつつあるものたちを懐古の目でながめるのではなく、現代に生きる知恵や技として復活させることにこそ惹かれてやまない。今こそいにしえの知恵に学ぶ時なのではないだろうか。いわゆる言葉だけではなく、「発展途上国から学ぶ」ということに実感がともなってくると思う。

おむつなし育児にしても、お産にしても、母乳育児にしても、日本ではこの一〜二世代の間に急激な変化にみまわれた。子育ての伝承が消え失せてしまった背景には、戦争前後による価値観の転換が大きく影響している。とくに今の祖母世代（私たちの母親にあたる六〇〜七〇代）、お産は痛みとつらさに耐えつつ病院で医療者に産ませてもらうものになり、定時のミルク授乳で母乳育児をあきらめ、おむつを当たり前にあてるようになった人が多いため、いざ、昔ながらの自然に添った子産み子育ての知恵や技を探りたいと思っても、今の曾祖母、八〇代九〇代の女性を訪ねて聞くしかない状況だった。

私たちが直接聞けなかったのなら、私たちから語り伝えていけばいい。伝え聞けなかった、思うようにはできなかった、語り伝えられなかったという祖母世代には祖母世代の理由がある。ならば、それを認め、それも含めて私たちが語り伝えればいい。いつか将来、自分の子どもたち、子どもたち世代のたくさんの母親たちに語ろう。その前に、地域の中で集う母親たちに、これから母親になる女性たちに語ろう。語ることで、さらに気づきを得、学びを深め、共感し合って広がっていけるだろう。人の身体は一世代二世代では変わらない。生活や社会の変化に伴う影響は決して小さくはないが、それでもなお、今ならまだ間に合うこともある。時間をさかのぼり、受け継がれた知恵と技を掘り起こし、私たちの手に取り戻したい。そして、それを語り伝えることを始めたい。私たちの身体で、母親と赤ちゃんとの日々の中で体験し、血肉化されたものを、未来へ向けて伝承していきたい。

おむつなし育児から得た最大の収穫は、赤ちゃんとの絆であり、そこから広がる人と人との絆であったかもしれない。失われていた身体技法に気づくことで赤ちゃんとの深い絆を獲得していった母親たち。身体と心は共に響き合ってつながっていることを確かめ合いながら、母から母へと伝え始めよう。おむつなし育児の知恵の伝承は、今、私たちから始まるのだ、と思う。(伊藤恵美子)

あとがき

この研究を助成してくださったトヨタ財団は、二〇〇六年度に「くらしといのちの豊かさをもとめて」というテーマを研究助成プログラムに掲げた。一〇数年ぶりの変更だったといわれている。その募集要項に書いてあった言葉は、とても研究助成、という硬い世界で使われる文章には見えなかった。

「くらしといのちの豊かさをもとめて」というテーマは確かにまだ茫漠としたものです。けれどもその根っこの部分には、私たちの次のような見方があります。
1．未来のためにといって、昔や今を犠牲にすべきでない。過去とのつながりの中にくるまれて生き、現在を味わうほうが、くらしといのちの豊かさをはぐくむのではないか。
2．人と人とのふれあいや、日常の暮らしの中の真なるもの、善きもの、美しきもの、祈りなどを重んじよう。そのほうがいのちが輝くのではあるまいか。

このような疑問を母胎として、「くらしといのちの豊かさをもとめて」は、近代化や産業化が進む中で、合理的でない、意味がない、あるいは古いものである、として忘れられ、あるいはこわされてきたさまざまなものに目を向けようとします。むしろそちらの側に、いのちの輝きをましていく鍵があるのではと私たちは考えます。この鍵は多くの場合、身体と深い結びつきがあり、しかも家族あるいは郷土といったものを媒介にして培われてきているようです。

今読んでも、本当にすばらしい内容である。この募集要項の文章は二〇〇六年度かぎりとなり、次年度からは使われなくなってしまった。しかし、この文章に背中を押されるようにして、わたしたちは「赤ちゃんにおむつはいらない――失われた身体技法を求めて」という研究を立ち上げることができた。「赤ちゃんにおむつはいらない」などというどの分野の研究にもカテゴライズされにくい研究は、なかなか研究資金を得ることは難しい。この研究を始めることができたのは、トヨタ財団のこの新しいテーマの設定のおかげである。丁寧な仕事で私たちの研究を支えてくださった楠田健太さんら担当プログラムオフィサーの方々をはじめとするトヨタ財団の関係者の皆様に心から感謝している。

「自然育児友の会」の関係者の皆様、とりわけわたしたちの呼びかけにこたえて研究二年目のおむつなし育児の経験共有ワークショップに参加してくださった方々、メーリング・リストを通じて経験を語って下った方々にも心よりお礼を申し上げたい。皆様方の実践があってこそ、「おむつなし育児」を形にすることができた。また、ご多用な中、私たちの研究に協力して下さった日本とインドネシアの女性たち、保育、母子保健関係者にも深く感謝している。

最後に、長い時間をかけて忍耐強くわたしたちの仕事を形にすることをお手伝いくださった勁草書房の敏腕編集者、橋本晶子さんにも心よりお礼を申し上げたい。皆様、本当にありがとうございました。

二〇〇九年六月

三砂ちづる

執筆者一覧

和田知代（わだ　ともよ）　第1章1，第2章1・2，第3章，第4章2

名古屋市立保育短期大学，および米国 World　College　West 大学卒．名古屋大学大学院修士号取得．保育士を経て，国際協力分野の NPO・HANDS やコンサルタント会社に勤務し，途上国の母子保健事業に従事．訳書に『おむつなし育児』（柏書房，2009）．

吉朝加奈（よしあさ　かな）　第1章1–3，第2章3，第3章1

津田塾大学大学院国際関係学研究科修了．株式会社リクルートにて，組織人事に関する研究・コンサルティングに従事．現在，津田塾大学大学院博士課程に在籍．労働と女性の健康をテーマに研究中．

竹田祐子（たけだ　ゆうこ）　第2章1，第3章1

尚絅短期大学幼児教育科卒．保育士を経て，仕事の傍ら，育児や出産のボランティアや NPO に関わる．2003年より三砂ちづる研究室スタッフ．

伊藤恵美子（いとう　えみこ）　第4章3，終章3

和光大学人間関係学科および社会事業大学研究科を経て，地域福祉の現場に携わる．その後，NPO 自然育児友の会にて事務局に関わり，全国の子育て中の母親と交流．現在，母乳育児やひろば事業を中心に理事として参加．著書に，写真絵本『うちにあかちゃんがうまれるの』（ポプラ社，2004），共著に『妊娠から始める自然流育児』（ほんの木，2007）など．

守谷めぐみ（もりや　めぐみ）　第4章1，終章1

津田塾大学学芸学部国際関係学科卒．現在，九州大学大学院医学系学府医科学専攻修士課程医療システム学教室所属．

松本亜紀（まつもと　あき）　終章2

琉球大学法文学部人文学科卒．同大学院人文社会科学研究科修了．歴史学修士．沖縄県浦添市，宜野湾市の教育委員会で民俗資料の調査・収集，文化財発掘調査に携わる．現在，社団法人倫理研究所研究局専任研究員．

編著者紹介

三砂ちづる（みさご　ちづる）

1958年　山口県光市生まれ．ロンドン大学Ph. D.（疫学）．

現　在　津田塾大学国際関係学科教授

著　書　『オニババ化する女たち』（光文社新書，2004），『コミットメントの力』（NTT出版，2007），『月の小屋』（毎日新聞社，2008），『タッチハンガー』（マガジンハウス，2009）など．

赤ちゃんにおむつはいらない

失われた育児技法を求めて

2009年8月28日　第1版第1刷発行
2011年4月25日　第1版第4刷発行

編著者　三《み》砂《さご》　ちづる

発行者　井　村　寿　人

発行所　株式会社　勁《けい》草《そう》書房

112-0005　東京都文京区水道2-1-1　振替　00150-2-175253
（編集）電話 03-3815-5277／FAX 03-3814-6968
（営業）電話 03-3814-6861／FAX 03-3814-6854
理想社・青木製本

ISBN978-4-326-65346-1　　Printed in Japan

http://www.keisoshobo.co.jp